몽계필담

심괄 지음 / 최병규 옮김

범우

|차 례|

夢溪筆談

몽계필담夢溪筆談(하)

夢溪筆談

심괄沈括(1031~1095)의 자字는 존중存中이며, 만년晩年에 이르러서는 몽계장인夢溪丈人이라는 호號를 가졌다. 그의 사적은《송사宋史》중의 〈심구전沈溝傳〉속에 함께 실려 있다. 그는 항주杭州 전당현錢塘縣 사람으로 주로 오현吳縣에서 생활하면서 가우嘉祐 8년(1063)에 진사進士로 합격하여 양주사리참군揚州司理參軍을 제수받았다. 그 후 치평治平 2년(1065)에는 소문관昭文館에 들어가 서적들을 편찬하고 교감하는 일을 맡았다. 희녕熙寧 초에는 왕안석王安石의 변법을 도와 삼사三司의 조례條例를 산정刪定하는 일에도 참여하였으며, 관직은 한림학사翰林學士 용도각대제龍圖閣待制와 좌의성영락사坐議城永樂事에까지 이르렀으니, 그의 전성 시기였다고 볼 수 있다.

그러나 왕안석의 변법이 실패로 돌아가면서 심괄의 정치역정도 타격을 받게 되었으며, 그 후 좌천과 함께 은거생활로 들어가게 된다. 그가 말년에 은거지로 삼았던 윤주 몽계원[潤州 夢溪[1]園, 즉 지금의 강소성 진강시鎭江市 부근임)은 바로 《몽계필담夢溪筆談》을 비롯한 《보필담補筆談》·《속필담續筆談》 등을 지은 곳이기도 하며, 그가 남은 여생을 마감한 곳이기도 하다.

〈사고전서제요四庫全書提要〉의 기록에 의하면, 심괄은 북송 시기에 학문이 가장 박식한 사람이라고 하였으며, 그 당시의 전장제도典章制度와 천문산법天文算法 및 악률에 있어 특히 그 연구가 깊었다고 말하고 있다. 심괄은 64세를 일기로 세상을 떠날 때까지 40편 이상의 저술을 남겼지만 그 가운데에서 가장 유명한 것이 바로 위에서 언급한 《몽계필담》을 비롯한 세 편의 저작이다. '필기筆記'의 형식으로 당시는 물론 과거의 전장제도와 문물고고文物考古, 문예일사文藝軼事에 이르기까지 광범위한 내용을 자세하게 기록한 이 책은 후대인들에게 귀중한 역사적 자료로써의 가치를 충분히 제공하고 있다.

   그 가운데에서도 가장 세인의 주목을 끄는 부분은 그가 이 책을 통해 제시한 놀라우리 만큼 혁신적인 과학기술에 관한 견해이다. 그런 까닭에 중국 국내외 학자들은 그를 '중국과학사상 가장 탁월한 인물'이며, 《몽계필담》은 '중국과학사상의 좌표'라고들 얘기하고 있는 것이다. 중국은 물론 세계 역사상 보기 드문 천재로 평가되는 그는 걸출한 과학자로서 뿐만 아니라 사실상 문학 · 예술 · 사학 · 고고학 · 경제학 · 군사학에 이르기까지 다방면에 걸쳐 탁월한 식견을 지닌 인물이었다. 그의 이러한 재기는 바로 이 책을 통해 유감없이 발휘되고 있다고 하겠다.

   처음 26권卷으로 세상에 소개된 《몽계필담》은 그 후 2, 3년이 지나면

---

1) 〈사고전서제요四庫全書提要〉에 의하면 축목祝穆의 《방여승람方輿勝覽》의 말을 인용하여 심괄의 저택은 원래 윤주의 주방문朱方門 밖에 있었지만 나중에 '몽계'로 옮겨가게 되었다고 기록하고 있다. 그 상황에 대해 다음과 같이 얘기하고 있다. 심괄이 어느 날 꿈에 한 지역에 도달하였는데, 그곳의 작은 산에는 꽃들이 비단을 덮어놓은 듯 피어 있었고, 교목들이 그 산을 덮고 있었으며, 꿈속에서 그는 매우 기뻐했다. 그 후 그가 선성宣城에 부임하였을 때, 무외無外라고 하는 도인을 만나게 되었는데, 그 도인은 경구京口 지역의 산천의 아름다움에 대해 그에게 말하였고, 마침 그 지역의 유지가 그곳의 땅을 팔기를 원해 30만 전으로 구입했다. 원우元祐 초에 심괄은 경구를 지나면서 자신이 사두었던 지역에 올라가 보니 바로 꿈속에서 노닐던 그 지역이라 곧 그곳에다 집을 지었으며, 그 이름을 '몽계'라고 지었다고 한다.

서 30권으로 증가되어 간행되었으며, 나중에는 사라지고 말았다. 한편 남송 이후의 중간본에는 모두 26권만 보이고 있다. 현존하는 각 판본들은 모두 남송 건도乾道 2년(1166)의 양주주학간본揚州州學刊本이었지만 이것도 나중에 사라지고, 현존하는 가장 빠른 판본은 원대元代 대덕大德 9년(1305)의 차릉 진인자 동산서원본茶陵 陳仁子 東山書院本이다. 명대明代에 들어와 《영락대전永樂大典》이 편찬될 때, 이 판본은 저본底本으로 삼아져 문연각文淵閣에 소장되었지만 다시 민간으로 흘러 들어갔고, 1965년에 중국 정부가 다시 그것을 사들여 현재 북경도서관에 소장하고 있다. 그 외에도 현존하는 것으로 명대의 간본이 6종 남짓하고, 청대의 간본이 2종류이며, 1930년대의 영인본도 2종류가 있다. 그 가운데에서 교감校勘이 가장 잘 된 판본은 호도정胡道靜의 《몽계필담교정》으로 나온 1956년 상해출판공사본과 1957년의 고전문학출판사본, 1987년의 상해고적출판사본 등이다. 특히 호도정과 호소정胡小靜 일가의 《몽계필담》에 대한 공로는 주목할 만하다. 귀주인민출판사貴州人民出版社에서 1998년 12월에 출판한 《몽계필담전역夢溪筆談全譯》은 그들의 꼼꼼한 역주를 담은 가히 《몽계필담》의 해독서解讀書라고 칭할 수 있을 것이다.

본 역서도 호씨胡氏의 판본을 그 저본으로 하여 번역하였다. 이에 앞서 1996년에 파촉서사巴蜀書社에서도 《몽계필담전역夢溪筆談全譯 문백대조文白對照》를 출판하였지만 절판되었다. 그 외, 후진평侯眞平이 교정한 《몽계필담》〔악록서사岳麓書社, 1998년 4월〕도 참고할 만하다.

《몽계필담》은 그 책이름이 무슨 소설처럼 들릴지도 모르지만 《삼국지三國志》나 《수호전水滸傳》과 같은 소설이 아니다. 그렇다고 《논어論語》·《맹자孟子》와 같은 경전은 더욱 아니다. 일반적으로 말해 이 작품은 《본초강목本草綱目》이나 《황제내경皇帝內徑》과 같은 중국의 자연과학서적에 속한다고 할 수 있다. 저자인 심괄은 서序에서 자신이 지은 이 책에 대해 '산야의 나무그늘 아래에서 마음대로 담소하며 꺼낼 수 있는 화제'로서 '실로 비천한 것이 아닐 수 없다'라고 겸손하게 평하였다. 그런 까닭에 스스로 책명을 붓이 가는 대로 기록한 '수필隨筆'과 같은 의미를 담은 '필담'으로 지었던 것이다. 하지만 실제 이 책을 읽게 되면 그렇지 않음을 알 수 있다. 나무 그늘에서 쉬면서 부담 없이 담소하며 꺼낼 수 있는 이야기보다도 국가 대사나 심각한 이론적 사실에 입각한 이야기가 더욱 많다. 특히 산술이나 수치에 대한 이야기나 지명地名에 대한 언급은 보고서나 논문과 같이 한 치의 오차도 없이 상세하기 그지없다. 따라서 작자가 위에서 한 말은 세상 사람들로부터 어떤 당쟁黨爭이나 시비是非에 말려들지 않기 위해 일부러 사실을 감추며 한 말임을 알 수 있다.

그러나 그렇다고 이 책이 완전한 자연과학서처럼 무미건조하고 딱딱한 것은 결코 아니다. 26권의 《몽계필담》과 세 권의 《보필담》, 그리고 한 권의《속필담》으로 이루어져 총 30권으로 구성된 이 서적은 그 내용이 매우 다채로워 지루함을 느끼기 시작하면 곧바로 다른 내용으로 접어들면서 새로운 경이로움에 빠지게 되고, 그런 반복 속에서 문득 한권의 책을 다 읽게 된다. 사실 이 책 속에는 신기하고 경이로운 사실들이 너무도 많다. 학계에서 분석한《몽계필담》의 내용 분류표에 의하면 자연과학에 관한 내용은 전체 609개의 항목 중에서 3분의 1에 해당하는 189항목에 달하고, 인문과학에 관한 내용은 3분의 2인 420조항에이른다. 자연과학의 내용에는 수학(4항목)·천문역법(22항목)·기상(12항목)·지질(11항목)·지리(16항목)·물리(5항목)·화학(3항목)·건축(8항목)·수리水利(9항목)·생물(32항목)·농학(8항목)·의약(43항목)·공정기술工程技術(16항목) 등이 합쳐져 189개의 항목을 이루고 있다. 또 인문과학의 내용에는 경학(16항목)·문학(34항목)·예술(25항목)·법률(10항목)·군사(16항목)·종교무속(28항목)·풍속(4항목)·경제(21항목)·역사고고(28항목)·언어문자학(19항목)·음악(44항목)·수레복식(12항목)·전적典籍(17항목)·놀이운동(4항목)·잡문일사雜聞逸事(92항목) 등으로 모두 420항목이 된다. 그 가운데에는 옛날의 신비스럽고 이상한 괴담도 있고, 해학적인 내용을 담은 이야기도있어 읽는 이로 하여금 간간이 웃음을 자아내게 하기도 하며, 고대 고려국高麗國과의 교류에 대한 언급도 보여 한중韓中 외교사를 연구하는데 있어서도 귀중한 자료 구실을 할 수 있다.

그러나 무엇보다도 심괄이 이 책을 통해 반영한 번뜩이는 섬광과 같은 과학적인 두뇌와 창조적인 식견은 실로 혀를 내두르게 하는 이 책의 진정한 가치라고 할 수 있다. 이를테면 자침磁針의 편각偏角을 발견한 것이나 볼록거울과 오목거울의 광학성질에 대한 설명, 그리고 물체

의 체적을 계산해 내는 수학적 방법 등은 11세기 중엽 인류의 과학역
사상 획기적인 사실이 아닐 수 없다. 뿐만 아니라 심괄이 이 책에서 제
시한 문학작품에 대한 시평詩評과 같은 문예론도 탁월한 안목으로 인
해 역대 시론詩論 서적들에서도 종종 인용되고 있는 것이 사실이다. 이
처럼 그의 재주는 다방면으로 발달해 '통재通才'라고 칭해지고 있는
것이다.

　그럼에도 불구하고 경서經書나 시문詩文을 중시하던 중국문화의 전
통 속에서 이 책은 홀시되어 온 것이 사실이다. 책의 성질로 볼 때,《몽
계필담》은 시詩·사詞·부賦·곡曲·산문散文과 같은 중국의 정통 문
학은 물론 희곡 소설과 같은 민간 문학의 범주에도 끼지 못한다. 또 중
국 특유의 필기류 소설의 문장에 예속시키기에도 그 성격상 석연치 않
은 점들이 있다. 따라서 문학文學과 사학史學, 철학哲學을 모두 포함시
키고 있는 중국문학의 대해大海 속에서도 종종 누락되었다. 설령 이 서
적에 대해 언급을 한다 하여도 아주 마지막 부분에 기예技藝와 의약서
醫藥書를 논하면서 같이 붙여 그야말로 잡서와 같이 취급한 점이 없지
않았다. 그 내용이 너무 잡다雜多하여 분류상 어디에도 속하기 어려운
이 책의 사정 때문이 아닐까 하는 고려도 해볼 수 있지만, 무엇보다도
문사철文史哲과 같은 인문학을 중시하고 기술이나 과학과 같은 분야의
자연과학을 홀시해 온 동양적인 정신사고 때문이라고 볼 수 있다. 그
러나 현대에는 이 책에 대한 관심이 점점 높아지고 있으며, 앞으로도
그 열기는 더욱 심화될 것으로 생각된다. 특히 과거에 중국인이 아닌
외국인들이 이 책에 대해 보였던 관심은 가히 주목할 만하다. 일찍이
1847년에 프랑스의 학자 스타니슬라스 줄리엥Stanislas Julien이 파리에
서 출판한《아주잡지亞洲雜誌》제2권에 발표한 활자 인쇄술의 기원에

대한 연구논문에서 《몽계필담》 중의 한 부분을 프랑스어로 번역하여 소개하였으며, 또 1923년 어느 독일의 학자도 중국 활자 인쇄술에 대해 얘기하면서 이 책의 유관 부분을 번역하여 소개한 적이 있다. 뿐만 아니라 그 후 미국과 영국, 그리고 일본의 학자들도 이 작품에 대해 깊이 있는 평을 하며 중시하였다. 특히 일본 학계에서는 1968년부터 번역 연구자들을 동원하여 《몽계필담》의 전역全譯 작업에 들어가기 시작하였고, 1981년에 이르러 세 권의 책으로 정식 번역 출판하였다.

그 동안 번역 작업이 경시되어 오던 국내 학계의 실정에서는 다른 서적들과 마찬가지로 이 책이 전혀 번역·소개되지 못하였다. 다행히 이번에 도서출판 범우사에서 탁월한 혜안으로 이 책의 진가를 발견하여 번역에 들어간 것은 매우 다행스러운 일이라고 하겠다. 다만 방대한 연구서적을 전역하는 데 할애된 시간이 충분하지 못한 점이 참으로 아쉽다. 하지만 《몽계필담》을 최초로 국내에서 전역하여 소개한 점에는 충분한 의의가 있다고 생각된다. 이 번역서로 인해 국내에서의 《몽계필담》에 대한 이해와 관심도가 높아질 것으로 생각되며, 앞으로 이 책을 전문적으로 연구하는 학자들도 생겨날 것으로 본다. 따라서 본 역서에서 자세히 설명하지 못한 부분이나 번역상의 미흡한 부분 및 오류들은 훗날의 전문가들에 의해 하나하나 교정되기를 바라는 마음이다.

2002년 10월 최병규

몽계필담
(상)

古迂陳氏家藏夢溪筆談卷一

沈　括　存中　述

故事一

上親郊郊廟冊文皆曰恭薦歲事先景靈宮
謂之朝獻次太廟謂之朝饗末乃有事于
南郊予集郊式時曾預討論常疑其次序
若先為尊則郊不應在廟後若後為尊則
景靈宮不應在太廟之先求其所從來蓋
有所因按唐故事凡有事于上帝則百神
皆預遣使祭告唯太清宮太廟則皇帝親

夢溪筆談卷 一

一

원대덕元大德 9년(1305) 刊

　나는 파직과 함께 산야山野로 돌아가 은거하였는데, 매일 집에만 머
무르며 바깥 세상과의 왕래를 단절하면서 지냈다. 그러면서 옛날 친우
들과 함께 나눈 이야기들을 생각하며 때때로 그것들을 기록하였다. 그
것은 마치 그들과 실제로 얼굴을 맞대고 이야기하는 것과 같았으며,
그런 가운데　하루하루 외로운 나날들을 소일하였다. 그러나 사실상
나와 대화한 대상들은 바로 붓과 벼루였다. 그러기에 나는 이 책을 '필
담'이라고 명명命名하였다. 물론 군왕君王들의 교지敎旨에 관한 것이나
국가대사國家大事에 관한 일, 그리고 정부의 관직에 관한 사정들에 대
해서는 감히 나의 사사로운 감정에 의거하여 기록하지는 않았다. 또
당시 사대부들에 대한 명예와 포폄褒貶에 관한 일에 있어서도 아무리
좋은 평이라고 할지라도 그것들을 기록하지 않았으며, 또 남의 추문에
관한 이야기들도 기록하지 않았다. 내가 기록한 것은 오직 산야의 나
무 그늘 아래서 마음대로 담소하며 꺼낼 수 있는 화제들이며, 다른 사
람들의 이해관계에 대한 것은 다루지 않았다. 그러면서도 민간에 떠도
는 자질구레한 기문일사奇聞逸事들에 대해서는 결코 빠뜨리지 않았다.
그 이야기들 가운데는 전설도 있으며, 또 그 중에는 빠진 것이나 잘못
된 이야기들도 없지 않아 있을 것이다. 따라서 이러한 내용들에 대한
나의 필담은 실로 비천한 것이 아닐 수 없다. 그러나 내가 기록한 이런
화제話題들이 다른 특별한 의도意圖가 없다면 그 또한 괜찮지 않겠는가!

제1권
고사故事①

황제가 친히 교묘郊廟[2]를 제사할 때, 그 축책祝冊의 문사文辭, 즉 축문祝文은 모두 "삼가 제물祭物을 올립니다"라고 말하였다. 먼저 경령궁景靈宮에서 올리는데 이를 '조헌朝獻'이라고 칭하며, 다음에는 태묘太廟에서 올리는데 이를 '조향朝饗'이라고 하였으며, 마지막으로 남교南郊에서 하늘에 제사를 지냈다. 내가 《남교식南郊式》을 편찬할 때에 일찍이 이에 대해 토론한 적이 있었는데, 그 순서에 대해 늘 의문을 가졌다. 만약 먼저 제사를 올리는 쪽이 존귀하다고 한다면, 남교가 태묘의 뒤에 가서는 안 되는 것이다. 또 만약 나중에 올리는 제사가 더 존귀하다고 한다면 경령궁은 태묘의 앞에 안배되어서는 안 되는 것이다. 그

---

2) 황제가 직접 천제나 조상에게 지내는 제사를 '친교묘親郊廟'라고 칭했는데, 송제宋制에 의하면 황제는 삼 년에 한 번씩 동지 때마다 '친교'를 지냈다고 한다. 여기서의 '교'는 '남교'를 가리킨다. 송대에는 도성인 개봉의 남훈문南薰門 교외에서 하늘에 제사를 올렸다.

러나 그 유래를 찾아보면 사실 그럴 만한 원인이 있는 것이다. 당대唐代의 예例에 의하면, 하늘에 올리는 제사 때마다 각종 신들에 대한 제사도 함께 치르며, 황제가 파견한 사자使者에 의해 제를 올렸다. 다만 태청궁太淸宮과 태묘太廟는 황제가 친히 갔으며, 축문의 내용도 '모월某月 모일某日 모소某所에서 일이 생겨 고告하지 않을 수가 없습니다' 라고 하였다. 태청궁과 태묘는 '주고奏告'라고 칭했고, 기타 다른 지역들은 '제고祭告'라고 칭했으며, 오직 남교에 지내는 제사를 '정사正祠' 라고 불렀다. 천보天寶 9년에는 황제의 명령으로 '고告란 윗사람이 아랫사람에게 말하는 의미를 지닌 단어이다. 지금부터 태청궁에 올리는 제를 조헌이라고 해야 하고, 태묘에 지내는 제사를 조향이라고 칭해야 한다' 라고 포고하였다. 이로부터 '주고奏告'라는 명칭은 없어졌으며, 축문에서도 모두 정사正祠라고 불렀다. ❀

　정아正衙[3]의 법좌法座[4]는 향목香木[5]으로 제작하였다. 바깥 표면에는 금장식을 하였고, 다리가 넷이며, 모서리가 둥글었다. 앞부분은 다소 움푹 들어갔으며, 좌면座面은 등나무로 짜여졌다. 황제가 출행出行할 때마다 나이 많은 환관이 말 위에서 안고 있었으며, '가두駕頭'라고 불렀다. 수레에 앉았을 때 뒤의 구부러진 우산 덮개를 '랑筤'이라고 불렀고, 좌우에 끼고 있는 두 부채는 통상적으로 '선랑扇筤'이라고 불렀는데, 모두 꽃무늬가 새겨져 있었으며, 간혹 금실을 박아 장식하기도 하였다. 이 모두는 옛날 의장대儀仗隊에 보이던 화려한 장식 덮개였다. ❀

당대唐代의 한림원翰林院은 금원禁苑 안에 있었는데, 황제가 퇴조退朝한 후에 휴식하던 곳이었다. 학사원學士院, 집현서원集賢書院, 금란전金鑾殿도 모두 그 부근에 있었다. 학사學士 이하 그곳에서 일을 하던 공장工匠과 예인藝人 그리고 한림원에 속하는 각 기구들 내의 관원들도 모두 합해 '한림翰林'이라고 불렀다. 그것은 마치 현재 우리가 '한림의관翰林醫官'이나 '한림대조翰林待詔'와 같이 부르는 것과 동일하였다. 그러나 오직 '한림차주사翰林茶酒司'는 '한림사翰林司'라고 칭하였는데, 아마도 세월이 흐르면서 생략된 것으로 추측된다.

당대唐代의 제도에는 재상宰相 이하 처음으로 임명을 받은 관리들의 선소宣召[6]제도가 없었다. 다만 학사들만은 황제를 소견召見해야 하였다. 왜냐하면 학사원은 금원 안에 있었기에 환관들이 령令을 전하여 소견을 하지 않으면 금원 안으로 들어갈 수가 없었기 때문이었다. 그러므로 학사원에는 별도의 이중문을 설치하였는데, 그것은 그곳이 내정內廷과 서로 통하는 곳이기 때문이었다.

이른바 학사원의 북문北門은 욕당전浴堂殿의 남측에 위치하였기에 황제의 명령에 응하기에 편리하였다. 지금은 학사가 처음 임명을 받으면 동화문東華門으로 들어가서 좌승천문左承天門에 이르러 말에서 내리게 되고, 대조待詔와 원리院吏들이 좌승천문에서 쌍쌍이 영접하여 합문閤門으로 안내하는데, 이는 당대唐代의 법도를 계승한 것이다. 당대의 소견학사召見學士들이 동문으로 들어가는 것은 당시의 학사원이 궁정

---

4) 황제가 사용하는 좌구坐具를 말한다. 여기서 말하는 '가두'라는 법좌는 개국 황제 조광윤趙匡胤이 즉위할 때 앉은 적이 있는 좌구이다.
5) 침향沈香이나 단향檀香 등과 같은 식물 향료를 지닌 목재를 말한다.
6) 이른바 '선소지례宣召之禮'라는 말은 황제가 관리를 불러 소견하게 하는 것을 말한다.

의 서쪽에 있었기 때문이며, 그러므로 한림원의 동문으로 가서 황제를 뵙게 되는 것인데, 이는 현재의 동화문과 다르다. 문에 달린 종을 당기는 제도는 그것이 금원 안에 있기에 설령 학사원의 관리라고 할지라도 옥당 문밖에서 걸음을 멈춰야 하기 때문이다. 그 관리의 엄밀함을 가히 짐작할 수가 있다. 현재의 학사원은 금원 바깥에 있으며, 다른 기관과도 별 차이가 없지만 종을 당기는 줄은 설치되어 있다. 이는 모두 옛날의 제도를 따르려고 하는 생각에서 나온 것이다. 🏵

학사원의 옥당玉堂[7]은 태종 황제가 일찍이 친림親臨한 곳인데, 현재까지 학사들이 오직 매월 초하루에만 그 마루에 들어가 앉을 수 있도록 허락되어 있고, 그 나머지 날들은 감히 가서 단독으로 앉을 수 없다. 옛 제도에 의하면, 옥당에는 시초대視草臺라는 것이 있어 당대當代의 황제가 명령을 내리게 되면 관복으로 갈아입고 그 누대에 앉아 있었지만, 현재는 이러한 제도가 없어졌고 다만 빈 누대만 남아 있을 뿐이다. 옥당의 동측에 있는 승지합자承旨閤子 창틀에는 불에 탄 자국이 있는데, 태종 황제가 저녁에 학사원에 들렀을 때, 소역간蘇易簡[8]은 당시의 학사였는데 그 때 취침 중이었다가 급히 일어났지만 등촉燈燭이 없어 옷을 입지 못하였다. 그 때 궁녀가 창문으로 등불을 밀어 넣어 밝혀 주었다는데, 지금까지도 이 창틀을 바꿀 생각을 않고 있다. 그 일을

---

7) 송대 학사원의 정청正廳을 '옥당'이라고 불렀다. 서한 미앙궁未央宮에는 옥당전이 있었는데, 황제의 명을 기다리는 곳이었다. 이런 까닭에 옥당은 황제의 명령을 기다리는 이른바 대조待詔의 대명사가 되었다. 그러므로 당대에 한림원에 들어가는 것을 '등옥당登玉堂'이라고 하였다.

8) 소역간(957~995)의 자는 태간太簡으로 태종 때의 진사로 문명을 날렸다. 《송사》에 그의 전이 있다. 그는 태종 옹희雍熙 2년에 학사로 임명되었으며, 순화淳化 2년 9월에 중서사인과 승지학사를 역임하였고, 순화 4년 11월에는 참지정사參知政事까지 올랐다.

옥당의 일대성사―大盛事로 보는 것이다.

　동서두공봉관東西頭供奉官은 원래 당대唐代 중서문하中書門下에 속한 관리의 명칭이다. 영휘永徽[9]년 이후로 당대의 황제들은 대개 대명궁大明宮에 머물며 별도로 속궁屬宮을 설치하였는데, 그들을 동두공봉관東頭供奉官으로 칭하였고 서내西內[10]에 있던 원래의 관리들도 여전히 근무를 하였으니 그들을 가리켜 서두공봉관西頭供奉官이라고 하였다.

　당대唐代의 제도에는 중서中書와 문하門下 두 성省의 관원이 조회할 때에 동서로 마주 보며 서 있었는데, 이를 '아미반蛾眉班'이라고 칭했다. 본조本朝의 초기에는 공봉반供奉班이 백관百官 앞에 횡으로 서 있었다. 왕부王溥[11]는 승상직을 마치고 동궁관東宮官으로 임명되었는데, 그가 속한 일품반一品班이 공봉반의 뒤에 배치되었기 때문에 황제께서는 공봉반에게 과거와 같이 동서로 나누어 서라고 명령하셨다. 경력慶歷 연간年間에 가창조賈昌朝[12]는 어사중승御史中丞에 임명되었는데, 동서반東西班이 마주 서서 읍揖하는 것이 예의에 걸맞지 않다고 생각하여 영을 내려 횡렬하도록 하였다. 현재에는 공봉반이 초서반初敍班일 때에는 동서로 서 있고 백관이 처음부터 배열할 때에는 횡렬로 하며, 주사奏事 이후에는 다시 동서로 나뉘어져 배열되며, 백관이 분반되어 물러간 연후에 비로소 전전殿을 나왔다. 이는 과거의 제도를 참조하여 채택한 것이다.

---

9) 당고종唐高宗 이치李治의 연호(650~655)이다.
10) 정식적인 황궁, 즉 '대내大內'를 가리킨다. 대내는 장안성 북부 중앙에 있었기에 대명궁으로 보면 서쪽에 해당된다. 따라서 '서내西內'라고 불렀다.
11) 왕부(922~982)의 자는 제물齊物이며, 일찍이 후주後周와 북송北宋에서 관직 생활을 하였다. 《송사》에 그의 전이 있다.
12) 가창조(998~1065)의 자는 자명子明이며, 천희天禧 초의 진사로서 《송사》에 그의 전이 있다. 일찍이 안국공安國公으로 봉해졌기에 가안공賈安公이라고도 불렀다.

한림학사들의 일상적인 예의에 대한 정식적인 법령은 대체적으로 없었고, 겨우 과거의 제도를 참고하여 답습하는 정도였다. 예를 들면, 학사는 가죽신을 신고 재상을 뵙는다든지, 중서성과 공문을 왕래할 시에는 평행문서平行文書를 사용한다든지, 말을 타고 궁문에 들어간다는 것들은 모두 과거의 제도를 답습한 것이다. 근래에는 학사가 재상을 뵐때, 대개 장화를 신고 손에는 간簡[13]을 든다. 장자후章子厚[14]가 학사일때에 재상을 뵐 기회가 있었는데, 그는 옛 풍습대로 가죽신을 신고 맨손으로 들어갔다고 한다. 그러나 지금은 정식적인 법령으로 정해놓고있다. ✾

중국의 관원들의 관복冠服은 북제北齊시대부터 모두 소수민족의 복장 스타일을 채택하였다. 이를테면 폭이 좁은 소매와 짧은 저고리, 그리고 긴 가죽장화라든가 요대腰帶에 매단 작은 띠 같은 것들이 모두 소수민족의 복장이었다. 폭 좁은 소매는 말을 타고 활을 쏘기에 좋았고, 짧은 웃옷과 긴 장화는 모두 초지草地를 걷기에 편리하였다. 이처럼 소수민족은 무성한 푸른 초원을 좋아하였고, 언제나 그 안에서 앉거나누워 기거하였다. 나는 일찍이 사신으로 요遼나라에 갔었는데, 그 때그것을 목격하였으며, 왕의 궁정조차도 푸른 초원에 있었다. 내가 왕의 궁정에 도착하였을 때, 그날 밤은 마침 비가 내린 직후였는데 초지

---

13) 간簡은 홀笏이라고도 부른다. 옛날 관원들이 조회할 때 들고 가던 수판手板을 지칭하는데, 무슨 일이 있으면 거기에 기록하는 구실을 하였다.
14) 장돈(1035~1105)을 말하며, 자후自厚는 그의 자이다. 가우에 진사가 되었다. 《송사》에 전이 있다.
15) 접섭은 다른 말로 첩섭䪓韘이라고도 부르는데, 요대 위에 달아매는 작은 띠를 말한다.
16) 추는 여기서 말가슴걸이를 말하며, 옛날의 마구로서 말 둔부에 매어서 안구를 고정시키던 혁대를 지칭한다.

를 걷고 나니 저고리와 바지가 온통 젖었다. 그렇지만 함께 동행한 그 거란인들은 조금도 옷이 젖지 않았다. 요대에 매단 접섭蹀躞[15]은 도검 刀劍이나 궁전弓箭, 그리고 수건手巾·주머니·부싯돌과 같은 물건들 을 매다는 데 사용되었고, 나중에 비록 접섭이 없어졌지만 그래도 그 것을 다는 고리는 남아 있었다. 그 고리는 접섭을 다는데 사용되었는 데, 마치 마구馬具 가운데의 추鞦[16]와 같았으며, 또 그 고리의 위 부분 은 오늘날의 대과帶銙[17]와 같은 것이 있었는데, 황제는 반드시 열 세 개 의 대과를 장식하여 달았다. 당唐 무덕武德·정관貞觀 연간까지의 복 식도 여전히 이러하였다. 개원開元 연간 이후부터는 비록 과거의 관 습을 이어받았지만 그러나 저고리나 대帶가 모두 넓어졌다. 그럼에 도 불구하고 대구帶鉤[18]는 여전히 대의 구멍 안에 걸었다. 본조의 복 식은 전 시대의 것들을 이어받기도 하였지만 개혁한 점도 있었으니, 예교 문화가 더욱 번영한 까닭이다. ✿

복두幞頭[19]는 사각四脚이라고도 부르는데, 바로 그 네 줄의 끈 때문에 지어진 이름이다. 그 중의 두 끈은 뒤통수에서 매어 흘러내리게 하였 고, 나머지 두 끈은 정수리에 올려 매었는데, 머리형의 곡선에 따라 머 리 꼭대기에 매어 놓았다. 그러므로 그것을 '절상건折上巾'이라고 부르 기도 하였다. 당대唐代의 제도에 의하면 황제만이 비로소 경각硬脚[20]을

---

17) 요대에 장식한 띠조각을 말한다.
18) 요대 위에 있는 두 머리를 이어주는 고리를 말한다. 요대의 한쪽 끝에만 고리가 있 어 요대를 매려고 할 때 다른 편의 끝에 있는 구멍에 걸어서 사용하였다.
19) 복두는 복두襆頭라고도 하는데, 대략 남북조시대 때에 생긴 일종의 두건이다. 고대 중국 중원의 사람들은 머리를 길러 위로 묶어 올려 상투를 트는 관습이 있었으며, 정식적인 모임에서는 그 상투머리 위에다 관冠을 썼다. 그러나 평민들은 단지 포건 布巾으로 머리를 감쌌는데, 이를 '건巾'이라고 불렀다.

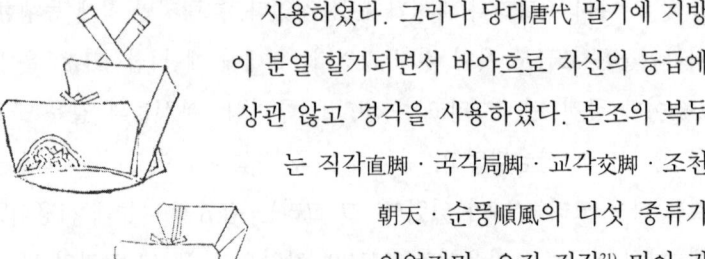

교각 복두(위) 복두(아래)

사용하였다. 그러나 당대唐代 말기에 지방이 분열 할거되면서 바야흐로 자신의 등급에 상관 않고 경각을 사용하였다. 본조의 복두는 직각直脚·국각局脚·교각交脚·조천朝天·순풍順風의 다섯 종류가 있었지만, 오직 직각[21] 만이 귀천을 막론하고 모두 다 사용하였다. 평민들이 사용하던 두건을 당대인唐代人들은 사각이라고도 불렀지만, 사실은 두 끈은 뒤통수에 매었고, 두 끈은 턱에 매었다. 그것은 몸을 크게 움직일 때에도 떨어지지 않도록 하기 위함이었고, 또 만약 일을 하지 않을 시에는 그것을 머리 꼭대기에 올려 매었다. 지금의 사람들은 턱에다 그것을 매지 않으니, 이 두 줄은 용도도 없이 달려 있는 셈이다.🌰

당대唐代의 중서성에서 공무를 처리하던 문서를 당첩堂帖이라고 하였는데, 나는 당인唐人의 당첩을 본 적이 있다. 재상이 서명과 사인을 한 것이었는데, 그 격식이 현재의 당차자堂箚子[22]와 유사하였다.🌰

내가 사관史館[23]의 검토檢討[24]로 있을 때에 추밀원樞密院에서 문서를

---

20) 복두의 뒤통수 부분의 두 끈은 원래 부드럽게 흘러내리게 되었는데, 나중에는 철사로 골격을 만들어 그것을 지탱하게 하였다. 이를 바로 '경각' 이라 부른다.

21) 직각은 두 다리가 좌우 옆으로 곧게 펼쳐져 있는 형태로 '전각展脚' 이라고도 불렀다. 송대의 관원들이 공복을 입을 시에는 대부분 이러한 모양의 복두를 사용하였다. 그 외에도 국각局脚은 두 다리가 위를 향해 구부러져 있는 형태의 복두로, '곡각曲脚' 이라고도 불렸으며, 교각交脚은 두 다리가 위로 올라가 뒤통수에서 교차되는 형태였다.

보내 선宣과 두자頭子의 유래에 대해 물어보아 나는 당대唐代의 제도를 조사한 적이 있다. 중서사인中書舍人이 책임지는 조령詔令문서는 모두 두 부를 기록하는데, 그 하나를 저低라 하고, 다른 하나는 선宣이라 하였다. '선'이라는 말은 공포한다는 의미이며, 아직 문서로서의 이름을 갖지 못한 것이다. 당대 후기 추밀사樞密使가 황궁에서 조령을 받아 나와서 중서성에 교부하면 바로 선으로 부르는 것이다. 그러나 중서성에서 접수한 이후 문서로 등록되면 선저宣底라고 불려지게 된다. 현재의 사관 안에도 후량後梁의 선저 두 책冊이 있는데, 현재 황제의 지시를 기재한 장부, 즉 성어부聖語簿와 유사하였다. 후량 때에 처음으로 숭정원崇政院을 설치하였는데, 전적으로 황제의 기밀지시機密指示를 하달하였다. 후당後唐 장종莊宗 때에는 추밀사를 복원하였고, 곽숭도郭崇韜[25]와 안중회安重誨[26]로 하여금 그 직을 맡게 하여 부분적인 정무를 책임지기 시작하였다. 대개 중서성을 거치지 않고 직접 하달된 명령을 선宣이라고 불렀는데, 그 성질은 중서성의 칙敕과 같았다. 또 작은 일일 경우에는 두자頭子를 보내거나 당첩堂帖을 작성하였다. 이것이 바로 현재 추밀원에서 사용하는 선과 두자이다. 본조의 추밀원에서도 차자箚子를 사용하지만, 중서성의 차자는 재상의 화압花押이 위에 있고, 차상次相과 참지정사參知政事는 그 다음에 서명을 하였으며 추밀원의 차자는 추장樞長의 화압이 아래에 있고, 부추장과 그 부하들이 그 순서에 따라 위로 서명을 하였는데, 이로써 구별을 하기 위함이었다. 두자는 단지

---

22) 차자箚子는 송대 문서의 일종이다.
23) 숭문원에 속한 삼관 중의 하나로서, 국사를 수찬하던 곳이다.
24) 사관 관원 중의 하나이다.
25) 곽숭도(?~926)의 자는 안시安時이며, 이존욱李存勖의 주요 모신 중의 한 사람이다.
26) 안중회(?~931)는 후당後唐 장종莊宗과 명종明宗 두 조대에 걸쳐 국정을 관장한 중신重臣이었다.

역마를 보내라는 것과 같은 일에만 사용되었다.🎕

　백관이 정사당政事堂에서 재상을 뵐 때에는 사품四品 이하의 관원은 중서성의 관리가 높은 소리로 "굴屈"이라고 외치면 빠른 걸음으로 들어오는데, 재상이 읍을 하고 차茶가 나올 때도 모두 그 관리가 높은 소리로 외치며 전했고, 이를 '굴읍屈揖'이라고 불렀다. 또 사품 이상의 관원이 재상을 뵐 때에는 '청모관請某官'이라고 불렀는데, 굴읍의 예를 행하지 않았다. 그리고 차는 퇴출할 때에 나왔으며, 백관의 위치는 재상 자리의 남측에 횡으로 놓여 있었다. 재상이 입조하면 좌석이 있었지만, 일품 이하의 관원들은 모두 서야 했다. 또 황제가 후전後殿에서 관원들을 소견하면, 사품관 이상은 스스로 성명을 말해야 하고, 끓어 앉아 절을 하면서 또 일어나 춤을 추듯 발과 팔을 들어올리며 예를 표했으나 그 외의 관원들은 오직 끓어앉아 절만 하였고, 성명도 대지 않았을 뿐만 아니라 춤도 추지 않았다. 중서성에서는 관품이 높은 예절을 감소시켰는데, 이는 그들이 재상과 대등함을 보이는 것이었으며 황제 앞에서는 관품이 낮은 예절을 감소시켰는데, 이는 예의의 등급을 낮춘 것이다.🎕

　당나라의 제도에 의하면, 승랑丞郞[27]의 관직을 수여받은 관원들은 전문殿門에 모여서 사은謝恩을 하였다. 지금은 삼사부사三司副使[28] 이상의 관직을 수여 받은 관원들이 자계子階[29] 위에서 끓어앉아 절을 하고 춤

---

27) 시랑과 승유丞類의 관직으로 중앙의 요직을 맡았다.
28) 당 후기, 호부상서 이외에 호부戶部·도지度支·염철鹽鐵 등과 같은 기관이 있어 각각 조부租賦와 재정수입, 염철 전매에 관한 사무들을 맡았는데, 후당 천성天成 원년(926)에 그들을 합해 하나의 기관으로 만들고 '삼사사'라고 이름하였다.
29) 주계단 옆에 설치된 부계副階를 말한다.

을 추며, 그 외의 자들은 계단 아래에서 꿇어앉아 절을 하지만, 춤을 추지는 않는다. 이는 바로 전문에 모이던 옛 규범을 따른 것이다. ✳

한림학사원翰林學士院 제삼청第三廳의 학사합자學士閤子 바로 앞에는 큰 느티나무가 하나 있어 괴청槐廳이라고 불렸다. 과거의 전설에 의하면 이 집에 사는 사람들은 대부분 재상으로 승직昇職한다 하여 학사들은 모두 다투어 괴청에서 지내려고 하였다. 심지어 어떤 이는 먼저 들어온 자의 짐을 옮기고 자신이 강제로 점령하기도 하였는데, 내가 학사로 있을 당시 그 광경을 목도한 적이 있다. ✳

간의諫議[30]의 등급은 지제고知制誥[31]보다 위다. 그러나 대제待制를 거느리면 지제고의 아래에 위치한다. 왜냐하면 이 직무로 인해 온 것이기 때문이다. 그러므로 농담으로 그를 대추帶墜[32]라고 부르기도 하였다. ✳

《집현원기集賢院記》에는 '개원開元의 제도에 따라 교서관校書官은 학사學士로 칭함을 허락한다'라고 하였다. 현재 삼관三館의 직사관職事官들을 모두 학사라고 칭하는데, 이는 개원 때의 제도를 이어받은 것이다. ✳

관각館閣의 신초사본新抄寫本인 예청본譽淸本에는 잘못 쓴 부분이 있

---

30) 좌우간의대부左右諫議大夫를 말한다.
31) 원래는 중서사인의 직으로, 조령을 기초하는 일을 관장하였다. 그러나 나중에는 타관이 그 직을 대행하기도 하였다.
32) 그 의미는 관직을 겸함으로 인하여 등급이 낮아졌다는 뜻이다.

는데, 자황雌黃으로 지워 버렸다. 나는 일찍이 글자를 고친 방법을 비교한 적이 있다. 긁어 씻으면 종이를 훼손하게 되고, 종이를 붙이면 또 쉽게 떨어져나간다. 또 호분胡粉으로 지우면 자국이 완전히 사라지지 않으며, 몇 번이고 지워야만 비로소 완전히 지울 수 있다. 그러나 자황으로 한번 문지르면 글자의 흔적을 없앨 수 있으며, 게다가 오랜 세월이 흘러도 떨어지지 않는다. 옛사람들은 그것을 연황鉛黃이라고 불렀는데, 그것을 사용한 지는 매우 오래되었음을 알 수 있다. 🏵

내가 부연로鄜延路의 경략안무사經略安撫使로 있을 때, 오사청五司廳이라고 하는 청사를 하나 새로 설치하였다. 연주延州 아문衙門의 청사는 지방 관서였는데, 연주의 정사를 처리하였으며, 오사청은 부연로의 군사를 책임지었으니, 마치 당대唐代의 절도사관서節度使官署와 같았다. 이른바 오사라는 것은 경략經略·안무安撫·총관總管·절도節度·관찰觀察의 5개 부문을 말하였다. 당대의 제도에 의하면, 지방의 군정 장관이 모두 절도·관찰·처치處置의 삼사三使를 겸하였다. 현재에는 절도사가 관장하는 직분이 대개 총관사總管司로 돌아갔고, 관찰사의 직무는 안무사로 돌아갔으며, 처치사의 직무는 경략사로 돌아갔다. 하지만 절도와 관찰 두 사司와 그 아래의 관리들이 현재에는 모두 주州의 정무만 처리할 따름이다. 또 경략과 안무 이 두 사는 그 아래에 보조 관원들을 두지 않고 있는데, 이는 장관의 직권이 반드시 하나이어야 하기 때문이다. 도총관都摠管·부총관副總管·검할鈐轄·도감都監·첨서판관청공사簽書判官廳公事 등과 같은 관원들은 모두 경략안무사의 지휘를 받고 있다. 🏵

은대사銀臺司[33]가 겸하고 있는 문하봉박門下封駁의 책임은 급사중給事

中의 직책으로 응당 문하성에 예속되어야 하지만, 전통적으로 추밀원에 예속되었다. 그곳에서 문서를 사寺나 감監으로 보낼 때에는 모두 차자箚子를 사용하였으나, 사나 감에서 그곳으로 문서를 보낼 때에는 신상申狀을 사용하였으며, 비록 삼사三司라고 할지라도 '상은대上銀臺'라고 칭하였다. 그곳에서 일하는 장관은 그 관품을 막론하고 초동初冬에 특별히 취모금포翠毛錦袍를 하사받았으며, 만약 학사 이상의 관원이 그곳의 장관이 되면 원래의 관품에 따라 관복이 지급되었다. 그곳에서 공무를 보는 관원은 추밀원 내의 비주요 기구의 관리였으며, 그곳의 장관은 추밀원의 등급에 준한 식비와 보수가 지급되었으니, 실제적으로는 추밀원의 하속기관이었던 것이다. ✿

황제가 출행할 때의 의장대 가운데에는 감전勘箭이라는 것이 있었는데, 고대의 감계勘契와 유사하였다. 거기에 들어가는 것을 웅모전雄牡箭이라고 불렀으며, 특히 그 가운데의 것을 벽장전闢仗箭이라고 하였다. 이는 본래 소수민족들의 습관이었는데, 희녕熙寧 연간에 이를 폐지하였다. ✿

전대의 장서藏書는 몇 군데에 분산 · 수장되어 있는데, 모두 수해나 화재로 인한 유실을 방지하기 위해서이다. 현재 삼관三館과 비각秘閣에는 비록 네 군데로 나누어 책을 보관하고 있지만, 모두 숭문원崇文院에 있다. 숭문원의 관서官書는 사람들에 의해 많이 밖으로 유실되어 사대부의 집에서도 종종 발견되기도 하였다. 가우嘉祐 연간에는 편교관編校官을 여덟 명 두어, 사관四館의 장서들을 종합적으로 교감校勘하게 하

---

33) 문하성 아래에 속한 기구이다.

였으며, 또 초서인원抄書人員 1백 명을 배치해 주었다. 그들은 모두 황지黃紙로 만든 큰 책자에다가 초사抄寫하였는데, 이로부터 개인이 감히 마음대로 그 책들을 수장하지 못하였다. 몇 년 간의 교감과 초사 작업을 거쳐 겨우 소문관昭文館 하나의 관에 있는 장서들을 완전히 정리하였다. ✿

과거의 한림학사라는 직위는 청귀淸貴하여 늘 황제를 곁에 두고 있었으며, 모두 다른 직무를 겸하지 않았다. 삼관과 비각의 직무는 교리校理 이상 모두 보수를 받았지만, 오직 내·외 제制는 없었다. 양대년楊大年[34]은 오랫동안 학사를 지냈지만, 가정이 빈곤하여 외관으로 옮겨줄 것을 요구하며 수천 마디나 되는 사직보고서를 쓴 적이 있다. 그 가운데에는 다음과 같은 말도 있었다.

"황제의 문학시종文學侍從이라는 명성만 헛되이 걸머지고, 아귀餓鬼의 팔자를 벗어나지 못하였으며, 공자孔子의 수행원은 배고파서 몸도 일으키지 못하였고, 한무제漢武帝의 동방삭東方朔은 가난하여 생활이 말이 아니었습니다." ✿

상일上日[35] 때마다 경성의 백관 가운데 오로지 한림학사의 칙설勅設에만 음악 반주가 있었으며, 기타의 관원들은 재상이라고 할지라도 이러한 예우가 없었다. 그때 술자리에 참석한 가기들도 모두 개봉부開封府에서 파견한 기생들이었다. 진화숙陳和叔[36]이 한림학사를 역임할 때에 그는 이미 개봉부의 지부知府를 겸임하였는데, 술시중을 드는 가기

---

34) 양대년(974~1020)은 바로 양억楊億을 말하며, 대년은 그의 자이다. 북송 전기의 유명한 문학가로《송사》에 전이 있다.
35) 상사上事라고도 칭하며, 음력 매월 초하루를 말한다.

들을 부르지 않았다. 한림학사원의 칙설에서 가기들의 술시중을 쓰지 않은 것은 진역부터 비롯된 일이었다. ❀

　예부禮部가 공원貢院[37]에서 진사과進士科 과거를 보는 날에는 계단 앞에 향로와 책상을 설치하였으며, 과거를 진행하는 관원과 과거생이 서로 마주 보며 읍을 하였는데, 이는 당대唐代의 관례였다. 그리고 과거생들이 앉는 자리는 매우 성대하게 꾸며져 있었고, 유관 부서에서 차와 같은 음료도 제공하였다. 그러나 경전經典을 시험보는 학구과學究科의 시간이 되면, 장막과 방석류의 물건들이 모두 거두어졌으며, 음료수도 제공되지 않았다. 따라서 과거생들은 목이 마르면 먹을 갈기 위해 떠다 놓은 물을 마셔야 했으며, 사람들마다 입술에 먹이 묻곤 했다. 이것은 일부러 그들을 괴롭히기 위한 것이 아니고, 방석류와 차를 제공하는 관원들이 과거생들에게 몰래 시험 답안을 알려주는 일을 방지하기 위함이었다. 실제로 이러한 일이 일찍이 발각된 적이 있었으며, 재발을 막기 위한 조처였던 것이다. 구양수歐陽修의 시에서도, '향을 피워 진사를 예로써 맞이하며, 장막을 철수하고 학구과 과거생을 기다리네'라고 읊으며 진사과와 학구과의 과거생들을 대하는 예의가 너무도 차이남을 지적하였는데, 이는 그럴 만한 이유가 있는 것이었다. ❀

　가우嘉祐 연간에 진사과의 합격자 명단이 이미 발표되고, 황제의 어시御試를 치르기도 전에 경성에서는 왕준민王俊民이라는 자가 장원으로 뽑혔다는 소문이 나돌았는데, 그 소식이 어떻게 전해졌는지를 알

---

36) 진역陳繹을 말하며, 화숙은 그의 자이다. 《송사》에 그의 전이 있다.
37) 예부에서 과거시험을 치루던 장소를 말한다. 북송 때에는 주로 불교 사원을 빌려 시험장으로 사용하였다.

수가 없었고, 또 사람들은 왕준민이 어떤 자였는지도 알지 못했다. 나중에 황제께서 어시를 치를 때, 당시 왕형공王荆公[38]이 지제고知制誥였는데 천장각天章閣 대제待制인 양락도楊樂道란 자와 같이 상정관詳定官을 맡았다. 과거의 규정에 의하면, 어시는 초고관初考官이 우선 순위를 매기고, 연후에 그것을 밀봉하여 복고관覆考官에게 넘겨 다시 한번 순위를 정한 다음, 바로 상정관에게로 이송되었다. 그리고 상정관은 초고관이 밀봉하여 보내 온 순위와 복고관이 밀봉하여 보내 온 순위를 대조해보게 된다. 그런데 만약 그것이 서로 동일하면 정식으로 확정되었고, 그렇지 않을 경우에는 과거생의 답안을 다시 자세히 검사하여 초고관과 복고관이 매긴 결과 가운데 반드시 한 쪽을 선택하여야 하며, 별도로 다시 순위를 매길 수가 없었다. 당시 왕안석은 초고관과 복고관이 매긴 일등—等에 대해 동의를 하지 않았고, 합격자 가운데에서 다시 한 사람을 뽑아 장원으로 뽑을 생각이었다. 그러나 양낙도는 제도를 준수해야 할 것을 주장하며 왕안석의 뜻에 따르려고 하지 않아 두 사람은 쟁론을 벌였다. 태상소경太常少卿인 주종도朱從道는 당시 미봉관彌封官이었는데, 그 사실을 알고는 동료들에게 다음과 같이 말하였다.

"그 두 어른이 그렇게 쟁론을 벌일 필요가 있을까? 나는 열흘 전부터 왕준민이 장원이 되었다는 소문을 들었는데, 이 사건은 하늘의 운명에 따른 계시가 있음이 분명해. 그 두 분은 스스로 일을 만들어 고생하는 것이지."

나중에 두 사람은 각각 자신의 의견을 황제에게 아뢰었고, 황제는

---

38) 왕안석王安石(1021~1086) 말한다.
39) 낮은 문신 계층이나 지방관에 대한 총칭이다.
40) 길을 청정하게 한다는 의미이다.

왕안석의 뜻을 받아들일 것을 명하였다. 그런데 왕안석이 주장한 장원의 봉함을 열어 보니 다름 아닌 왕준민이었던 것이다. 상정관이 별도로 순위를 매길 수 있는 것은 바로 이 때의 어시에서부터 비롯된 제도였다. ✿

선인選人[39]은 말을 타고 궁성문宮城門을 들어올 수가 없었다. 천성天聖 연간에 선인은 관직을 맡았는데, 구양수歐陽修와 황감黃鑑 등은 모두 좌액문左掖門에서 말을 내려 입관하였고, 그래서 사람들은 그들을 보행학사步行學士라고 불렀다. 가우 연간에 숭문원에 편교국編校局을 설립하였는데, 편교관들은 모두 말을 타고 원문院門 입구까지 올 수가 있었다. 나중에 중서성오방中書省五房에 습학공사관習學公事官을 두었는데, 역시 말을 타고 성서省署까지 오는 것이 허용되었다. ✿

황제가 출행할 때, 대오의 앞에는 전구前驅가 있었는데, 이는 고대의 청도淸道[40]에 해당한다. 그 다음에는 위장衛仗이 있었는데, 위장은 마치 궁문을 마음대로 들어갈 수 없는 법과 같은 것이었으며, 고대의 외장外仗에 해당한다. 또 안에는 금위禁圍라는 것이 있었는데, 그것은 마치 궁전 안의 의장儀仗과 같았다. 《주례周禮·천관天官·장사掌舍》에는 말하기를, '왕이 잠시 밖에서 주둔해 있을 때에는 장인長人[41]을 파견하여 문을 지키게 하였다'고 하였는데, 현재에는 이들을 전문천무관殿門天武官이라고 부른다. 천하에서 가장 키가 큰 여덟 사람을 뽑아 황제가 전전前殿에서 조회에 오르면 도끼를 손에 들고 자신문紫宸門 옆에 서

---

41) 송대에 금군禁軍으로 뽑히는 사병은 그 용맹함 뿐만 아니라 정해진 신장의 기준이 있었다. 예를 들어 천무군天武軍의 기준은 5.8송척宋尺으로 약 180센티미터가 못 되었다.

있었으며, 황제가 출행을 하면 금위문禁衛門을 지키는 직책을 맡으며 의장마대儀仗馬隊들의 앞에서 걸어갔다. 그 외에도 형문衡門이 열 명 있었고, 대장이 한 명 있었는데, 모두 무예와 힘이 탁월한 자들로 충당했다. 황제가 수공전垂拱殿에서 청정聽政을 하면, 손에 과檛를 쥐고 전殿 앞에서 동서로 마주 보며 서 있었다. 이는 바로 고대의 호분虎賁[42]과 입문入門 등에 해당하는 위사衛士였다. ❀

나는 일찍이 후당後唐 민제閔帝 응순應順 연간의 문서초고文書草稿를 산 적이 있는데, 임명재상任命宰相 유구劉昫가 삼사사三司使를 겸임하고 있다는 문서였는데, 앞에는 다음과 같은 보고문이 있었다.

구관具官[43] 유구劉昫
아래
삼가 아룁니다. 유구는 나라를 다스릴 만한 큰 재주를 지닌 인물로 천지의 덕을 본받는 자입니다. 폐하께서는 마음을 놓으시고 그에게 나라의 재정을 맡기신다면 국력이 날로 번성해지고 영원한 태평성대를 누리시게 될 것입니다. 신臣들은 생각하기를, 원래 맡고 있던 중서시랑中書侍郎 겸 이부상서吏部尚書 · 동중서문하평장사同中書門下平章事를 제수하시기를 바라옵고, 집현전 대학사 겸 판삼사判三司를 맡게 하시기를 바랍니다. 실제 관직 이외의 칭호와 봉작封爵은 변동이 없으며, 가부可否를 심사하지 않았습니다. 만약 윤허를 입게 된다면, 바라옵건대 한림원에 교부하시어 하달 처리하시기 바라옵니다.
이상 황제 폐하께 삼가 아뢰옵나이다.

---

42) 마치 맹호가 달린다는 의미를 지니고 있는 말이다.
43) 관원의 승천升遷을 보고하는 공문에 사용되던 상투어이다.

또, 그 아래에는 다음과 같은 황제의 명령이 있었다.

재신宰臣 유구
아래
　판삼사공사判三司公事를 겸하게 하고, 중서와 문하로 하여금 이에 따라 시행하도록 함. 중서와 문하에 교부하여 이에 따르게 함.

사월십일

　그리고 맨 마지막에는 새로 주조한 어인御印이 찍혀 있었는데, 현재의 정부 문서와 약간 달랐다. 본조에서는 중요한 사정이 있을 시에 황제에게 직접 보고를 하며, 일반적인 사항은 의견을 문서로 초안하여 올려 황제가 이를 보고 '가可'라고 사인을 하게 되면 그 일이 처리되는데, 이를 숙상熟狀이라고 하였다. 그런데 사정이 급박하여 위의 절차를 밟을 시간이 없으면 먼저 일을 처리하고 난 다음에 초고를 작성하여 황제에게 보고하였는데, 이를 진초進草라 칭했다. 숙상은 흰 종이에 작성하였으며, 재상은 사인을 하였고, 기타 유관 관원들의 이름도 열거하였다.

　그러나 진초는 노란 종이에 기록하였으며, 재상과 기타 관원들이 모두 문서 배후에 사인을 하였다. 재상이 정무공문政務公文의 초고를 처리할 때에는 사인을 하지 않았고, 하속 관원이 문서의 배후에 날짜를 적었으며, 다시 업무자가 유관 관원의 이름을 적고 관인을 찍었다. 이 보고서는 사륙四六[44] 문체가 거의 사용되었으며 재상은 사인을 하고 도장을 찍지 않았는데, 이 점은 현재와 달랐다. 대체적으로 당인의 습관

---

44) 네 자와 여섯 자로 서로 댓구를 맞춘 문체로서, 병문騈文이라고도 불렀는데, 문학에서와 같이 수·당시대의 표장조령表章詔令도 대개 이러한 문체를 사용하였다.

은 중앙에서 지방관서에 이르기까지 공무를 처리하는 문서에서 모두 사륙문을 사용하였는데, 이를 판判이라고 칭하였으며, 그것은 바로 과거科擧 중의 서판발췌과書判拔萃科에서 다루는 내용이었다. 사인을 한 두 관원은 풍도馮道[45]와 이우李愚[46] 였는데, 문서는 풍도가 친필로 기초를 하였으며, 그 중에는 고치고 표시를 한 흔적도 있었다. 《구오대사舊五代史》의 기록에 의하면, '순응應順 원년 사월 구일 기묘己卯에 악왕鄂王이 홍薨[47]하였다. 경진庚辰에는 재상 유구가 판삼사를 맡았다' 라고 되어 있는데, 바로 십일이니, 이 문서와 일치된다. 송민구宋敏求는 말하기를, 《개원재상주청상開元宰相奏請狀》·정전鄭畋 《봉지고초鳳池稿草》·《의상주제집擬狀注制集》에 실린 문서는 대개 사륙문이며, 모두 재상이 친히 초안하였다고 하는데, 지금 내가 지니고 있는 이 문서는 풍도가 친히 기초하였으니 바로 전통이었던 것이다. ❀

과거의 규정에 의하면, 중서문하성中書門下省과 추밀원 그리고 삼사사의 관인官印은 모두 금을 입혔다. 근래의 규정에 의하면 중서와 문하 그리고 상서尙書의 3성과 추밀원의 관인은 은으로 주조한 다음 금으로 입혔고, 기타의 관인은 모두 동으로 주조하였다. ❀

삼사사의 서열은 한림학사의 앞에 있다. 과거의 규정에 의하면, 권權삼사사와 정사正使가 동일하였는데, 그러므로 권삼사사와 삼사사는 결함結銜[48]시에 항상 관직의 가장 앞에 나열하였다. 경력慶歷 연간에 엽청

---

45) 풍도(882~954)는 자가 가도可道로 이 문서를 작성하였을 당시 재상의 직을 맡았다.
46) 후량과 후당에 관직 생활을 하였으며, 당시 재상직을 맡았다.
47) 당대의 규정에 의하면 황제의 죽음을 붕崩이라고 하였고, 삼품 이상의 관원의 죽음을 홍이라고 하였다.

신섭청신臣은 권삼사사를 맡고 있었는데, 당시 관원 가운데 한 사람이 그를 제압하기 위해 임명을 하달하여 권삼사사를 자신의 한림학사 직 아래에다 두어 결함을 하였다.

그리하여 반班을 배열할 때에 한림학사의 뒤에 놓이게 하였는데, 지금은 그것이 관례가 되었다. 나중에 누군가가 이 일에 대해 거론하였지만, 결함은 변화가 없었고, 다만 권삼사사를 막 임명받아 합문閤門에서 교지를 받을 때에는 간혹 학사보다 앞에 놓이기도 하였지만, 제도화되지는 않았다.

---

48) 관원이 정식 장소에서 자신의 모든 관함에 대해 칭하는 방법이다. 일반적으로 관계
   官階 · 직무職務 · 봉작封爵 · 식봉食封 등을 규정된 순서에 따라 조합하였다.

　종실자제宗室子弟가 남반관南班官[1]을 제수받는 것은 태위太尉 왕문정
王文正[2]이 재상에 임명된 것이 선례가 되었다고 사람들은 말하지만, 사
실은 그렇지 않다. 관례에 의하면, 종실자제가 천관遷官을 해야한다는
그 어떤 구체적인 규정이 없다. 다만 드문 경축일 때에는 한 등급을 모
두 올려준다. 경우景祐 연간에 처음으로 조상이 남교南郊에 제사를 올
리게 되면 종실자제들이 이 대전大典을 기회로 삼아 황제에게 은혜를
베풀어달라고 요구하며 왕궁王宮 교수敎授인 조약刁約에게 부탁하여
주상문奏上文을 대신 적어달라고 하는 요청을 받아들인 적이 있다. 훗
날에 조약이 재상인 왕증王曾을 만났을 때, 왕증이 그에게 묻기를, '며
칠 전에 종실자제들이 등급을 올려달라는 주장奏章을 부탁하였을 때,
누가 그 초안을 써 주었습니까?' 라고 하였다. 당시 조약은 그 뜻을 눈

---

1) 궁정시종관宮廷侍從官이나 무직武職 이외의 문직관文職官을 말한다.
2) 왕문정(957~1017)은 왕단王旦을 말하며, 자는 자명子明이었다.

치채지 못하고 모른다고 대답하였다. 그러나 돌아와서 생각해 보니, 아마 이 일이 조사되면 자신이 죄값을 치르게 될지도 모른다고 판단되어 왕증의 집으로 찾아갔다. 왕증은 전과 같이 또 그에게 그렇게 물었는데, 조약은 더욱 겁이 버럭 나 속이지 못하고 사실대로 진술하였다. 그러나 왕증은 '나는 다른 뜻이 있었던 게 아니었소, 그 주장의 문필이 아름다워서 물어본 것일 뿐이었고' 라고 말하면서 연신 그의 문장력을 칭찬하였다. 그리고는 또 '내 이미 다른 조처가 있을 것이라는 황제의 지시를 얻었소. 아마도 며칠이 지나면 명령이 떨어지게 될 것 같소' 라며 아무렇지도 않게 얘기하였다. 이로부터 종실자제가 남반관을 얻는 것이 관례가 되었다. 현재는 종실이 처음부터 환위장군環衛將軍을 시작으로 일곱 차례의 승진을 통하면 절도사도 가능하였는데, 이로부터 제도화된 것이다. 종실자제들은 천 필이나 되는 비단으로 조약을 치하하였지만, 그는 사양하며 감히 받지 못하였다. 나는 조약과 친척사이여서, 그가 일찍이 그 주장의 초고를 나에게 보여준 적이 있다. ❀

대리사大理寺[3]의 관원은 모두 스스로 판결을 하였으며, 다른 관리의 파견을 허락하지 않았다. 중서검정관中書檢正官의 아래에도 관리를 두지 않았으며, 다만 방房마다 한 명의 초사원抄寫員을 파견하였을 뿐이었다. 이는 관원들이 모두 스스로 정무를 처리하도록 하여 그들의 남권攬權 행위를 방지하기 위함이었고, 또 동시에 인재들을 훈련시키고 발굴하기 위함이었다. ❀

태종太宗 황제는 방단구대方團毬帶[4]를 만들어 중서와 추밀 양부兩府

---

3) 대리라고도 하며, 송대에 중앙 일급에 설치한 사법심판기관이었다.
4) 금장식이 있는 일종의 고급 요대였다.

의 대신들에게 하사하도록 명하였다. 그러나 나중에는 추밀사 겸 시중인 장기張耆와 왕이영王貽永은 특별히 하사를 받았으며, 이용화李用和와 조일曹佾도 황후의 삼촌인 까닭에 하사받았다. 근래에는 선휘사宣徽使 왕공진王拱辰도 노신老臣인 이유로 하사받았는데, 이들은 모두 특별한 대우를 받은 것이었지, 관례가 아니었다. ✿

　근래에 경성의 선비들이 조복朝服을 입고 말을 타면서 경삼凉衫이라고 불리는 연한 청흑색의 저고리를 밖에 두르는데, 이는 고대로부터 내려온 전통으로 《의례儀禮》에서 말하는 저고리 밖의 '가경加景'이라는 것이었다. 그러나 고대의 '경景'의 모양과 장식, 색깔에 대해서는 알 수가 없다. ✿

　내외제內外制 관원은 관직을 제수하는 제서制書를 기초해 주면 급간給諫과 대제待制 등과 같은 사품 이상의 관직자들에 의해 윤필전潤筆錢[5]을 받았다. 태종 때에는 윤필전의 액수에 대한 규정이 있었으며, 중서사인원中書舍人院에 비석을 세워 두어 관직을 제수받는 관원에 대해 독촉하는 글을 쓰기도 하였다. 그리고 원내의 관원은 물론 거마를 관리하는 노복들에게도 모두 몫이 돌아갔다. 원풍元豐 연간에는 관제를 개혁하여 내외제 관원들의 녹봉을 높이면서 윤필전을 폐지하였다. ✿

　당대唐代의 제도에 의하면 관품이 모자라 다른 관직을 잠시 맡거나 겸직을 하고 있는 자들을 직관直官이라고 불렀는데, 이를테면 허경종許敬宗[6]이 기실記室을 섭攝한 것이 그 예이다. 본조의 한림학사와 중서사

---

5) 고대사회에서 문장을 기초해 주며 받는 대가를 윤필전이라고 칭했다.

인은 모두 직원直院을 설치하였고, 희녕熙寧 연간에는 직사인원直舍人院과 직학사원直學士院도 설치하여 경력이 많지 않은 관원으로 하여금 맡게 하였는데, 사실상은 사인과 학사였다. 희녕 6년에는 사인이 모두 승천升遷하여 다른 직을 맡았고, 관서官署에는 이 직을 맡은 관원이 없었다. 그리하여 장형章衡을 권지제고權知制誥로 임명하되 직원直院의 직을 주지 않았는데, 이는 그가 잠시 겸직한 까닭이었다. 옛날의 겸관兼官은 대개 잠시 동안의 겸임이었으며, 장기 겸임이면 바로 정관正官에 해당하는 것이었다. 우리집에는 《해릉왕묘지海陵王墓志》가 있는데, 사조謝朓[7]가 쓴 것으로, 당시 그의 함형銜은 '겸중서시랑兼中書侍郎'이었다. ✿

삼사와 개봉부開封府 그리고 주장관州長官이 공당公堂에 올라 공무를 처리할 때에는 이방이 길을 열라는 호령을 하였다. 본조의 제도에 의하면, 궁내에는 오직 세 종류의 관직만이 호령을 사용하였다. 이를테면 재상이 정사당政事堂에 호령을 전하였고, 한림학사가 학사원에 호령을 전하였으며, 또 어사御史가 조당朝堂에 호령을 전하였는데, 모두 삼고관三告官이라고 하는 붉은 겉옷을 입은 이역吏役이 그 일을 맡았다. 그들이 지나는 지역에는 모두 문을 지키는 역꾼이 목봉木棒으로 땅을 두드리며 경고를 하였는데, 이를 타장자打杖子라고 불렀다. 재상과 추밀사 그리고 친왕親王은 전문殿門에서부터 자신들의 관서와 말을 타는 지역까지 두드렸고, 선휘사宣徽使는 자신의 관서에서 두드렸으며, 삼사사와 개봉부지부는 자신들의 아문衙門에서 두드렸다. 근래에는 사

---

6) 허경종(592~672)의 자는 연족延族으로 수의 대신이었던 허선심許善心의 아들이었는데, 나중에 이세민의 막부로 들어갔다.

7) 사조(464~499)는 남북조 소제蕭齊시대의 문학가로, 《남제서南齊書》에 전이 있다.

寺와 감監의 장관도 타장자를 하는데, 예가 아니다. 전임前任 재상이 조견朝見할 시에도 특별히 어명을 내려 일산 덮개를 펼치며 타장자를 하도록 허락하였는데, 이는 임시적인 조처였다. 사초편絲綃鞭을 들고 궁정을 들어가는 것은 삼사부사三司副使 이상의 관원이었는데, 삼사부사는 자주색 비단의 의자에만 앉았고, 시종대장侍從隊長으로 목봉을 든 자는 대제待制 이상의 관원이었다. 근래에 사와 감의 장관이 등나무로 된 장자를 드는 것도 예가 아니다. 관원들의 예의 규범에 대해서는 정식적인 법령을 제외한 각자가 기록한 사항에는 빠진 내용들이 많다. 비록 극히 사소한 일이라고 할지라도 그 또한 당시의 예의 규범이었다. ✤

본조에서 관제를 개혁하기 전에는 종실 이외의 사람이 중서령을 겸임하지 않았으며, 오직 관직을 증여할 때에만 이 관직을 수여하였다. 원풍元豊 연간에 조일曹佾은 황제의 내형內兄이라는 신분으로 중서령의 직을 특별히 제수받았는데, 재무財務부서에 명령하여 녹봉을 내리라고 하였다. 그런데 관련 부서의 관원은 "여태껏 살아 있는 중서령이 녹봉을 받은 역사가 없었다"고 말하였다. ✤

조정의 관원이 도당都堂과 사관寺觀에서 회의를 진행할 때, 그 자리는 대개 임시적으로 안배를 받는다. 당 이전의 관례는 이미 고증할 길이 없는데, 오직 안진경顔眞卿이 좌복사左僕射와 정양군왕定襄郡王 곽영의郭英義에게 보내는 편지에서 그 실마리를 다소 찾을 수가 있다. 편지에는 말하기를,

"재상과 어사대부御史大夫 그리고 중서中書와 문하門下 양성兩省의 오품 이상의 공봉관供奉官은 첫 줄에 배열하고, 그 다음은 십이위대장군十二衛大將軍이며, 삼사三師·삼공三公·상서성장관尚書省長官·태자

교유관太子教諭官 · 상서성부장관尙書省副長官 · 육부정부장관六部正副長官은 한 줄에 배열시키고, 구사九寺와 삼감三監의 장관은 이와 서로 마주 보게 자리를 설치하였는데, 자고로 이를 어긴 적이 없다"고 하였다. 이로부터 과거의 관례를 대략적으로 추측할 수가 있다. 지금 이것을 이야기하는 것은 혹시 그에 대한 잘못된 기재를 바로잡기 위함이다. 🏵

공신功臣에게 봉호封號를 내리는 것은 당唐 덕종德宗 때에 주차朱泚의 반란을 평정하면서부터였다. 그로부터 지방군정장관에서 그 아래 경력이 풍부한 부하들에게까지 모두 공신의 봉호를 받게 되었다. 본조에서는 오직 장상대신將相大臣에게만 봉호를 하사하였다. 희녕 연간에 황제에게 존호尊號를 붙이기 위해 재상은 집정관원들을 거느리고 황제에게 몇 번이나 직접 청구를 하였지만, 황제는 결국 비준을 하지 않았다. 그리고는 말하기를, "존호는 경들의 공신 봉호와 같아서 실제 무슨 소용이 있단 말이오!" 하였다. 당시 오충吳은 재상을 맡고 있었는데, 자신의 공신 봉호를 취소할 것을 요구하였고, 황제의 윤허를 얻었다. 그리하여 대신들은 연이어 자신들의 봉호를 취소하기를 요구하였으며, 이로부터 다시는 봉호를 내리지 않았다.

제3권
변증辨證①

균석鈞石의 석은 중량단위의 명칭으로, 1석石은 120근斤의 무게이다. 후대인들은 1곡斛을 1석으로 여겼는데, 한대漢代에도 그러하였다. 이른바 '술을 한 석 마셔도 취하지 않는다'는 말이 바로 그러하다. 활과 쇠뇌를 당기는 것도 옛사람들은 균석으로 계산하였는데, 현재 사람들은 1곡 벼쌀의 중량을 1석이라고 하며, 이것은 92근 반으로 한대의 341근에 해당한다. 현재의 사병이 쇠뇌를 당기는데 9석이면, 이는 그의 힘이 고대의 25석에 해당하며, 위국魏國의 무졸과 비교할 때에 20여 인에 해당한다. 궁력을 3석이나 여는 자는 고대의 34균에 해당하며, 안고顏高의 궁과 비교할 때에 한 사람이 다섯 사람 이상의 몫을 한다는 것이다. 이 모두가 근래에 훈련을 시킨 결과이다. 그리하여 격투와 기사騎射에 있어서도 중원과 오랑캐들의 수준을 확보하였으며, 병기와 갑옷에 있어서도 모두 현재와 과거의 정묘한 수준을 능가하였다. 또 무기의 풍부함에 있어서도 전대의 그 어느 시기와도 견줄 바가 아니었다. 🏵

《초사楚辭 · 초혼招魂》은 모두 '사些' 자字를 사용하여 구절을 마쳤는데, 지금 삼협三峽과 호상湖湘 그리고 원수沅水 일대의 소수민족의 주문구呪文句의 끝이 모두 '사' 자를 사용하였으니, 이는 초나라 민중들의 구습舊俗이었다. '사'는 바로 범어梵語 사박가薩縛訶로서, 이 세 글자를 함께 읽으면 바로 '사'가 된다. ❀

양수陽燧[1] 가 비추어 내는 물체의 형상은 모두 거꾸로 서 있는데, 이는 중간에 장애가 있기 때문이며, 수학가들은 이를 '격술格術'이라고 칭한다. 그것은 마치 사람들이 노를 저음에 노얼櫓臬로써 장애를 삼아야 하는 원리와 같다. 그것은 또 새가 공중에서 비행을 하면 그 그림자는 새를 따라 이동하지만, 만약 중간에 창구멍의 제약을 받으면, 그림자의 이동은 새와 상반되게 움직이는 것과도 같다. 그리하여 새가 동쪽으로 날면 그림자는 서쪽으로 이동하고, 새가 서쪽으로 이동하면 그림자는 동쪽으로 이동한다. 그리고 또 창구멍을 통한 누탑樓塔의 그림자도 중간에 창구멍의 제약을 받아 그 역시 거꾸로 나타난다. 이 모두는 양수의 경우와 마찬가지다. 양수의 표면은 오목하게 들어가 있어, 한 손가락을 그것에 다가가 비추면 그 상은 바로 보이지만, 점점 멀어지면 상을 볼 수가 없게 되고, 더욱 멀어지면 상이 거꾸로 보인다. 그 보이지 않는 부분은 바로 창구멍과 노얼 그리고 요고腰鼓[2]와 같이 장애를 받기 때문이며, 수미가 상반되면 바로 노를 젓는 모양이 된다. 그러므로 위를 향해 손을 들면 그림자는 아래로 이동하고, 아래를 향해 손을 이동하면 그림자는 위를 향한다. 이러한 현상으로 양수의 표면은 오목하여 태양을 향해 비추면, 광선이 모두 안의 중심으로 모여짐을

---

1) 옛날 태양빛으로 불을 얻는 데 사용되던, 가운데가 움푹 들어간 거울이다.
2) 머리가 넓고 허리가 가는 고대 중국의 북으로, 우리의 장고와 같은 형태이다.

증명할 수가 있다. 거울 면을 1, 2촌쯤 떨어져 있는 곳에서는 광선이 하나의 점으로 모여 그 크기가 깨나 콩알과 같아서 물건을 태울 수가 있는데, 이것이 바로 요고에서 가장 가는 부분이다. 어찌 물체에서만 이러하겠는가! 사람에 있어서도 그러하다. 중간은 언제나 다른 것들의 장애를 받는다. 가벼우면 이해가 바뀌거나 시비가 전도되지만, 심하면 자신의 감각을 사물로 보거나 사물을 자신의 감각으로 보아 장애를 제거해 내지 않고 그 견해가 올바르기를 기대하는 것은 매우 어렵다.《유양잡조酉陽雜俎》에서는 말하기를, '바다가 뒤집히면 탑 그림자가 거꾸로 보인다'고 하였는데, 이는 터무니없는 말이다. 영상이 창공窓孔을 통하면 거꾸로 보이는 것은 바로 지극히 일상적인 현상이다. ✸

전 시대의 학자들은 '정양지월正陽之月에 일식日食이 일어난다'는 말에서 정양지월은 단지 4월을 가리킨다고 생각하였는데, 이는 틀린 말이다. 정과 양은 두 가지를 가리키는데, 즉 정正은 4월을 가리키고, 양陽은 10월을 가리켰으며, 이에 '세역양지歲亦陽止'란 말이 있다.《시경詩經》에는 '정월번상正月繁霜'[3]이란 말과 '시월지교十月之交, 삭월신묘朔月辛卯, 일유식지日有食之, 역공지축亦孔之丑'[4]이란 말이 있었는데, 이는 선왕이 싫어한 것이다. 왜냐하면 4월은 순양純陽의 계절이므로 삭기朔氣에 의해 침식되는 것을 원하지 않았고, 또 10월은 순음純陰의 계절이기에 음이 너무 강해 양기를 침범하게 되는 것을 원하지 않기 때문이었다. ✸

---

3)《시詩 · 소아小雅 · 정월正月》에 있는 '4월 서리가 저리도 내려, 이내 속이 타는 듯 하네正月繁霜, 我心憂傷'란 말에서 나왔다.

4)《시 · 소아 · 시월지교十月之交》에 나오는 말이다. 그 의미는 '시월달과 엇갈리는 초하룻날 신묘일에 일식이라니 웬 말인가! 별 추한 일 다 보겠네'라는 뜻이다.

나는《상복후전喪服後傳》을 지은 후, 희녕 연간에 복제服制[5] 법령을
다시 제정해야 할 것을 계획하는 회의에 참가하였다. 뇌차종雷次宗과
정현鄭玄의 학문의 부족하고 틀린 부분은 원래 많았지만, 그 가운데 고
조高祖와 원손遠孫의 복제제도에 관해서는 더욱 터무니가 없었다.《상
복喪服》에는 오직 증조曾祖의 제쇠齊衰에 석 달, 증손曾孫의 시마總麻에
석 달을 얘기하며 고조와 원손의 복제는 언급하지 않았다. 과거의 학
자들은 모두 '그 복제가 증조 · 증손과 동일하므로 언급을 하지 않아도
유추하여 알 수 있다'고 생각하였으며, 어떤 자는 '경전에서 언급하지
않은 내용에 대해서는 복상을 할 필요가 없다'라고도 얘기하지만, 이
는 모두 그렇지 않다. '증'이란 말은 거듭함을 의미한다. 조부 이상의
조상들은 모두 증조이며, 손자 이하의 자손들도 모두 증손이 되는 것
이며, 이는 백 대가 지나도 마찬가지이다. 만약 만나게 된다면 반드시
석 달 동안 복상을 해야 하는 것이다. 그러므로 주周의 성왕成王이 후
대의 사직에 대해서도 증손으로 호칭했으며, 제사의 축문에 있어서도
원근을 막론하고 조상들을 모두 증조로 자칭했다.《예기禮記》에서 말
하는 '이오위구以五爲九'는 횡향 관계상의 복제의 차이를 말하였다. 아
버지와 할아버지 간의 등차와 아들과 손자 간의 등차는 아홉 세대에
이르면 횡향 관계상의 등차가 사 세에 이르게 되며, 그 범위 내에는 모
두 한 혈족이 되고, 그 외에는 한 혈족이 아니다. 그리고 하나의 혈족
이 아니면, 그를 위해 복상을 할 수가 없는 것이다. 다만 종실은 혈족
이라는 것에 제한을 받지 않는데, 그것은 오랫동안 전해지는 도리
이다. ✺

---

5) 상복의 제도를 말하며, 이에는 참쇠斬衰 · 제쇠齊衰 · 대공大功 · 소공小功 · 시마總麻의
   다섯 종류가 있다.

과거의 전설에 의하면, 황릉이비묘黃陵二妃廟[6]에서 모시고 있는 것은 요의 딸이자 순의 부인인데, 요순 이제二帝의 도덕으로써 천하를 교화하는 위대한 업적이 치가에서 비롯된 사실로 볼 때, 이 두 부인은 응당 전설 속에서 말하는 태임太任 · 태사太姒[7]와 같은 현숙한 덕을 지니고 있었을 것이다. 그들의 나이를 고찰해 보면, 순임금이 순시 도중 돌아가셨을 때 그들은 이미 백세가 넘었다. 그러나 후세 사람들이 문학작품에서 이 사건을 언급할 때에는 모두 그들을 젊은 새댁으로 묘사하였으며, 그 용어들도 매우 경박하고 모욕적이었는데, 그런 자들은 모두 예의의 죄인인 셈이다. ✿

역대의 궁전에는 이문謻門이 있었는데, 이는 장형張衡의 《동경부東京賦》 중의 '이문곡사謻門曲榭'란 말에서 나왔다. 주석자들은 모두 병실문氷室門이라고 해석하였다. 문자의 함의로 보면, 이謻는 별別의 의미이다. 《동경부》는 다만 변문邊門의 의미로 사용하였을 뿐이다. 그러므로 구부러진 대사臺榭와 서로 마주 보고 있었으며, 고정된 위치가 있던 것은 아니었다. ✿

강물은 장漳과 낙洛으로 그 이름을 삼은 것이 가장 많다. 그 예를 들자면, 조趙와 진晉의 사이에 청장清漳과 탁장濁漳이 있고, 당양當陽에는 장수漳水가 있다. 또 공수灉水의 상류에도 장수漳水가 있고, 장군漳郡에도 장수漳水가 있으며, 장주漳州에는 장포漳浦가 있고, 호주亳州 · 안주安州에도 장수漳水가 있다. 서경西京인 낙양洛陽 일대에는 낙수洛水가

---

6) 《수경주水經注 · 상수湘水》에 의하면, 상수와 동정호洞庭湖가 만나는 곳인 황릉수黃陵水 입구 부근에는 두 왕비의 묘가 있는데, 세상에서는 황릉묘라고 칭하였다고 한다. 이비二妃는 바로 순임금의 두 부인인 아황娥皇과 여영女英을 말한다.

있고, 북지군北地郡에도 낙수洛水가 있으며, 사현沙縣에도 낙수가 있다. 이 모두는 한두 가지의 예에 불과하며, 그 숫자는 너무 많아 여기서 자세히 기재할 수 없다. 내가 그 연유를 살펴본 즉, 장漳은 바로 청탁이 서로 혼합된 의미로서, 장章은 문채文采와 구분의 뜻을 가지고 있는데, 이른바 장漳이란 말은 두 물건이 서로 혼합하여 문채를 지니면서도 또 능히 구분된다는 의미를 지니고 있다. 청장淸漳과 탁장濁漳은 상당上黨에서 만나고, 당양의 장수漳水는 바로 저沮와 장수漳水의 합류이며, 공수灨水 상류의 장漳은 공수貢水와 합해져 공수灨水가 되는 것이다. 장주漳州의 장포灨浦는 내가 직접 본 적이 없지만, 장군漳郡의 장漳은 장강에서 만나고, 호주毫州의 장漳은 바로 장漳과 와수渦水의 합류이다. 또 안주安州 운몽雲夢의 장漳은 장漳과 운수鄆水의 합류이다. 이상 여러 곳의 장수는 모두 청탁이 서로 합류한 것으로, 그 색깔이 마치 하늘의 무지개와 같아 몇십 리를 흘러가다가 마침내 하나로 혼합된다. 장璋도 장章의 자방字旁이 있다. 장璋은 군왕의 곁에 있는 대신이 쥐고 있던 것이었다. 《시 · 대아大雅 · 문역文棫》에는 '제제벽왕濟濟辟王, 좌우취지左右趣之. 제제벽왕濟濟辟王, 좌우봉장左右奉璋'[8]란 말이 나오는데, 장璋은 바로 규圭의 반으로 두 개의 장이 합쳐져 하나의 규가 되는 것이다. 이는 바로 군왕의 주변에서 대신들이 마음을 합하여 잘 모신다는 의미를 지니고 있다. 그리고 제후諸侯는 장璋으로써 서로 자문을 구하기도 하였는데, 이는 그것이 상호 분합의 의미를 지니고 있음을 취하려는 것이며, 군왕이 산천에 제사를 지낼 때에 장璋을 사용하는 것은 그것이

---

7) 주문왕周文王의 모친이 태임이고 그 아내는 태사였는데, 그들은 모두 유명한 현부賢婦였다.

8) 이는 주왕周王의 덕을 찬양하는 시로, 그 의미는 '아름다운 님의 덕을 사방이 우러러 받드옵네. 아름다운 님의 덕을 옥홀 받들어 좌우로 섰네'라는 뜻이다.

조상에게 지내는 제사에 사용하는 예기禮器와 반쯤 차이나는 점을 취하기 위해서다. 이른바 '아장이기군려牙璋以起軍旅'[9]라는 말에서 과거의 학자들은 아장을 칼날 입구에 튀어나온 이빨 모양의 물건을 장식한 것으로 해석하였는데, 이는 그렇지 않다. 아장이란, 서로 분합할 수 있게 만든 것으로 양쪽이 합치는 곳에 이를 만든 모습을 지닌 물건이다. 아장에서 튀어나온 이빨 모양의 것은 그로써 군대를 보내는 데 사용하고, 들어간 이빨 모양의 것은 군대 내에서 사용하였는데, 이것은 바로 호부虎符[10]의 방식과 같았다. 낙洛과 낙落의 함의는 서로 같으며, 물이 위에서 아래로 흐르는 지역을 가리킨다. 지금 천하에는 비수灞水와 타수沱水의 이름을 가진 물이 많은데, 과거의 학자들은 이에 대해 모두 나름대로의 해석이 있었다. ✿

해주解州[11]의 염지鹽池는 방원方圓이 120리였는데, 오랫동안 비가 오면 사방 산 위의 물이 흘러내려 안으로 들어가 절대로 범람하지 않았으며, 가뭄에도 마르지 않았다. 염수의 색깔은 매우 붉은색을 띠었고, 판천版泉[12]의 아래를 당시의 민간인들은 '치우혈[13]蚩尤血'이라고 불렀다. 유독 중간에 있는 한 샘물은 담수였는데, 소금물은 그것을 만나 엉겨 소금이 된다. 그것의 북쪽에는 요초수蕘梢水[14]가 있는데, 무함하巫咸河라고도 불려진다. 염지鹽池 중의 소금물은 그 담수와 결합되지 않으

9)《주례 · 춘궁春官 · 전서典瑞》에 보이는 말로, '아장牙璋으로써 군대를 일으키다' 라는 뜻이다. '아장' 에 대한 해석은 일반적으로 테두리에 이가 있는 장璋으로 풀이되었다.
10) 고대 통치자들이 군대를 움직이는 데 사용한 증표 같은 역할을 한 물건이었다. 지하에서 출토된 진대秦代의 호부를 보면, 그것은 호랑이 모양의 동으로 주조된 물건으로, 둘로 나뉘어졌다.
11) 지금의 산서성山西省 운성運城의 서남에 있던 주명州名 이다.
12) 염지 표면을 덮고 있는 한 층의 유산납硫酸鈉과 같은 결정광물이 형성한 초판硝板을 말한다.

면 소금으로 굳지 못하며, 또 유독 무함수가 들어가면 절대로 소금으로 굳지 못한다. 그러므로 사람들은 그것을 '무함하'라고도 불렀으며, 그것을 염지의 방해꾼으로 생각하여 큰 제방을 지어 그것을 막았는데, 도둑을 막는 것보다 더 신경을 썼다. 그 원리를 탐구해 보면, 무함수는 탁수였기에 염수에 유입되면 염맥을 막아 소금이 만들어지지 않는 것이었으며, 또 다른 특별한 원인은 없었다. 🌸

《장자莊子》에 '정생마程生馬'라는 말이 나오는데, 문자文字[15]의 해석에 '진인秦人들은 표범을 정程이라고 한다'고 하는 것을 본 적이 있다. 나는 연주延州에 간 적이 있는데, 현지인들은 지금까지도 호랑이와 표범을 정이라고 부른다. 그것은 벌레의 의미이다. 방언이 그렇게 부르는 것을 보면 아마도 오래된 습관일 것이다.

《당육전唐六典》[16]에는 오행에 대해 얘기하며, 녹祿·명命·역마驛馬·병하洴河 등과 같은 이름이 나오는데, 사람들은 대개 병하의 의미를 알지 못한다. 내가 부연鄜延에서 일할 때, 안남행영장安南行營將들이 병마에 관한 책들을 검열하는 것을 보았는데, 거기에는 '범하范河를 지나 손해를 입다'라는 말이 나왔다. 나는 그들에게 '범하'가 무엇인지를 물은 적이 있다. 원래 남방인들은 진흙 늪을 '범하'라고 하며, 북방인들은 그것을 '활사活沙'라고 부른다. 나는 무정하無定河[17]를 건넌

---

13) 치우蚩尤는 전설상의 고대 씨족장氏族長으로 일찍이 탁록涿鹿 일대에서 황제족黃帝族과 대전을 벌였는데, 대패하여 붙잡혀 죽었다고 한다. 전설에 의하면 그가 참수당한 곳이 해주解州 일대였고, 그래서 염수가 붉은색을 띤다고 하였다.

14) 백사하白沙河라고도 부르며, 지금의 산서성 중조산中條山 무함곡巫咸谷에 있다.

15) 송의 손광헌孫光憲이 지은 《북몽쇄언北夢瑣言》 권6에는 '도사道士 문여해文如海가 《장자》를 풀이하였는데, 문장이 매우 방대하였다'라고 되어 있다.

16) 당현종 때에 지어진 당대 전장제도를 기록한 정서로서, 30권으로 되어 있다.

17) 지금의 섬서성 북부에 있는 강 이름이다.

적이 있으며, 활사를 지난 적이 있었는데, 인마가 그 위를 지나가면 백보步 밖에서도 움직여 그 흔들거림이 마치 장막 위를 걷는 것과 같았다. 발이 닿는 부분은 비교적 단단했지만 만약 함몰된 지역을 만나게 되면, 인마나 낙타, 수레들이 빠져 버렸으며 심지어는 수백 명이 전부 빠져 버려 한 명도 살지 못한 적이 있다. 어떤 이들은 이것이 바로 유사流沙라고 하며, 또 어떤 이들은 모래가 바람에 따라 움직이는 것이 유사라고 하기도 하였다. 병洴은 사전에 이瀅라고도 쓰여 있는데, 고문에 의하면 '이'는 깊은 진흙을 뜻한다. 술수術數 책에서의 병하는 액운을 가리키며, 현재 우리들이 말하는 '공망空亡'의 의미였다. ✽

옛날 사람들은 책을 보관할 때에 '운芸'[18]이라는 향초로 해충들을 막았다. 운은 향초인데, 현재 사람들이 말하는 칠리향七里香이다. 형태는 완두와 유사하며, 작은 것이 많이 모여 있는 형태로 자라는데, 그 잎은 향기가 매우 진하다. 가을이 지나면 잎사귀 사이에 분을 칠한 것과 같은 흰색이 약간 보이는데, 두충蠹蟲 없애는 데 매우 효험이 있다. 남방인들은 그것을 따서 자리 밑에 두었는데, 벼룩이나 이를 퇴치할 수 있었다. 내가 판소문관사判昭文館事를 맡고 있었을 때, 문로공文潞公 집에서 몇 거루를 가져다가 비각秘閣 후당에 이식한 적이 있는데, 지금은 살아남아 있는 것이 없다.

향초류의 식물들은 대개 많은 별칭들을 갖고 있다. 이른바 난손蘭蓀이라는 것은 현재의 창포류菖蒲類이며, 혜蕙는 지금의 영릉향零陵香이고, 채茝는 바로 지금 백지白芷라고 하는 것이다. ✽

---

18) 운향이라고도 하며, 다년생 목질초목이다. 강렬한 향기를 지닌 향초로서 약으로는 풍을 없애고, 경련을 진정시키는 작용을 한다.
19) 생고기를 말한다.

제례 중에는 성腥[19] · 심爓[20] · 숙熟[21]의 세 가지 헌제품獻祭品이 있다. 과거의 사람들은 성과 심이 원고遠古와 중고中古시대의 예의를 구비하고 있는 것이라고 생각하였는데, 나는 그것이 아니라고 본다. 선왕은 사자死者에 대해 그들이 무지無知하면 인仁이 없다고 생각하였으며, 또 그들이 지식이 있으면 지혜가 없다고 생각하였다.

헌제품에서 먹을 수 있는 익힌 음식은 인을 나타내기 위함이고, 헌제품에서 먹을 수 없는 성과 심은 지智를 나타내기 위함이었다. 또 다른 사람들은 성과 심은 귀신의 행위규범으로 그들을 대하는 것이고, 익힌 음식은 살아 있는 사람의 행위규범으로 그들을 대하는 것인데, 그럼으로써 그들을 미혹하게 하는 것이라고 말했다. 또 어떤 이들은 귀신은 성과 심을 좋아한다고 하였다.

여하튼 이것들은 모두 경전 밖의 이야기들이지만, 성인들이 귀신을 이해하는 정도는 그 일리가 있는 법이어서 우리들이 그것을 의심하여 부정할 수가 없다. 🌼

일반적으로 생각하기를, 현玄은 옅은 흑색이고, 문瑞은 자색赭色[22]의 옥이라고 말하는데, 이는 옳지 않다. 현은 붉은 흑색으로 제비의 깃털과 같은 색깔이다.

그러므로 제비는 현조로 불리는 것이다. 희녕 연간에 경성에는 지위가 높은 사람들이 짙은 자주색의 옷을 많이 입고 다녔는데, 흑자黑紫로 불리던 이 색은 그 빛깔이 흑색과 거의 같아서 분간할 수가 없었다. 이것이 바로 이른바 현색玄色이다. 문은 자색으로 《시경》에도 '취의여문

---

20) 물에 삶아 반쯤 익은 고기를 말한다.
21) 요리 과정을 거친 익은 고기를 말한다.
22) 적토색을 말한다.

毳衣如璊'[23]이란 말이 있다. 문색의 직稷[24]을 미穈[25]라고 부른다. 미穈의 독음은 문璊과 같다. 이는 그 색깔로써 취해진 이름이다.《시경》에는 '유미유기維穈維芑'[26]란 말이 있는데, 현재 서북지방의 사람들은 미穈를 미穈로 읽는데, 이는 잘못된 독음이다.[27] 미穈의 색깔은 홍색과 황색의 중간에 있는데, 자색과 매우 비슷하며, 지극히 광택이 있고 빛나 손으로 문지르면 그 선명하게 빛나는 색깔이 붉은 구슬과도 같다. 이 역시 하나의 색깔로, 자색에 가깝지만 자색은 아닌 것이다. 이른바 문이라는 것은 일종의 색깔 명으로 옥 자방을 지니는 것은 그것이 자색이면서 광택이 있기 때문에 옥자로써 강조한 것이다. 이것은 마치 변䴏이 색깔로써 명명한 것이지만 새를 뜻하는 조鳥 자방을 취한 것과 같으며, 이는 새의 색깔을 강조한 것이다. 🌸

일반적으로 철을 단단하게 만든 강철이라는 것은 부드러운 연철을 굴절하여 감은 것인데, 열을 가하지 않은 생철을 중간에 끼우고, 진흙으로 봉한 다음에 열을 가한 후, 그것들을 두드려 서로간에 잘 섞이도록 한 것이다. 세상에서는 그것을 단강團鋼 혹은 관간灌鋼이라고 하는데, 사실 그것은 진짜 강철이 아닌 가강假鋼이다. 즉 열을 가하지 않은 철을 잠시 동안 이용하여 견고하게 만든 것일 뿐이다. 두세 차례 철을 단련시키면 열을 가하지 않은 철은 자연히 익게 되는데, 그것은 여전히 부드러운 철일 뿐이다. 그러나 사람들은 그것을 강철이라고 여기고

---

23)《시 · 왕풍 · 대차大車》에 나오는 말로, 그 의미는 '가는 모피의 옷이 문옥과 같이 빛나네'이다. 취毳는 새의 여린 털을 말한다.
24) 고대의 양식작물로 고문헌에서는 그것이 粟조 속 과 黍기장 서들과 함께 병칭되어 사용되고 있다.
25) 곡물 중 기장을 가리킨다.
26)《시 · 대아 · 생민生民》에 나오는 말이다.

있다. 이는 진정한 진강을 보지 못했기 때문이다. 나는 일찍이 명을 받들어 변방을 시찰한 적이 있었는데, 그때 자주磁州[28]라는 지역에 있는 제철소를 참관한 적이 있다. 당시 나는 진정한 강철이 어떤 것인지를 알게 되었다. 이른바 철 가운데 내재되어 있는 강이라는 것은 밀가루 반죽 속에 내포되어 있는 면근麵筋과도 같은 것이다. 부드러운 밀반죽을 여러 번 씻으면 이른바 면근이라는 것이 나타나게 되는데, 강철을 제련하는 것도 이와 같은 것이다. 반드시 재질이 깨끗한 철을 가져다가 열을 가하고 1백여 차례 두드리면서 매번 두드릴 때마다 무게를 재어 보면 매번 두드린 후에는 무게가 다소 가벼워지게 된다. 그러나 그것을 여러 번 반복하게 되면 분량이 다시는 줄지 않게 되는데, 그것이 바로 순강으로 가열과 두드림을 수백 번이나 하여도 다시는 줄어들지 않는다. 이는 철 가운데 정화로 그 색채는 청정하고 밝으며, 갈고 난 후의 색깔은 검은빛을 띠고 있는 어두운 푸른색이다. 그것은 실로 일반적인 철과는 판이하게 다른 것이다. 또 철의 산지에 따라 철을 제련하면 강이 전혀 나오지 않을 수도 있다. ❀

《시경·위풍衛風·환란芄蘭》에서는 '환란지지芄蘭之支, 동자패휴童子佩觿[29]'라고 노래하였다. 휴觿라는 것은 그것으로 매듭을 푸는 송곳을 말한다. 환란에서 자란 열매

휴觿

---

27) 우리말로는 糜와 糜를 모두 미로 발음하지만, 중국어에는 엄연한 차이가 있다. 는 men二聲으로 읽히고, 糜는 mi二聲로 발음된다. 우리말로도 糜는 '미'가 아니고 '문'으로 발음해야 할 것 같다.

28) 지금의 하북성 자현에 해당하는 지역이다.

29) 그 의미는 '환란박주가리 축 늘어진 가지여, 아이가 어른인양 송곳을 찼네'라는 뜻이다.

는 이파리 사이에서 튀어나오는데, 그 축 늘어진 모양이 마치 매듭이 풀린 송곳과도 흡사하다. 이른바 패섭佩鰈[30]이라는 것도 아마 옛날 사람들이 섭鰈[31]을 만들 때, 그 모양이 환란의 잎과 유사하여야 된다고 생각했기 때문일 것이다. 그러나 지금은 그것을 다시 볼 수 없을 뿐이다. ✿

강남 일대에는 작은 밤이 있는데, 그것을 모율茅栗이라고 불렀다. 내가 보기에 그것은 다름 아닌 도토리인데, 그렇다면 《장자》에서 말하는 '저공부모狙公賦茅'[32]라는 말은 바로 글자의 모양이 유사하여 생겨난 오류인 것이다.[33] ✿

우리집에는 염박릉閻博陵[34]이 그린 당대唐代 진부秦府의 십팔학사도十八學士圖가 있는데, 각 제題마다 찬贊이 있으며, 당인唐人이 직접 쓴 것으로 대개가 역사서의 기록과 일치하지 않았다. 요간姚柬은 자가 사염思廉이나 옛날 기록에 의하면 요사렴의 자는 간지簡之라고 하였다. 소대蘇臺, 육원랑陸元朗, 설장薛莊 등은 《당서唐書》에서 그들의 자를 이름으로 혼동하였고, 이현도李玄道 · 개문달蓋文達 · 우지녕于志寧 · 허경종許敬宗 · 유효손劉孝孫 · 채윤공蔡允恭 등의 인물들은 《당서》에서 그들의 자를 밝히지 않았다. 그리고 방현령房玄齡의 자는 교년喬年인데, 《당서》에서는 방교房喬의 자는 현령玄齡이라고 하였으며, 공영달孔穎達

---

30) 이 시의 다음에는 '동자패섭'이라는 구절이 나온다.
31) 옛날 사람들이 화살을 쏠 때, 활을 당기기 위해 엄지 손가락에 끼우던 것으로 코끼리의 뼈로 만들어진 물건이었다. 속칭 '협지韘指'라고도 불렀다.
32) 《장자 · 제물론》에 나오는 말이다.
33) 서茅는 서율茅栗이라고도 부르는데, 지금 우리가 말하는 도토리이다. 도토리와 모율은 그 열매의 모습이 비슷하지만, 사실은 품종이 다른 두 식물이다. 심괄은 그것들을 하나로 보았는데, 이는 그의 착오라고 사료된다.

은 자가 영달穎達인데 《당서》에서는 그의 자를 중달仲達이라고 하였다. 또 소전첨蘇典簽은 이름이 욱旭인데 《당서》에서는 그의 이름을 욱勖이라고 하였으며, 허경종과 설장의 관직은 모두가 직기실直記室이었는데, 《당서》에서는 섭기실攝記室로 기록하였다. 그것은 모두 《당서》가 후인들의 손에 의해 기록된 것이기에 그 기재된 내용에 착오가 있었을 것이며, 우리집에 있는 그림 속의 찬贊은 당시의 사람이 기록한 것이기에 비교적 정확하다. 옛날 역사의 기록에 의하면 위징魏徵이 태종에게 "눈은 매달린 방울과 같은 것이 좋다目如懸鈴者佳"라고 말하였는데, 그렇다면 현령玄齡은 분명히 이름이지 자는 아닐 것이다. 그러나 소세장蘇世長은 태종이 현무문에서 그에게 "경은 어찌하여 이름은 길다고 하였지만 뜻이 짧은가?"라고 물었는데, 그 후 그는 학사가 되었다. 아마도 그가 학사일 때에 이름을 개명한 것으로 사료된다. 🌸

당대唐代의 정관 연간에 조정에서는 호부에게 명하여 두약杜若을 찾아오도록 명하였다. 그리하여 그 임무를 맡은 부서에서는 사조[35]의 시구인 '방주채두약芳洲采杜若'[36]에 근거하여 방주坊州에 명하여 그 물건을 찾아 바치도록 하였으니, 당시 그 사건은 두고두고 웃음거리가 되었다. 그런데 당대 중서성의 관서에는 자미화紫薇花[37]가 심어져 있었는데, 그 나무의 성질이 방주에서 공물로 바치도록 한 두약과 거의 똑같

---

34) 당대 초기의 저명한 화가 염립본閻立本을 말한다. 그는 일찍이 박릉현공博陵縣公으로 봉해졌기에 사람들이 그를 염박릉이라고 불렀다.
35) 중국 남북조시대 소제의 유명한 문인으로, 특히 시에 뛰어났다.
36) 이 시구는 사조의 시인 〈회고인懷故人〉에 나오는 부분이다. 그러나 원래의 출처는 〈구가九歌 · 상군湘君〉 중의 '채방주혜두약采芳洲兮杜若'에서 나온 말이다. 여기서의 방주는 향초가 무성한 물섬을 말하는 것이며 지명을 지칭하는 것은 아니다.
37) '백일홍'이라고도 칭해지며, 낙엽성 작은 관상용 교목으로 여름에 꽃이 핀다.

아 역대로 그것을 동일시하였다. 현재 중서성의 사인원 자미각紫薇閣 앞에 자미화를 심은 것은 바로 당대의 관습을 이어받은 것이다. ✽

한대의 사람들은 술을 한 석[38]이나 마셔도 취해 떨어지지 않았다는 이야기가 있다. 내가 술을 제조하는 방법에 근거하여 고증해 보니, 당시에는 거친 쌀 두 곡斛[39]으로 여섯 곡 여섯 두의 술을 만들어 내었다. 지금은 아무리 약한 술이라고 하더라도 한 곡의 쌀로서 한 곡 다섯 두 이상을 양조해 내지 못한다. 그렇다면 한대의 술 제조법은 겨우 술 냄새만 나도록 한 정도에 지나지 않았다. 따라서 주량이 센 사람이 술을 많이 마셔도 취해 넘어지지 않는 것이 조금도 이상하지 않는 것이다. 그러나 한대의 한 곡은 지금의 두 말 일곱 되였는데, 사람의 배가 어찌 두 말 일곱 되나 되는 물을 저장할 수 있단 말인가? 어떤 사람은 한대인들이 말하는 석은 균석鈞石의 석으로, 즉 120근이라고도 말한다. 그것은 지금의 도량형으로 계산하면 32근에 해당하는데, 현재의 세 말의 술이다. 우정국于定國이라는 사람은 술을 몇 석이나 마셔도 취하지 않았다고 하는데[40] 아마도 신빙성이 없는 말 같다. ✽

옛날 사람들은 제수濟水[41]의 일부분은 지하로 물이 흘러들어 간다고 말하였다. 지금의 역하歷下[42] 지역은 지하의 그 어느 곳을 파도 물이 흐

---

38) 1석은 10두斗이다.
39) 1곡은 10두斗말이고, 1두는 10승升되이며, 1승은 10합合홉이다.
40) 《한서漢書 · 우정국전》에 나오는 말이다.
41) 옛사람들이 말하는 제수의 범위는 황하의 남과 북의 두 부분을 지칭하였다. 황하 이북의 부분은 지금의 하북성 제원濟源의 서쪽에서 출발하여 황하로 흘러들어가는 것이었고, 황하 이남의 부분은 황하의 지류로 지금의 산동성을 거쳐 동해 바다로 흘러 들어갔다.
42) 현재의 산동성 제남시이다.

르고 있는데, 민간의 전설에 의하면 제수가 역하의 아래를 흐른다고 하였다. 동아東阿[43]도 제수가 지나가는 지역인데, 그 지역의 우물물로 삶은 교교膠[44]를 아교阿膠[45]라고 하였다. 그것을 가지고 흐린 물 속에 넣어 잘 저으면 탁한 물이 맑게 변한다. 사람이 그것을 복용하면 능히 흉복의 거북함을 해소해 주며, 가래를 없애고, 구토 증세를 낮게 해준다. 이는 모두 제수의 수성이 아래로 흐르고, 수질이 맑고 무거워서 응집되어 있는 탁한 기운과 위로 역류하는 병세를 능히 치료하는 특성을 지녔기 때문이다. 그러나 현재의 의방에는 이러한 내용에 대해서는 이야기하지 않고 있다. ✦

사람들은 문장을 통해 '전영前榮'이라는 말을 많이 사용하는데, '영'이라는 부위는 큰 집의 동서 두 담장 바깥의 양쪽을 '동영'·'서영'이라고 호칭하였으며, 사각이 뾰족한 집채의 처마를 '동류東霤'·'서류西霤'라고 불렀다. 그러나 '전영'은 어느 부위인지는 모르겠다. ✦

종묘제사를 지낼 때, 서남쪽을 향하여 절을 하는 것은 집 안의 신에게 제사를 올리는 것이다. 신주를 서쪽의 벽에 모시는 것은 그곳이 산 사람이 거주하는 영역이기에 신주를 모시는 석실을 향해 기도를 하는 것이다. 삼헌三獻[46]이 끝난 다음에 시尸[47]가 집안에서 나와 문 서쪽에

---

43) 지금의 산동성 동평東平 서북쪽으로, 동평호東平湖 옆에 있다.
44) 동물의 피골을 고아서 만든 끈적끈적한 약료를 말한다.
45) 아교는 또 '려피교驪皮膠'라고도 하는데, 당나귀의 가죽에서 털을 제거한 다음에 맑은 물에 넣어 고아 만든 검은색의 끈적끈적한 물질로서, 몸을 보해주는 약물이다. 산동성의 아성阿城에서 나온 것을 최상급으로 여기므로, 이러한 이름이 생겨났다.
46) 제례에서 생육과 물에 반쯤 삶은 고기, 그리고 요리한 고기를 올리는 것을 말한다.
47) 고대의 제사 때에 죽은 자를 대신하여 제사를 받으면서 사자의 혼령을 상징하는 사람을 말하는데, 신하나 사자의 아랫사람이 그 일을 맡았다.

서 남쪽으로 얼굴을 향하는 것은 당상의 제사였다. 당상에 위차를 설치하는 것도 동쪽을 향해야 했는데, 이는 집 안의 신에게 올리는 제사의 예절이다. ✽

《논어》에서는 말하기를, '사람으로서 《주남》·《소남》[48]을 공부하지 않으면, 그것은 마치 벽면을 마주 보며 서있는 것과 같다'라고 하였다. 《주남》·《소남》은 악명으로 바로 《예기》에서 말하는 '서고남胥鼓南[49]'이자, 《시·소아》에서 말하는 '이아이남以雅以南[50]'이다. 〈관저關雎〉와 〈작소鵲巢〉는 《주남》·《소남》 중의 시편인데, 이미 음악과 춤이 서로 어우러진 것이었다. 배우는 사람이라면 처음에 마땅히 《주남》·《소남》의 노래를 배워 불러야 하였고, 마지막에는 《대하大夏》·《대무大武》의 춤을 출 수 있어야 하였다. 《논어》에서 말하는 《주남》·《소남》을 공부해야 한다는 것은 다만 그 편장을 읊조리는 것만을 뜻하는 말은 아니었다. ✽

《장자》에서 말하는 '들의 말은 티끌먼지이다[51]'라는 것은 사실 두 사물을 지칭하는 말이다. 옛날 사람들은 직접적으로 야마野馬를 진애塵埃라고 칭하였다. 이를테면 오융吳融[52]은 '대들보 사이에 움직이는 티끌먼지動梁間之野馬'라고 하였고, 또 한악韓偓[53]도 '창 안의 햇빛에 먼지가 피어오르네窓裏日光飛野馬'라고 읊으며, 모두 진애를 야마로 보았

---

48) 《시경》의 앞 부분에 해당하는 두 시편의 이름이다. 본문은 《논어·양화陽貨》편에 나오는 말이다.

49) 《예기·문왕세자文王世子》 중에서 왕실의 세자가 공부하는 내용을 이야기한 장절이다. 여기서의 서는 악사를 지칭한다. 그러나 정현의 주에 의하면 여기서의 남은 남이南夷의 음악을 말하지, 《주남》·《소남》의 남을 가리키지 않았다.

50) 원전은 《시경·소아·고종鼓鐘》에 나오는 말이다. 그러나 모전에 의하면 여기서의 '아'는 아악雅樂을 말하며, 남은 '남이지악南夷之樂'을 지칭하였다.

는데, 이는 옳지 않은 것 같다. 야마는 바로 들판에서 일어나는 티끌 기운으로 멀리서 보면 마치 야마와도 같으며 파도처럼 보인다. 불서佛書에서 말하는 '더울 때에는 티끌 먼지가 일고 태양이 뜨겁게 작열하도다如熱時野馬陽焰' 라는 말은 바로 그것을 말하고 있다. ✿

포로蒲蘆를 경전을 해석하는 사람들은 과영蜾蠃[54]이라고 간주하였는데, 이는 아마 옳지 못한 것 같다. 포로는 바로 향포香蒲와 갈대를 말한다. 그러므로 '사람을 다스리는 길은 시정에 노력을 다하고, 땅을 다스리는 길은 경작에 노력을 기울어야 한다. 정사라는 것은 바로 포로蒲蘆와도 같은 것이다' 라고 하였던 것이다. 사람이 정사를 시행함에 있어서는 마치 땅에서 향포와 갈대가 자라나는 것과도 같이 오직 자연적으로 성장하게 놓아두는 것이다. 이것이 바로 무위지치無爲之治의 의미일 것이다. ✿

나는 악률樂律을 고증하고 어명에 의하여 혼천의渾天儀를 다시 만들면서, 진한 이전의 도량형을 추산한 적이 있다. 용량은 당시 여섯 말이 현재의 한 말 일곱 되 아홉 홉이었으며, 중량은 세 근이 지금의 13냥兩이었다. 당시當時에 채택한 표준승標準升은 현재의 척도에 의하면 1촌寸 8분分 4-5남짓 되었다. ✿

---

51) 《장자》의 〈소요유〉에 나오는 말이다. 거기에는 '野馬也, 塵埃也, 生物之以息相吹也' 라는 말이 있다.
52) 당나라의 사람으로 《신당서新唐書》에 전이 있다.
53) 자는 치요致堯이며 당말의 시인이다. 본문에 나오는 시구는 그의 시인 〈안빈安貧〉의 한 대목이다.
54) 포로란 말과 함께 《예기 · 중용》에 보이는데, 정현의 주에 의하면, 그것들은 모두 토봉土蜂을 의미하는 것이었으며, 《이아爾雅 · 석충釋虫》에서도 그것들을 세요봉細腰蜂으로 해석하였다.

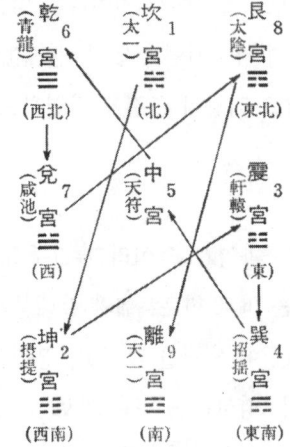

구궁귀신 배치 · 천위도 (신명)는 송대 의 구궁신 단 상의 위치

태을술太乙術 중의 십신十神은 첫째가 태을이고, 둘째는 오복태을五福太乙이며, 셋째는 천일태을天一太乙이며, 넷째는 지일태을地一太乙이며, 다섯째는 군기태을君基太乙이고, 여섯째는 신기태을臣基太乙이며, 일곱째는 민기태을民基太乙이며, 여덟째는 대유태을大游太乙이며, 아홉째는 구기태을九氣太乙이고, 열번째는 십신태을十神太乙이다. 그 가운데 유독 태을이 가장 존귀하여 다시 다른 이름이 붙여지지 않았으며, 오직 태을이라고만 불려졌는데, 삼 년에 하나의 궁宮을 옮겼다. 세상 사람들은 그것이 다른 별명이 없기에 대유와 비교하여 소유태일小游太一로 칭하였는데, 이것은 후인들이 잘못 붙인 명칭이다. 경성의 동 · 서태일궁은 정전正殿에서 오복태을을 받들 때에 태을을 편전偏殿에 두는데, 이것은 매우 잘못된 것이다. 희녕 연간 중태을궁中太乙宮을 짓기 시작할 때에 사천감司天監에 명하여 이러한 신들의 위차를 연구하도록 하였다. 나는 당시 사천감 제거관提擧官에 임명되어 이러한 일에 대해 토론한 적이 있었다. 현재 중태을궁은 전전前殿에서 오복태을을 공봉하며, 또 후전을

---

55) 당현종은 당명황 혹은 당명제라고도 칭하였는데, 그의 이름은 이융기李隆基였다.

56) 선주는 지금의 안휘성 선성宣城을 말한다. 녕국현은 선주에 속한 현으로 지금의 안휘성 녕국현 부근이다.

57) 안휘성 합비合肥인으로 당말에 병사를 일으켜 여주廬州를 거점으로 삼았다. 나중에는 회남과 강동의 지역을 점거하여 회남절도사가 되었으며, 당소종唐昭宗 천복天復 2년(902)에 당으로부터 오왕吳王으로 봉해졌다.

별도로 지어 태을을 공봉하고 있다. 이는 그들의 존위를 모두 잘 돌아보고 엄격히 지킨 것이다. 그러나 군기태을과 신기태을 그리고 민기태을의 '기基'는 당현종의 휘諱를 피해 기基로 바꾸었는데,[55] 지금까지도 그 관례를 이어가고 있으며, 아직까지 바꾸지 아니하고 있다. ✿

　나는 가우 연간에 선주宣州 녕국현寧國縣[56]에서 머문 적이 있었는데, 그곳에 방여方璵라는 이름을 가진 사람이 하나 있었다. 그의 고조부인 방건方虔은 일찍이 양행밀楊行密[57]의 수장 노릇을 한 적이 있는데, 군대를 이끌고 녕국을 지키며 절강성 전체를 할거하고 있는 세력에 대항하여 지켰다. 방건은 나중에 전류錢鏐의 부하에게 포로로 잡혔지만, 그의 아들인 방종훈方從訓이 부친을 대신하여 녕국현을 잘 지켰으며, 따라서 그의 후손은 지금도 녕국에 거주하고 있는 것이다. 방여는 양부楊溥[58]가 방건에게 주고 방종훈이 친필로 기록한 수교手敎[59]들이 수십 부 있었는데, 종이의 질이 매우 좋았다. 이러한 수교들은 모두 '위곡委曲'[60]이란 말을 사용하였으며, 서압署押에 있어서도 '사使'나 '오왕'이라는 칭호를 사용하였다. 그 가운데 하나는 방건에게 주는 수교였는데, '전류가 이 달 안에 이미 작고하였다錢鏐此月內已亡歿'라고 하였고, 말미에는 '정월이십구일正月二十九日'이라고 서명되어 있었다. 《오대사五代史》에 의하면, 전류는 후당 장흥長興[61] 3년에 작고하였고, 양부는 일찌

---

58) 양행밀의 넷째 아들로 후량의 마지막 황제 정명貞明 6년(920)에 오왕의 자리를 계승하였다.
59) 친필로 명령이나 지시를 기록한 문서를 말한다.
60) 당대에는 장관이 그 부하에게 유시諭示를 적을 때에 일반적으로 '불구위곡不具委曲'이란 용어를 마지막에 사용하였다. 뿐만 아니라 봉투에도 '위곡부委曲付 아무개'란 형식을 사용하였다.
61) 당 명종唐明宗의 연호(930-933)이다.

감치 천성天成 2년에 이미 스스로 황제를 자칭하였다. 그렇다면 어찌 장흥 3년에 '오왕'으로 자칭하였단 말이겠는가! 양부가 남긴 유시들이 밝히는 사건들은 매우 상세하였고, 필체와 인기印記도 지극히 정연하였으니, 이는 모두 당시의 친필임이 확실하였다. 나의 고증에 의하면, 천성 2년은 정해년丁亥年이고, 장흥 3년은 임진년壬辰年이었다. 두 시기의 차이는 5년이 된다. 양부가 남긴 유시 중에 나는 네 부를 얻었는데, 아직까지도 나의 집에 보관되어 있다.

제4권
변증辨證②

　사마상여의《상림부上林賦》에서는 상림원上林苑의 강들에 대해 말하
였는데, 거기에는 '단수丹水 · 자연紫淵 · 파灞 · 산滻 · 경涇 · 위渭 등의
여덟 강줄기는 서로 등을 지고 다른 모습을 하고서 넘실넘실 동으로
흘러 태호太湖에 모여든다' 라고 하였다. 그러나 이 여덟 하류는 원래
흘러서 황하로 유입되는데, 황하와 태호는 그 서로 간의 거리가 수천
리이고, 중간에는 또 태산泰山과 회수淮水 · 제수濟水 · 장강 등으로 격
해 있으니, 그 무슨 이유로 태호와 연결될 수 있단 말인가? 곽박郭璞[1]
의《강부》에서는 말하기를, '광활한 오호五湖를 끌어들이고, 거대한 삼
강三江의 물을 유입하도다' 라고 하였다.《묵자墨子》에서는 말하기를,
'우임금이 천하를 다스림에 남으로는 장강 · 한수 · 회수 · 여수汝水를
다스렸고, 동으로는 오호를 끌어들였다' 라고 되어 있다. 공안국은 말

---

1) 자는 경순景純이며, 진대晉代의 유명한 학자이다.《강부江賦》는 장강을 제목으로 한
　그의 가장 대표적인 작품이다.

하기를, '팽려강彭蠡江²⁾으로부터 셋으로 나누어져 진택震澤으로 들어가 북장강北長江이 되어 바다로 유입된다'고 하였다. 사실 그들은 모두가 상세하게 지리를 조사하지 않고 한 말이었다. 장강과 한수가 태호에 이르는 데에는 많은 산령들이 막고 있고, 그 하류는 태호를 감아 흘러내려 바로 바다로 들어가는데, 무슨 근거로 태호로 유입된다는 말인가? 회수와 여수는 서주徐州경내에서 바로 바다로 유입되니, 태호와는 전혀 관계가 없는 것이다. 《우공禹貢》³⁾에서는 말하기를, '팽려강 물이 멈추니 물새들이 안주하고, 삼강이 유입되니 진택이 자리를 잡네'라고 하였다. 문자적인 대응관계로 보면, 팽려는 물이 모여 있는 지역이고, 삼강은 물이 유입되는 지역이니, 그것이 진택에 유입되어 태호가 되는 것이 아닌 것이다. 태호의 상류는 모두가 산령으로 뒤덮여있으며, 전혀 큰 하류가 보이지 않는다. 태호의 하류에는 비로소 큰 하류가 나타난다. 그러나 이른바 삼강이 어느 것인지는 알 수가 없다. 삼강의 물이 갈 길이 없다면 태호를 막히게 하여 재해를 몰고 오게 될 것이다. 삼강의 물이 갈 길이 있기에 태호를 건재하게 하는 것이다. 물의 특성이 바로 이런 것이다. ❀

해주海州⁴⁾ 동해현 서북쪽에는 무덤이 두 개 있는데, 지방지에서는 '황아묘黃兒墓'라고 칭하고 있다. 거기에는 묘비가 하나 있는데, 그 필체가 이미 희미해져 판별할 수가 없으니, 황아가 그 어느 인물인지를 알 수가 묘연하다. 석연년石延年⁵⁾ 이 해주의 통판通判을 역임할 때에

---

2) 지금의 강서성에 있는 파양호波陽湖이다.
3) 유가의 경전인 《상서尚書》의 편명 중의 하나인데, 현존하는 고대 지리연구의 중요 자료이다.
4) 지금의 강소성 연운항시連雲港市 서남쪽의 해주진海州鎭 부근이다.

현을 순시하면서 이 두 무덤을 보고는 '한대의 소광疏廣과 소수疏受[6]는 동해인이었는데, 이는 반드시 그들의 묘일 것이다' 라고 말했다. 그리하여 그것을 '이소묘二疏墓' 라고 이름지었으며, 그 묘 옆에는 돌로 만든 비석을 하나 세웠는데, 후대인들은 그것을 지방지에 기록한 것이었다. 나의 고증에 의하면, 소광은 동해의 난릉인蘭陵人이었다. 난릉은 현재의 기주沂州 승현承縣에 속하고, 현재의 동해현은 한대의 공유贛榆현에 속하며, 원래는 낭야琅琊[7] 현에 속하지만 고대의 동해군은 아닌 것이다. 현재의 승현 동쪽 사십 리쯤에는 이미 소광묘가 있는데, 그것의 동쪽 두 리쯤에는 또 소수묘가 있다. 석연년은 지리지를 조사하지도 않고, 현재 동해현으로 불려지니 그냥 소광과 소수로서 그 무덤을 이름지은 것인데, 대단히 잘못된 것이다. 사실 이렇게 고금의 지명이 다른 경우는 너무 많아 하나하나 증명할 필요도 없다. 이것은 내가 술양沭陽[8] 주부主簿로 막 임명되었을 때에 지방지를 보고 새로이 첨가시킨 내용인데, 후세인들은 그 유래를 모르고 그냥 지방지의 기록만 믿는 것이다. 따라서 나는 이 사실을 기록하여 그를 통해 세상의 지방지가 모두다 정확한 것은 아님을 밝히는 것이다. 고묘의 북쪽에는 효녀孝女의 무덤도 보이는데, 사당의 형상이 매우 장관이었다. 관부에서 제사를 지내는 사당일 것이다. 그 효녀도 한대의 동해인이었는데, 현재의 동해는 한대의 옛 동해군과 같지 않으니, 그렇다면 그 효녀의 묘와 사당도 후대인들이 현명을 날조한 것일 가능성이 크다. ❀

---

5) 자는 만경曼卿으로《송사》에 전이 있다.
6) 소광과 소수는 서한 후기의 인물이다.
7) 지금의 산동성 제성諸城에 속한다.
8) 지금의 강소성 술양 부근에 있던 현명이다.

《양문공담원楊文公談苑》에는 기재되어 있기를, 남당南唐의 이후주李後主[9]가 청서각淸暑閣 앞에 잡풀이 무성한 것을 보고 염려하자, 서개徐鍇[10]가 사람을 시켜 계수나무 가지의 조각들을 뿌리게 하니 하룻밤만에 모든 풀들이 죽어 버렸다고 하였다. 또 거기에는 말하기를, '《여씨춘추呂氏春秋》에는 계수나무 가지 아래에 잡목들이 없다고 하였는데, 이는 계수나무의 성질이 매운 이유로 인해서이다' 라고 하였다. 하지만 계수나무가 초목들을 죽이는 것은 그것의 본성이 그러한 것이지, 맵기 때문에 그런 것은 결코 아니다. 《뇌공포자론雷公炮炙論》[11]에서는 말하기를, '계수나무로 못을 만들어 나무에다 박으면 그 나무는 즉시 죽는다' 라고 하였다. 보잘것없는 작은 나무못이 그렇게 큰 나무를 죽인다는 것은 그들의 본성이 서로 상극임을 말해주는 것일 것이다. ❀

천하의 지명은 너무도 뒤죽박죽이어서 그것을 믿기에는 너무도 의문이 간다. 예를 들면, 초왕楚王의 장화대章華臺는 호주亳州의 성부城父와 진주陳州의 상수商水, 그리고 형주荆州의 강릉江陵·장림長林·감리현監利縣 등에도 모두 있다. 건계乾谿에만 하더라도 수없이 많다. 《좌전左傳》에 의하면, 초령왕楚靈王 7년에 '장화대가 이루어져 제후들과 머물렀다' 라고 한다. 두예杜預의 주에 의하면, '장화대는 화용성華容城 안에 있다' 고 하였다. 당시의 화용은 현재의 감리현이지, 악주岳州의 화용현이 아니다. 그러나 그곳에는 아직도 장화대의 유적이 있으며, 두예가 말한 것과 일치한다. 호주의 성부현에는 건계가 있는데, 그 옆에도 장화대가 있다. 그 유적의 땅 아래에서는 사람의 인골이 자주 출토되는데, 초령왕이 이곳에서 전사한 것이라고 말하고 있다. 또 상수현

9) 남당의 마지막 임금으로 걸출한 사詞 작품을 많이 남긴 문학가이다.
10) 자는 초금楚金으로, 일찍이 남당의 비서성에서 일한 적이 있다.

의 장화章華 옆에도 건계가 있는데, 설종薛綜의 주에는 장형張衡의《동경부》에서《좌전》을 인용하여 말하기를, '초왕이 장화대를 지은 것은 건계에서이다'라고 하였다. 그러나 이것은 모두 틀린 말이다.《좌전》에는 이러한 말이 나오지 않는다. 장화와 건계는 원래 같은 곳이 아니다.

초령왕 11년에 '왕이 건계에 머물렀다'에서의 건계는 성부城父에 있는 건계로, 초령왕 8년에 '천허우이遷許于夷'라는 말이 바로 이곳을 말한다. 초령왕 12년에는 공자 비比가 난을 일으켜, 관종觀從을 보내어 군대를 따라 건계에 가게 하였다. 영왕의 부하들은 지리멸렬하고, 영왕 자신은 어디로 도망갔는지를 알 길이 없다. 초평왕楚平王이 왕위를 이은 후에 한 죄수를 죽이고, 그 시체에 영왕의 옷을 입혀 한수漢水에다 던져 버렸다. 그리고는 또 다시 건져 올려 안장시켜 백성들을 안정시켰으며, 그 영구를 건계로 이송하였다. 초령왕은 사실상 천윤芊尹의 신해 씨申亥氏의 집에서 목매어 죽었다. 그 후, 신해는 영왕을 진짜로 안장한 지역을 평왕에게 말해 주었고, 이리하여 다시금 안장하게 되었으니, 영왕은 결코 건계에서 죽은 것이 아니었다. 초소왕楚昭王 27년에 오나라가 진陳나라를 공격하였는데, 소왕昭王이 부대를 거느리고 진을 구원하였으며, 성부城父에 주둔하였다. 교전하기 전날 밤, 소왕은 성부의 군영에서 죽었고,《춘추春秋》는 영왕의 죽음을 '건계에서 그 군주를 시해하였다'라고 기술하였다. 이로부터 후대인들은 영왕이 사실 여기에서 죽었다고 믿어 의심치 않은 것이었다. 🟐

지금의 사람들은 지방의 행정장관을 건휘建麾라고 부른다. 그것의

---

11) 현존하는 최초의 약제학에 대한 전문서적으로 남조南朝 유송劉宋 시기에 지어진 것으로 보고 있다.

출전은 안연년顔延年¹²⁾의 〈일휘내출수—麾乃出守〉라는 시구에서 나온 것인데, 이것은 옳지 않다. 안연년이 말하는 일휘라는 것은 지휘한다는 휘이다. 그것은 바로 무왕武王의 '오른쪽에 백기를 들고 지휘한다右秉白旄以麾'는 것으로 깃발을 가리키는 것이 아니다. 안연년은 〈오군모五君旄〉이라는 시에서 말하기를, 완함阮咸이 '여러 차례 추천하였지만 관으로 발탁되지 않자, 바로 물러나 지방장관인 태수가 되었다' 라고 하였다. 이는 바로 산도山濤가 완함을 이부낭관吏部郎官으로 추천하였지만, 세 번이나 신청하였음에도 불구하고 무제의 임명을 받지 못하고 나중에는 순면荀勖의 배척을 당해 시평始平으로 가서 그곳의 태수가 되었다는 이야기이다. 그러므로 싯구에서도 이렇게 말한 것이다. 안연년도 남의 배격을 당했기에 이를 빌려 자신을 비유한 것이기도 하다. 두목杜牧의 《등악유원登樂游原》이라는 시에서는 말하기를, '일휘—麾를 움켜쥐어 강바다로 던지고, 악유원 위에서 소릉昭陵을 바라보네' 라고 하면서 처음으로 '일휘' 란 단어를 잘못 사용하였다. 이로부터 그것은 전고典故가 되고 말았다. ✿

관직을 제수하는 것을 이전의 관직을 버린다는 것으로 이해하는 것은 옳지 못한 생각이다. 여기서 제除라는 말은 바꾼다는 의미를 지니는데, 새로운 것으로 옛 것을 교체하는 것을 제라고 하는 것이다. 이를테

---

12) 이름은 연지延之로 남조 유송 시기의 유명한 문학가이다. 본문에 나오는 그의 시구는 〈오군영五君咏〉이라는 시에 나온다.
13) 또 달리 '제석除夕' 이라고도 불리는데, 음력해의 가장 마지막 날인 섣달 그믐날을 말한다.
14) 당대의 유명한 문학가로 유종원柳宗元과 더불어 고문운동을 제창한 사람이다. 자는 퇴지退之이며, 사후의 시호가 문文이었기에 사람들은 그를 '한문공韓文公' 이라고 불렀다.

면 새해와 묵은해가 교체되는 날을 세제歲除[13]라고 하는 것이 그러하다. 《역易》에서 말하는 '병기兵器를 교체하는 일은 신중함을 기해야 한다除戎器, 戒不虞'는 것은 새로운 것으로 옛날의 병기를 바꾸는 일은 만일의 사태를 막기 위한 것이라는 의미이다. 계단을 제라고 부르는 것은 그것이 낮은 곳에서 높은 곳으로 올라가는 것이기 때문이며, 역시 교체의 의미를 지니고 있는 이유에서이다. ✿

세상 사람들이 그린 한유韓愈[14]의 화상은 작은 얼굴에 멋진 수염이 달렸으며, 사모紗帽를 쓰고 있는 모습인데, 이것은 사실상 남당의 한희재韓熙載[15]인 것이다. 지금도 당시의 사람이 그린 그림이 있는데, 그 위에는 필체가 아직도 선명히 남아 있다. 한희재의 시호諡號는 문정文靖인데 그로 인해 남당 사람들은 그를 한문공이라 불렀으며, 그리하여

한희재의 초상

한유의 초상

15) 오대 시기의 북해, 지금의 산동성 유방濰坊 사람으로 후당에 벼슬을 하였는데, 나중에 부친이 살해를 당하자 남당으로 망명하였다. 〈한희재야연도韓熙載夜宴圖〉로 유명하다.

한유로 착각한 것이었다. 한유는 살이 많이 찌고 수염이 적었다. 원풍 연간에는 한유를 공묘에 모시고 공자와 같이 제사를 올렸는데, 각 지역의 공묘에 걸려 있는 한유의 화상은 모두가 다름 아닌 한희재였다. 후대 사람들은 그것을 구분하지 못하였으니, 한유가 한희재로 된 셈이었다. 🌑

현재 전폐錢幣를 셀 때, 1백 전을 '맥陌' [16]이라고 칭하는데, 이것은 '맥'이라는 글자를 빌려 쓴 것이지, 사실은 '백佰' 자인 것이다. 그것 은 바로 '십仟' 자字와 '오伍' 자가 그러한 것과도 같다. 당대에는 황보 박皇甫鎛[17]이 점전법墊錢法을 제정한 이후로 소종昭宗 말년에 이르러 80 전을 일 맥으로 삼았다. 후한 은제隱帝[18] 때에는 삼사사 왕장王章이 관 부의 경비를 지급할 때에 삼 전을 깎아 77전으로 일 맥을 삼았다. 그러 나 관부에 납부하는 돈은 여전히 80전으로 일 맥을 삼았다. 그리하여 현재에 이르기까지 관부에 납부하는 돈은 여전히 80전으로 일 맥을 삼 고 있다. 🌑

《당서》에는 개원전開元錢[19]을 '중이수사참重二銖四參'이라고 말하였 는데, 현재 사천 지역에는 십 참參을 일 수銖로 삼고 있다. '참'은 바로 고대의 류絫 자인데, 아마도 세월이 흐르면서 형성된 착오일 것이다. 🌑

---

16) 본래의 의미는 밭 사이의 길을 의미하지만, 그것으로 백전을 칭하는 것은 가차를 한 것이다.
17) 당 정원貞元 때의 진사로서, 관직은 재상까지 올랐다.
18) 오대 시기의 후한을 말한다.
19) 당대 초기에 시행한 '개원통보開元通寶' 동전을 말한다.
20) 당대의 화음華陰 즉 지금의 섬서성 화음의 인물로 그의 부친 엄정지嚴挺之는 현종 때의 명신으로 검남절도사劍南節度使를 여러 해 맡았다.

옛사람들은 엄무嚴武[20]가 검남 절도사로 부임해 있을 때에 방자하여 법도를 지키지 않았다고 말하였다. 이백李白은 이 때문에 〈촉도난蜀道難〉[21]을 지었다. 맹계孟棨의 기록에 의하면, 이백이 처음 경성에 왔을 때 하지장賀知章[22]이 그의 문명文名이 자자한 것을 알고 제일 먼저 그를 찾았었는데, 이백은 〈촉도난〉을 꺼내 그에게 보여 주었다고 한다. 하지장은 그 시를 다 읽어보기도 전에 벌써 여러 번씩이나 감탄을 했다고 하는데, 그것이 바로 천보 초기의 일이었다. 그때 이백은 이미 〈촉도난〉을 지었었는데, 엄무가 검남절도사를 역임한 것은 숙종肅宗 지덕至德 이후의 일이니, 그 연대의 차이가 너무도 요원한 것이다. 패관稗官 소설에 기재된 것들은 모두가 어느 한 시기에 길거리에서 들은 이야기들이다. 그들은 전후의 사정을 모르니, 사실이 아닌 부분이 없지 않을 수 없다. 이백의 문집에서는 이 시가 '장구章仇와 겸경兼瓊을 풍자한다' 고 하였는데, 《당서》의 기록과 일치하지 않는다. 《당서》가 틀린 것이다. ✿

과거의 《상서尙書 · 우공禹貢》에는 '운몽[23]의 못가 부분에 흙이 드러나면 가히 경작을 할 수가 있다雲夢土作乂' 고 하였다. 그러나 태종太宗 황제[24] 때에 얻은 고본古本《상서》에서는 이 구절을 '운택 중의 땅이 드러나면 몽택에서 경작할 수가 있다雲土夢作乂' 고 기록하였다. 나의 고증에 의하면, 공안국의 주에서 말하는 '운몽의 못은 강남에 있다' 는 말

---

21) 이백이 지은 대표적인 유명한 칠언고시이다.
22) 절강성 출신의 당대시인이다. 개원 시기에 이백이 장안에 왔을 때에 그는 비서감을 맡고 있었다. 《구당서舊唐書 · 문원전文苑傳》에 의하면 그는 호방한 성격에 담소를 즐겨 당시의 현인들이 모두 그를 흠모했다고 한다.
23) 운몽은 전국시대 초왕의 사냥터였는데, 지금의 강릉江陵 동쪽의 강한江漢 평원 위에 있다. 선진 문헌에서 말하는 운몽택雲夢澤은 바로 이 지역의 못가를 가리켰다.
24) 송 태종 조광의趙光義를 말한다.

운몽의 개념도

은 사실상 그렇지 않다. 《좌전》에는 오군이 영도郢都[25]를 공략했을 때에 '초왕[26]'은 저제강雎濟江을 지나 운중雲中에 들어갔다. 왕이 잠을 잘 때, 도적이 그곳을 공격하여 창으로 왕을 찌르려고 하자, 왕은 운郞[27]으로 달아났다'고 기록되어 있다. 초왕이 영도에서 서쪽으로 도망하여 저수雎水를 건넜다면, 응당 강남에 도달하였을 것이다. 그 다음에 강을 건너 운택에 진입하고, 다시 운국郞國으로 갔다면, 운은 바로 지금의 안주安州인 것이다. 그리고 강을 지나 운택에 도달하고, 운택에 들어간 다음에 다시 영국郢國으로 갔다면, 운택은 바로 강북에 있는 것이 된다. 《좌전》에는 말하기를, '정백鄭伯[28]이 초로 가니, 왕[29]은 사냥을 하며 강남의 운몽으로 갔다'고 하였다. 여기에 대한 두예의 주는 '초의 운과 몽은 강남과 강북을 넘어서고 있다'고 풀이하였다. 이미 그가 '강남의 몽'이라고 칭하였으니, 그렇다면 운택이 강북에 있는 것은 명백하여진

---

25) 춘추시대 초나라의 수도였다.
26) 초소왕楚昭王을 말한다.
27) 춘추시대의 운국으로 지금의 호북성 안륙安陸의 북쪽에 있다.
28) 정국의 군주를 말한다.
29) 초왕을 말한다.
30) 지금의 호북성 수주시隨州市 부근이다.

다. 원풍 연간에 나는 수주隨州[30]에서 안륙安陸[31]을 따라 한수로 들어가 장강의 입구에 들어갔는데, 경릉景陵[32]주부를 맡고 있는 곽사郭思라는 사람이 한수와 면수沔水 일대의 지리를 잘 알고 있었다. 그도 말하기를, 강남은 몽택이고, 강북은 운택이라고 하였다. 내가 《좌전》의 기록에 의거하여 검정하여 본 결과 곽사의 말은 신빙성이 매우 높았다. 강남의 몽은 바로 지금의 공안公安[33]·석수石首[34]·건녕建寧[35] 등의 현이며, 강북의 운은 바로 옥사玉沙[36]·감리監利·경릉景陵 등의 현인데, 이 일대는 여러 물줄기가 모이는 지역으로 그 지세는 최고 낮다. 그러나 강남의 지세는 다소 높다. 그러므로 그 수면에서 드러나는 부분은 강북보다 높아서, 운택이 막 땅을 드러내면 몽택은 경작을 할 수가 있었다. 이 점에 있어서 고본古本은 정확하였다.

---

31) 지금의 호북성 안륙 부근이다.
32) 지금의 호북성 천문天門 부근이다.
33) 지금의 호북성 공안현 서북쪽에 해당하던 지역이다.
34) 지금의 호북성 석수 부근이다.
35) 지금의 호북성 감리監利의 서남쪽이다.
36) 지금의 호북성 면양沔陽의 동남쪽이다.

제5권
악률樂律①

《주례 · 대사악大司樂》에서는 말하기를, '무릇 악은 환종圜鐘은 궁宮
이고, 황종黃鐘은 각角이고, 태족太蔟은 징徵이고, 고세姑洗는 우羽인
데, 만약 악이 육변六變하면 천도가 모두 강림하게 되며, 가히 예를 얻
게 된다. 또 함종函鐘은 궁이고, 태족은 각이고, 고세는 치이고, 남여南
呂는 우인데, 만약 악이 팔변하면 지신이 모두 나와 가히 예를 얻게 된
다. 또 황종은 궁이고, 대여大呂는 각이고, 태족은 치이고, 응종應鐘은
우인데, 만약 악이 구변하면 사람과 귀신이 함께 예를 얻게 될 것이다'
라고 하였다. 음성의 고저는 다섯 등급으로 나누어지는데, 바로 궁 ·
상 · 각 · 치 · 우라고 명명한다. 제일 처음에 배열되는 것이 궁이고, 그
다음이 상이고, 세 번째가 각이고, 네 번째가 치이고, 마지막이 우이
다. 이것을 바로 순서라고 한다. 명칭은 가히 바꿀 수가 있지만, 순서
는 변동이 불가하다. 만약에 환종으로 궁성을 삼으면, 황종은 바로 다
섯 번째의 우성이 된다. 지금은 그것을 각이라고 칭하지만, 명칭이 변

함에도 불구하고 그 다섯 번째 소리의 본질은 변동이 없는 것이다. 다만 인위적으로 그것을 각이라고 하는 것뿐이다. 선왕이 여기서 명칭을 바꾸는 것은 아마도 내가 위에서 말한 것과는 일치하지 않았을 것이다. 일반적인 음악과 제사교묘의 음악은 달랐다. 예를 들어, 환종이 궁이 되면 임종林鐘은 각성이 되며, 악중에 임종에서 황종으로 바뀌는 것은 천신에게 제사를 지내는 음악의 필요에서이지 결코 우성을 각성으로 능히 바꿀 수 있다는 것은 아니다. 그리고 함종이 궁이 되면 태족은 치성이 되는데, 악중에서 태족을 사용하게 될 때 고세로 바꾸는 것은 지신에게 제사지내는 음악의 필요에서이지 결코 우성을 치성으로 변할 수 있음을 얘기하는 것은 아니다. 또 황종이 궁이 되면 남여는 우성이 되고, 악중에 남여南呂를 만나게 될 때 응종으로 바꾸는 것은 조상에게 지내는 음악의 필요에서이지 결코 음계 밖의 소리로써 우성으로 능히 바꿀 수 있다는 것이 아니다.(응종은 황종궁의 변징이며, 문왕과 무왕 때에는 변징과 변상을 사용하지 않았으므로 그것은 음계의 밖에 있다는 것이다.) 귀신의 사정은 응당 그 성질에 근거하여 이해해야 한다. 이를테면, 주현朱弦 · 포석蒲席 · 대갱大羹 · 신주新酒 등과 같이 귀신과 대화할 때 사용되는 것들은 일상의 생활습관과는 다른 것인데, 이것이 바로 제사악이 음성을 변화시키는 이치이다.

제사악 중에는 상성商聲이 없다. 과거의 학자들은 말하기를, 숙살의 소리가 혐오스럽게 하기 때문이라고 하지만, 악중의 '황종이 궁이 되는' 태족이나 '함종이 궁이 되는' 남여는 모두가 상성이다. 따라서 숙살의 소리를 전혀 사용하지 않은 것은 아니었다. 그렇다면 상성이 없는 이유는 그것이 중성이어서(궁은 징을 낳고, 징은 상을 낳고, 상은 우를 낳고, 우는 각을 낳는다. 여기서 궁은 중간에 위치하므로 그것을 중성이라고 하는 것이다) 천하와 지하의 신령을 강림하게 할 때 공중에 중성이 울리면 인성人聲을 물리치게 되고 인성이 물러나면 비로소 귀신에게 경건한 마음을 표시할 수 있기 때문이었다. 종묘에 제사를 지내는 음악에는 궁의 순서가 제일 앞에 있고, 다음이 각이고, 그 다음이 치이며, 마지막이 우이다. 궁·각·치·우의 순서는 인악人樂의 순서이므로, 그것으로써 조상을 모시는 악으로 사용하는 것이다.(일반적인 소리의 순서는 궁·상·각·치·우인데, 여기에서는 상만 사용하지 않고 다른 소리는 모두 사용하는데, 이것이 바로 인악의 순서이다.) 그렇다면 제악祭樂에서 궁·각·치·우로 그 순서를 삼는 것을 어찌 아는가? 그것은 바로 그 음률의 순서에서부터 알 수 있다. 황종은 가장 길고, 그 다음이 대여이고, 그 다음이 태족이며, 응종은 가장 짧다. 이것이 바로 그 순서이다. 천지에 제사지내는 음악은 모두 각의 순서가 제일 앞에 있고, 다음이 치이고, 그 다음이 궁이며, 마지막이 우이다. 앞에 두는 각은 목木이니 목이 화火를 낳고, 화가 토土를 낳고, 토가 수水를 낳는 것이다.(금을 넘게 되면 상을 사용할 필요가 없다.)목·화·토·수의 이러한 배열 순서는 천지의 순서이므로, 그것을 사용하여 천지에게 제사를 올리는 것이다.(오행의 순서는 목이 화를 낳고, 화가 토를 낳고, 토가 금을 낳고, 금이 수를 낳는다. 여기에서는 금만 사용하지 않고, 다른 것은 모두 사용된다. 이 순서는 천지의 순서이다. 그렇다면 제악에서 각·치·궁·우를 그 순서로 삼는 것을 어찌 아는가? 그 음률의 순서로서 알게 된다. 황종이 가장 길고, 그 다음은 태족이며, 그 다음은 환종이고, 그 다음은 고세이며, 그 다음은 함종이며, 남여가 가장 짧다. 이것이 바로 그 순서이다.) 이상이 바로 제악 중의 사음四音의 순서이다.

천天의 기는 자子에서 시작하므로 황종을 앞에다 두며, 천의 공은 3월에 완성되므로 고세를 마지막에 두는 것이다. 또 지地의 공功은 정월에 비로소 나타나므로 태족을 제일 앞에 두었고, 그리하여 8월에 완성되므로 남여를 마지막에 두었다. 유음의 기는 북쪽에 모여 있는데, 이는 사람이 귀숙하는 곳이며, 귀신이 장신藏身하는 곳이기도 하다. 그러므로 황종을 앞에다 두고 응종으로써 종결을 짓는데, 이는 삼대 제악의 처음과 끝이 된다. 각은 만물이 생장하는 시작이고, 치는 만물이 번성하는 것이며, 우는 만물의 끝남을 의미한다. 천의 기는 11월에 시작하여 정월이 되면 만물이 맹아하고 소생하게 되니, 지공이 나타나기 시작하면서 천공이 이루어지게 되는 것이다. 그러므로 지는 태족으로 각을 삼고, 천은 태족으로 치를 삼는 것이다. 3월은 만물이 모두 생장하게 되는데, 천공은 전부가 완성이 되고, 지공도 이미 이루어졌으므로 천은 고세로써 우를 삼고, 지는 고세로서 치를 삼는 것이다. 8월은 만물이 모두 생장하여 성숙하게 되는 때인데, 지의 공은 전부가 완성이 되므로 지는 남여로써 우를 삼는다.(천신에게 제사올리는 음악은 비록 환종으로써 궁을 삼지만, 황종을 연주하여 천신에게 제사올리고, 지신에게 제사올리는 음악은 비록 함종으로 그 궁을 삼지만 태족을 연주하여 지신에게 제사올리는 이유는 다음과 같다. 하늘에 제사올리는 음악은 황종에서 시작하고, 땅에 제사올리는 음악은 태족에서 시작되기 때문이다. 천지의 신들에게 제사지내는 음악은 다만 일반 음악 가운데의 황종궁 한 조뿐이다. 그리고 이 황종궁의 한 조를 천과 지의 두 악으로 나누는 것이다. 황종궁의 조는 황종으로 궁을 삼고, 태족으로 상을 삼고, 고세로써 각을 삼고, 임종은 지신에게 제를 올리는 음악으로 사용된다. 다만 환종의 소리만은 음계 내에 두지를 않는다. 천공은 3월에 완성되고, 그렇다면 궁성은 응당 징의 뒤이자 우의 앞이며, 마땅히 협종을 사용해야 한다. 천지의 신에게 올리는 제사음악은 왜 황종궁 한 조만 사용하는 것인가? 그것은 황종의 음악소리가 맑고 바르며, 악음의 전체를 포함하기에 다른 11개의 성조와 다르기 때문이다. 그러므로 《한서 · 율력지》에서도 타율에 비해 황종을 궁으로 삼으면 그 소리가 바르다고 하였던 것이다. 황종궁은 11월에 시작하여 8월에 끝나며, 일 년의 사정을 통섭한다. 그러나 다른 음의 성조는 각각 한 달만 주관할 뿐이다. 고악 가운데에는 하징조下徵調가 있는데, 심약沈約의 《송서宋書》에서는 말하기를, 하징조법이란 임종으로 궁을 삼고, 남여로 상을 삼는 것이라고 하였다. 임종궁 가운데에는 정성正聲 황종이 변징이 되는데, 이것을 바로 하징조라고 부르는 것이다. 마융馬融의 〈장적부長笛賦〉에서는 상商을 반反하여 하징이 되어, 각기 다른 좋은 점이 있다고 하였다. 이는 바로 남여南呂가 본래 황종궁 중의 우성羽聲으로 하징조 중에서는 상성이 된다는 것을 얘기하고 있는 것이다. 이것은 바로 모두가 황종을 위주爲主로 삼는다는 것을 시사하고 있다.)이는 바로 천지에 제를 올리는 음악의 순서인 것이다. 조상에게 제사지내는 악은 정북의 황종에서 시작되어 동북의 태족에서 완성되며, 서북의 응종에서 종결이 되는데, 모두가 어두운 북쪽에서 모이게 된다. 그것은 11월에 시작하여 정월에 이루어지는데, 이는 유음의 혼이 약간은 동방에서 드러난다는 것을 나타내는데, 전부가 어두운 북방에 머무르면 사람과 접촉할 수 없기 때문이다. 동방에서도 약간 나타나므로 죽은 조상을 모실 수가 있는 것이다. 마지막으로 서북방으로 귀결되는 유음의 지는 그 본래 모습을 회복하는 것이다. 악중에 유독 우성의 음의 폭이 다른 음보다 긴 것은 일반 음악은 11월에 시작하여 8월에 종결되어 천지시령의 순환을 나타내지만 귀신의 도는 끝남이 없어 세시와 같은 종결도 없기에 12개의 음성을 모두 마쳐야 그것이 비로소 끝나게 되는 때문이다. 조상을 모시는 정성은 매우 심원한데, 이것이 바로 조상에게 지내는 제사의 근본이다. 조상에게 지내는 제사의 음악은 12음성을 모두 사용하는데, 그 함의는 황종에서 시작하여 응종에서 종결되며, 궁·상·각·치·우로써 그 순서를 삼는 것은 궁성에서 시작되니, 물론 당연히 황종으로써 궁성을 삼게 된다. 천신에게 지내는 제사의 음악은 황종에서 시작하여 고세에서 종지되는데, 목 · 화 · 토 · 금 · 수로써 그 순서를 삼으니, 궁성은 마땅히 태족치의 뒤에 오고 고세우의 앞에 서서 자연히 환종으로써 궁성을 삼게 된다. 지신에게 지내는 제사의 음악은 태족에서 시작하여 남여에서 종지된다. 그것은 목 · 화 · 토 · 금 · 수로써 그 순서를 삼으니, 궁성은 마땅히 고세치의 뒤에 오고, 남여우의 앞에 온다. 이 사이의 음계에는 오직 함종만이 있는데, 자연히 함종으로써 궁성을 삼게 되는 것이다.(천신에게 제사지내는 음악의 궁성은 환종의 뒤에 있고, 고세의 앞에 있다. 그 가운데에는 오직 한 음성만이 자연히 사용된다. 협종으로 부르지 않고 그것을 환종으로 칭하는 것은 하늘의 형상으로써 그것을 칭하기 때문이다. 또 임종으로 칭하지 않고 그것을 함종으로 부르는 것은 땅의 성질로써 그것을 칭하기 때문이다. 황종은 또 다른 이름이 없다. 왜냐하면 그것은 사람의 도이기 때문이다.) 이는 제악 가운데 두 개의 음성으로써 궁성과 순서를 삼는 정해진 법칙이므로 마음대로 바꾸어서 사용해서는 안 된다.

환종의 음은 육변하고, 함종의 음은 팔변하고, 황종의 음은 구변하는데, 모두가 묘卯에서 합쳐진다. 묘는 어두움과 광명의 교차인데, 바로 그 때문에 천지와 연계되고, 유명幽明과 교류하며, 인신人神이 서로 합쳐진다. 그러므로 천신과 지신 그리고 조상들이 모두 섬김을 받게 되는 것이다.(진辰 이후는 모두 낮이고, 인寅 이전은 모두 밤이다. 그러므로 묘는 어둠과 광명이 교차하는 기점이기에 묘와 상응하는 음률은 낮과 밤이 서로 상치되는 곳에 처하고 있고, 그러므로 협종으로 불리는 것이다. 황종은 한번 변하면 임종이 되고, 두 번 변하면 태족, 세 번 변하면 남여, 네 번 변하면 고세, 다섯 번 변하면 응종, 여섯 번 변하면 유빈, 일곱 번 변하면 대여, 여덟 번 변하면 이칙, 아홉 번 변하면 협종이 된다. 환종은 한번 변하면 무사無射가 되고, 두 번 변하면 중여, 세 번 변하면 황종청궁, 네 번 변하면 마침 임종에 도달하게 된다. 그런데 임종은 청궁이 없기에 태족청궁에 도달하여 네 번 변하게 된다. 다섯 번 변하면 남여에 오게 되며, 남여는 청궁이 없기에 대여청궁에 와서 다섯 번 변하게 된다. 여섯 번 변하면 이칙에 오게 되는데, 이칙에는 청궁이 없어 협종청궁에 도달하여 여섯 번 변하게 되는 것이다. 12음률 가운데에는 황종 · 대여 · 태족 · 협종의 네 율이 청궁이 있어 모두 합하여 16률律이라고 부른다. 고세에서부터 응종까지의 여덟 개의 음률에는 모두 청궁이 없고, 오직 하나의 위치만을 차지할 뿐이다.)

이 모두는 천리여서 바뀔 수 없으며, 옛사람들이 이해하기 힘들다고 말하는 것은 아마도 깊이 있게 연구하지 않았기 때문이다. 그것들의 소리를 자세히 듣고 함의를 캐며 그것들의 순서를 탐구하여 조금이라도 그 법칙을 바꾸어서는 안 된다. 여기에서 말하는 천리는 첫째로는 조상에게 제사지내는 음악은 궁 · 상 · 각 · 치 · 우로써 그 순서를 삼아야하는 것을 가리키며, 둘째로는 천신에게 지내는 제사의 음악과 지신에게 제사지내는 음악은 모두 목 · 화 · 토 · 금 · 수로써 그 순서를 삼아야 하며, 그 다음으로는 황종궁이 한번 바뀌어 천악과 지악의 둘로 바뀌며, 마지막으로 육변과 팔변 그리고 구변이 모두 협종에서 회합된다는 것이다. 🌸

仲呂
姑洗
夾鐘
太簇
大呂
黃鐘
應鐘
無射
南呂
夷則
林鐘
蕤賓
仲呂
姑洗
夾鐘
太簇
大呂
黃鐘

XI X IX VIII VII VI V IV III II I

3분 손익 = 순팔역륙順八逆六

12율 중의 육여六呂는
그 셋을 종鐘으로 칭하며,
나머지 셋은 여呂로 호칭
된다. 종과 여는 일반적으
로 서로 간격이 있으며,
또 상호 대응하기도 한다.
그러나 육여 자체는 음양
의 구분이 있다. 납음納音
의 법에 의하면, 신申·자
子·진辰·사巳·유酉·

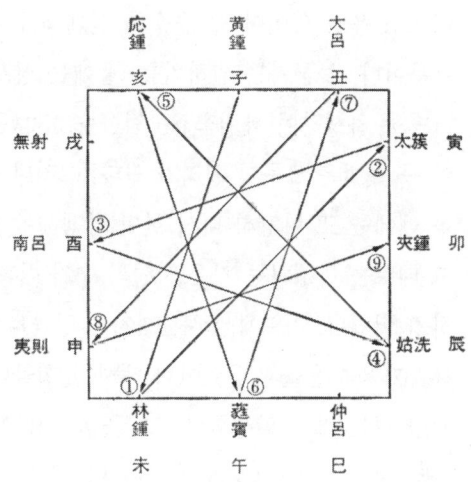

축표은 양기陽紀이고, 인寅·오午·술戌·해亥·묘卯·미未는 음기陰紀
이다. 해·묘·미는 협종夾鐘·임종林鐘·응종應鐘인데, 이는 음 중의
음이며, 황종은 양기가 모여 있는 음이다. 그러나 협종·임종·응종은
음기가 모여 있는 음이므로 모두 종이라고 칭하는 것이다. 사巳·유
酉·축표은 대여大呂·중여中呂·남여南呂로서 음 중의 양이다. 여呂는
도와준다는 의미인데, 즉 늘 나타나 양기를 도와준다는 것이다. 그러
므로 모두 여라고 칭하는 것이다. ✽

《한서·율역지》에서는 말하기를, '음양이 상생함은 황종에서 시작하
여 좌선[1]하며, 팔팔八八로써 오伍를 삼는다'고 하였다. 이른바 '팔팔위
오八八爲伍'라는 말은 격팔율상생隔八律上生과 격팔율하생隔八律下生이
서로 교착되는 것을 말하며, 이렇게 되면 대여大呂 이후의 율수의 추산
은 모두 틀린 것이 된다. 따라서 반드시 유빈蕤賓으로 재상생하여야만

---

1) 역시계 방향을 말한다.

비로소 응당 있어야 할 율수를 얻게 되는데, 이는 '팔팔위오'의 틀린 부분이다. 누군가는 말하기를, 율에는 상생여上生呂의 법칙이 없으며, 마땅히 하생하여 배가 되는 탁율수濁律數를 사용해야 한다고도 한다. 이 두 설법은 모두가 일리가 있다. 그러나 유빈 청궁이 대여 청궁을 낳을 때에는 또 마땅히 다시 한번 상생해야 한다. 이렇게 때로는 상생하고 때로는 하생하는 것은 자연의 수가 아니어서 견강부회의 혐의를 면하기 어렵다. 자子에서 사巳까지는 양률陽律과 양여陽呂이며, 오午에서 해亥까지는 음률과 음여이다. 무릇 양률과 양여는 모두 하생하고, 음률과 음여는 모두 상생한다. 그러므로 사巳에 대응하는 음률을 중여中呂라고 부르는데, 그것의 음양이 이 교체되는 중간점에 도달하는 것을 의미한다. 오午에 도달하는 것을 유빈이라고 부르는데, 그것의 이전에는 양이 주가 되고, 음이 빈이 되지만, 유빈의 의미는 양이 이로부터 물러나 빈이 되기 시작함을 말한다. 납음의 방법에 의하면, 황종에서 시작하여 율이 생겨 중여의 교체에 달하면 양기陽紀라고 칭하며, 유빈에서 시작하여 율이 생겨 응종에 이르러 끝나는 것을 음기陰紀라고 부른다. 왜냐하면 중여는 음양의 중간점이며, 자와 오는 음양 양기兩紀의 분계선이 되는 때문이다. ✿

《한서·율역지》에서 천문역수를 이야기할 때 말하기를, '태극원기는 천·지·인을 포함하여 하나로 혼합된다. 극은 바로 만물을 포괄하는

---

2) 《국어國語·노어魯語》의 기록에 의하면, 오나라가 월나라를 함락하여 월의 수도인 회계의 성벽을 부수었는데, 거기에서 한 수레에 가득 실릴 정도의 뼈가 나왔다. 곧 사람을 노나라로 파견하여 공자에게 물어보니 공자는 말하기를, '옛날 우임금이 회계산에서 제신들을 소집하였는데, 산신인 방풍씨가 늦게 도착하여 우임금에 의해 처형을 당했소. 그의 신체는 장대하여 보통 사람의 열 배는 되었고, 거의 3장丈에 가까웠오. 이것들은 아마 그의 유골일 것이오'라고 했다고 되어 있다.

것이고, 원은 바로 시작이다. 그것이 12진 사이에서 유전되는데, 자에서 움직여서 자수를 세 배하여 축에서 3을 얻고, 또 세 배가 되어 인에서 9를 얻으며, 다시 세 배가 되어 묘에서 27을 얻게 된다. 편력 12진은 177,147을 얻게 된다. 이것은 음양의 화합이며, 기가 자에서 모여

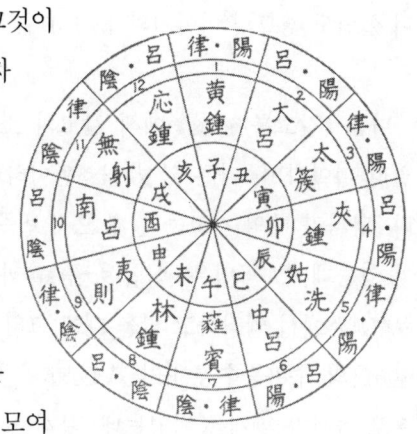

서 화생하여 만물이 되는 것이다' 라고 하였다. 그러나 이것은 율여의 장단을 구해 내는 정해진 계산방법일 뿐이지 그 무슨 의미가 있겠는가! 사서를 쓰는 사람들은 이 숫자의 방대함을 볼 따름이지 그것의 작용에 대해서는 이해하지를 못하였다. 그러므로 말하기를, '이것은 음양의 화합으로 기가 자에서 모여서 화생하여 만물이 되는 것이다' 라고만 말하였다. 일찍이 누군가가 땅 밑에서 부패된 다듬이 방망이를 파내어서는 그것이 무엇인 줄을 몰라 가지고 와서 이웃사람들에게 보였다. 나이든 사람들과 어린 사람들이 모두 둘러 모여 그것을 함께 보면서 모두가 신기해하였지만, 그것이 무엇인 줄을 몰랐다. 나중에 한 선비가 지나가면서 그것을 보며 말하기를, "이것은 신령한 물건이요. 내가 알기에는 방풍씨防風氏[2]의 키가 3장丈이나 되었고, 뼈 하나가 수레 하나에 가득 찼다고 하였소. 이는 바로 방풍씨의 장단지 뼈일 것이오."라고 하였다. 마을 사람들은 모두 기뻐하며, 사당을 지어 그에게 제를 올렸는데, 그 사당을 경묘脛廟[3] 라고 불렀다. 《한서》에서 말하는 반고의

---

3) 경脛은 장단지를 말한다.

이 설법도 경묘의 이야기와 유사하다. 🍀

　나는 《갈고록羯鼓錄》[4]에서 갈고의 소리를 서술하면서 '허공을 통해 멀리 나아가며, 다른 악성과는 판이하다' 라고 적은 말을 기억하고 있다. 당나라 때의 갈고는 현재 오직 빈주邠州[5]의 한 노인만이 연주할 수가 있는데, 그 곡명은 〈대합선大合蟬〉과 〈적적천滴滴泉〉이다. 나는 부연로鄜延路에서 임직하고 있을 때에 그의 연주를 들은 적이 있다. 경원로涇原路의 주마승수공사走馬承受公事인 양원손楊元孫은 일이 있어 조정으로 돌아가 황제를 뵈었는데, 황제는 하령하여 그자를 경성으로 데려오도록 하였다. 그러나 양원손이 빈주로 그를 찾아왔을 때에 그 노인은 이미 세상을 하직하고 말았으며, 그에게 유전되어진 갈고곡도 이미 실전되고 말았다. 현재 악부 중 갈고곡은 오직 그 이름만 남아 있을 뿐이다. 그러니 '허공을 통해 멀리 나아가는' 그 소리는 아득히 자취를 감추고 만 것이다. 당현종과 이구년李龜年[6]은 갈고 연주에 대해 담론할 때에 때려 부서진 고장鼓杖이 네 궤짝이나 되었다고 말한 적이 있다. 이렇게 열심히 연습을 하였다면 그 연주기술의 훌륭함은 가히 짐작을 하고도 남음이 있을 것이다. 🍀

　당대唐代의 장고杖鼓는 원래 양장고兩杖鼓라고 칭했는데, 양쪽을 모두 막대기로 때려 연주하였다. 현재의 장고는 한쪽은 손으로 두드린다. 당대의 한진제이고漢震第二鼓는 당현종과 송경宋璟이 모두 잘 연주

---

4) 당의 남탁南卓이 지은 책으로 아직 전하고 있다. 갈고는 고대의 타악기로 원래는 서역의 악기였는데, 남북조시대에 중원으로 흘러들어와 당대 개원과 천보 연간에 성행하였다. 일명 '양장고兩杖鼓' 라고도 하였다.
5) 지금의 섬서성 빈현彬縣 부근이다.

하였는데, 그 곡조는 대개 독주였으며, 이를테면 고적곡鼓笛曲 같은 것이 그러하다. 현재의 장고는 일반적으로 박자를 때리는 용도로만 사용되며, 전문적으로 독주를 하는 경우는 극히 드물다. 고곡이 전부 산실된 것이다. 근년에 관군이 남정南征을 하면서 교지交趾에서 한 수의 〈황제염黃帝炎〉이란 악곡을 얻었는데, 바로 장고곡이었다. 당대의 곡자에 〈돌궐염突厥鹽〉과 〈아작염阿鵲鹽〉이 있는데, 시견오施肩吾의 시에서는 말하기를, '미친 듯한 초나라 객의 노래는 눈이 되고, 아리따운 오나라 미인의 웃음은 소금이어라'라고 하였다. 이는 당시의 말이었다. 현재의 장고악보에는 염장성炎杖聲이 있다. ✿

원진元稹의 〈연창궁사連昌宮詞〉에서는 '대편大遍인 〈양주대곡凉州大曲〉의 음악이 끝나도다'라는 구절이 있는데, 이른바 '대편'이란 서序 · 인引 · 가歌 · 최최攗 · 초쵀哨 · 최최催 · 전현攧 · 곤곤袞 · 파파破 · 행行 · 중中 · 강강腔 · 답가踏歌 등과 같은 것들이 대략 수십 해解[7]가 있으며, 매 해마다 몇 개의 첩疊이 있다. 그 가운데에서 선택하여 사용하는 것을 적편摘遍이라고 하며, 현재의 대곡은 전부가 선택하여 사용한 것들로 대편이 아니다. ✿

고취악부鼓吹樂部 중에는 공진관拱辰管이 있는데, 이는 바로 고대의 차수관叉手管이다. 태종 황제가 지금의 이름을 지은 것이다.[8] ✿

변방의 사병들은 전투에서 승리하여 돌아올 때마다 온 군대가 개선

---

6) 당현종 시절의 유명한 악공으로 갈고를 비롯한 악기연주와 작곡은 물론 노래도 잘 불렀다.
7) 해는 대곡 가운데의 단락을 일컫는 말이다.
8) 《송사 · 악일樂—》에 의하면 공진관이라는 이름은 송태종이 아닌 송태조가 명명한 것으로 되어 있다.

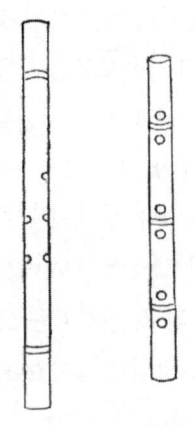

공진관 6공　　아적 6공

가를 소리 높여 부르며 귀대하는데, 그들이
사용하는 곡조는 고대로부터 유전되는 곡조
이다. 개선가의 가사는 매우 많다. 그 내용은
모두가 길거리에서 전해지는 통속적인 말들
로 구성된 것들이다. 내가 부연鄜延에서 근무
할 적에 몇십 수를 적어 사병들에게 부르게
한 적이 있는데, 현재 어렴풋하게 몇 수가 기
억난다. 그 가운데 하나는 '먼저 산서山西의
12주州를 얻고, 장수들을 나누어서 적군의 진
지를 치지 말아라. 돌아보니 진나라의 요새는
말보다도 낮게 보였고, 황하는 점점 북으로 흐르도다'였고, 두 번째 노
래는 '하늘 같은 위용은 땅을 감고 황하를 건너니, 만 리 밖의 오랑캐
도 모두가 우리의 노래를 부르도다. 제방과 산들이 거꾸로 흐르지 말
게 하라, 서쪽으로 흘러가 황은皇恩의 파도가 될지언정'이라고 생각된
다. 또 세 번째 노래는 '말꼬리의 호금胡琴은 우리군의 수레를 따르고,
그 노래의 곡조는 흉노를 원망하도다. 활을 당겨 하늘의 기러기를 쏘
지 말지어다, 돌아가는 기러기도 지금은 서신을 전하지 못하니'라고
하였다. 그리고 네 번째 노래는 '깃발을 단 군대는 마치 수를 놓은 비
단덩어리 같았고, 은색의 갑옷과 둥근 방패는 적을 치고 돌아오도다.
먼저 토번의 땅을 귀속시키고, 그 다음에 황하 상류로 돌아와 말에게
물을 먹이자'라는 내용이었다. 또 마지막은 '영주靈州와 양주涼州는 공

---

9) 당대의 춤 이름이다. 소수민족의 지역에서 유입된 활발한 무용인데 대략 중국의 서
북 지역에서 전해진 것으로 보고 있다. 〈자지〉의 곡조는 매우 경쾌한데, 북소리가 시
종일관 곁들여 있다. 당대의 〈자지〉는 소형의 무도였는데, 송대에 오면 중원의 대곡
과 결합되면서 백여 명 이상이 연출하는 대형무도로 변했다.

격할 필요 없네, 오랑캐 무리 결국은 장수를 투항시킬 테니. 성城 중의 반은 관서關西의 사람이니, 한인漢人의 후예 위세 당당하도다' 였다. 🏵

〈자지柘枝〉[9] 옛 곡의 편수는 너무도 많다. 《갈고록羯鼓錄》에서 말하는 혼탈해渾脫解는 현재의 〈자지〉에는 남아 있지 않다. 구래공寇萊公[10]은 〈자지〉 춤을 좋아하여 손님을 청하면 언제나 그 춤을 선보였다. 또 한번 그 춤을 추게 하면, 반드시 한나절을 추게 하였기 때문에 당시 사람들은 그를 '〈자지〉무광舞狂'이라고 불렀다. 현재 봉상鳳翔[11]에는 늙은 비구니가 있는데, 과거 구래공 댁에서 〈자지〉를 춤추었던 무녀였다. 그 여인은 당시의 〈자지〉무는 수십 편이 되었지만, 현재 추고 있는 〈자지〉는 당시의 십 분의 이나 삼밖에 되지 않는다고 말하였다. 그 늙은 비구니는 여전히 그 곡을 부를 줄 알았는데, 그 곡에 관심이 있는 사람들은 그것을 배워 즐겨 부르기도 하였다. 🏵

옛날 노래 잘하는 사람들은 언제나 '소리 가운데에는 글자가 없고, 글자 가운데에는 소리가 있다'는 것을 강조하여 말하였다. 무릇 악곡이라는 것은 사실상 고저기복이 이어지면서 가는 선으로 감기는 것과 같은 소리일 뿐이다. 또 가사라는 것은 후喉·순脣·치齒·설舌 등의 발음부위의 변화가 있기에 반드시 모든 글자의 발음을 명확하고 똑똑하게 해주어야 하며, 그런 다음 악성에 완전히 융합되게 되면, 구강을 변화시켜 글자로 전환하는 과정에 전혀 장애가 없게 된다. 이것이 이른바 '소리 가운데 글자가 없다'는 말이다. 옛사람들은 그것을 구슬을 이은 것과 같다고 하는데, 지금 사람들은 그것을 잘 넘어간다고 일컫

---

10) 구준寇准을 말하며 자는 평중平仲이었는데, 일찍이 래국공萊國公으로 봉해진 적이 있다.
11) 지금의 섬서성 봉상 부근이다.

는다. 예를 들어 가사는 궁성 발음의 글자를 사용하여 곡조를 상성商聲에 맞추려고 하면, 노래를 부를 때에는 글자를 상성으로 바꾸어서 불러야 한다. 이것이 바로 '글자 가운데에 소리가 있다'는 의미이다. 노래를 잘 부르는 사람들은 그것을 안에 있는 소리라고 부른다. 노래를 잘 못하는 사람은 발음에 고저강약이 없는데, 이를 곡을 읽는다고 말한다. 가성歌聲에 감정이 들어 있지 않은 것은 곡을 외친다고 일컫는다. 🌸

   오음 중의 궁 · 상 · 각은 종성從聲이고, 치와 우는 변성變聲이다. 종從은 율음으로 궁을 삼으면 율음이 되고, 여음呂音으로 궁을 삼으면 여음에 속한다는 것을 가리킨다. 변變은 율음으로 궁을 삼으면 여음이 되고, 여음으로 궁을 삼으면 율음이 됨을 가리킨다. 그러므로 종성은 군君 · 신臣 · 민民과 서로 잘 어울리며, 존비와 고저가 정해져 있어서 서로 초월하지 못한다. 변성은 사事 · 물物과 잘 배합되므로 설령 군성君聲을 넘어섰다고 하더라도 전혀 관계가 없는 것이다. 오음 중에 변징變徵과 변궁變宮을 더하게 되면 종과 변의 소리가 오염된다. 수隋의 주국柱國[12] 이었던 정역鄭譯[13]은 처음 정식으로 7음을 확정하였다. 게다가 그것을 12율과 상호 배합되게 하여 84조調가 되게 하였다. 그리하여 청탁의 음이 서로 복잡하게 혼합되어 어우러져 전혀 체계가 없었으나, 사람들은 다투어 새로운 소리를 연주하였다. 그 후에는 또 범성犯聲 · 측성側聲 · 정살正殺 · 기살寄殺 · 편자偏字 · 방자傍字 · 쌍자雙字 · 반자半字 등의 수법들이 출현하여 종성과 변성의 체계가 흐트러지고 말았다. 🌸

---

12) 정이품에 속하는 수대隋代의 관직이다.
13) 자는 정의正義이며, 북주北周와 수대의 유명한 음악가였다.

중원 이외 지역의 음성은 전대에서는 단독으로 사이악四夷樂[14] 이라고 하였지만, 당대 천보 13년 이래로 영을 내려 법곡法曲[15]과 호악을 함께 연주하도록 하였는데, 이로부터 음악 연주가 완전히 고대의 법도를 잃게 되었다. 선왕이 물려준 악곡을 아악이라고 하고, 한위 육조시대에 새로 창작된 것을 청악淸樂이라고 하며, 호악과 합주하는 것을 연악宴樂이라고 일컫는다.

고시들은 모두가 읊조리는 것이었는데, 나중에 다시 성조를 사용하여 읊조리는 운율에 근거해 노래로 만든 것을 협율協律이라고 칭한다. 시작詩作의 감정이 평화스러우면 평화스러운 성조로 읊조리고, 시작의 감정이 애원하는 느낌이면 애원하는 성조로 읊조렸다. 그러므로 태평성세의 음성은 평화롭고 쾌활하여 시가와 감정, 성조와 악곡이 모두 평화롭고 쾌활하지 않은 것이 없었으며, 동란의 쇠퇴 시기의 음성은 애원하고 분노에 차있어 시가와 감정, 성조와 악곡에 있어서도 애원하고 분노하지 않은 것이 없었다. 이것이 바로 음악소리를 고찰하여 정치상황을 아는 연유가 되었다. 시가 외에 다시 화성을 보태는 것을 이른바 곡이라고 한다. 고악부시에는 모두 화성이 있고 가사가 있었는데, 결합하여 기록된 '하하하賀賀賀'나 '하하하何何何' 같은 것들은 모두 화성이었다. 현재의 악곡 가운데 전성纏聲이라는 것은 바로 잔재된 화성의 수법과 같은 것이다. 당인들은 가사를 곡조에 끼워 넣어 화성

---

14)《구당서 · 음악지》에 의하면 당시의 동이악에는 고려악과 백제악이 있었고, 남만악에는 부남악扶南樂 · 천축악天竺樂 · 표국악驃國樂이 있었으며, 서융악에는 고창악高昌樂 · 구자악龜玆樂 · 소칙악疏勒樂 · 강국악康國樂 · 안국악安國樂이 있었으며, 마지막으로 북적악에는 선비鮮卑 · 토곡혼吐谷渾 · 부락계部落稽 등과 같은 마상악馬上樂이 있었다.

15) 악곡의 한 종류로 수에서 시작하여 당에 이르러 성행하였다.

을 사용하지 않았는데, 이러한 방식은 비록 왕애王涯[16]에서부터 시작되
었다고 하나, 정원貞元과 원화元和 연간에 이렇게 사용한 사람이 이미
많았으며, 왕애 이전의 사람도 더러 있었다. 그 외, 소곡 가운데 '함양
에서 술을 사먹느라 머리 장식품이 없어졌네咸陽沽酒寶釵空'라는 시는
이백이 지은 것으로 전해지지만 이백의 문집 가운데에는 오직 〈청평
악〉사 네 수만 있으며, 이 시는 보이지 않는다. 그런데 《화간집花間集》
에 기록된 이 시구의 시는 장비張泌가 지은 것이라고 되어 있다. 어느
말이 옳은지 알 수가 없다. 현재에 성조와 사의가 긴밀하게 결합되어
있는 것은 오로지 민간가요와 〈양관陽關〉·〈도련搗練〉과 같은 악곡들
이 비교적 과거의 전통에 근접해 있다. 그러나 당인이 곡을 지을 때에
는 대개 곡명의 함의에 근거하여 지었다. 그러므로 슬픈 감정과 성조
가 상호 적절하게 배합되어 있었다. 그러나 현재의 사람들은 성조를
잘 알지 못하여 슬픈 성조로써 쾌활한 가사를 노래하고, 쾌활한 성조
로써 슬픈 가사를 노래한다. 그러므로 가사가 아무리 애절해도 사람의
마음을 감동시키지 못한다. 바로 성조와 의경意境이 서로 부합되지 않
기 때문이다. ✽

　고악 중에 삼조三調가 있는데, 청조淸調와 평조平調 그리고 측조側調
를 말한다. 이를테면 왕건王建[17]의 시 가운데 나오는 '측상조로써 이주
를 노래하네側商調裏昌伊州'라는 것이 바로 그것을 의미한다. 현재 악
부 중의 삼조악과 곡자는 비교적 짧아 음성이 급촉하여 오로지 도조道
調와 소석조小石調의 법곡만이 이 조식調式을 사용한다. 비록 삼조악이

16) 자는 문진文津으로 덕종과 문종 사이의 여섯 조대에 걸쳐 벼슬을 하였다.
17) 자는 중초仲初이며, 당대의 유명한 시인이다.
18) 당의 이원李元이 지은 필기소설이다.

라고 불리지만 모두가 청·평·측의 조식으로 구분되지 않는다. 다만 다른 곡조들보다 더욱 복잡해졌을 뿐이다. 🏵

당인이 지은 《독이지獨異志》[18]에서는 말하기를, '당대는 수대의 동란 시기를 이어받아 온전한 악기의 모습이 산실되어 징음의 소리를 연주 해낼 수 있는 악기가 결핍되어 있다. 이사진李嗣眞[19]은 개인적으로 그 것을 찾아 결국 찾아내었다. 그는 궁노를 만드는 작업실에서 다듬이 소리를 듣고 상차喪車에 매다는 종을 찾아서 궁노 작업방의 동남쪽 모 서리에 가서 발을 구르니 과연 화답하는 소리가 들려 그곳을 파내어 돌멩이 하나를 찾아내었고, 그것을 네 조각으로 나누어 온전하지 못한 악기를 메웠다' 라고 하였다. 이런 설법은 그야말로 엉터리이다. 음성 은 악기의 장단후박長短厚薄에 의해 결정된다. 그러므로 《고공기考工 記》[20]에서는 '경씨磬[21]氏가 경을 제작함에 음성이 너무 높아 그 양측을 갈았고, 음성이 너무 낮아 그 두 머리를 갈았다' 고 하였다. 조금만 갈 아 없애도 그 소리는 변화가 생기게 된다. 어찌 다듬이 돌을 잘라 갈아 서 경을 만들었는데 여전히 원래의 소리를 지니고 있단 말인가! 게다 가 고대의 악음 가운데 궁·상의 종류는 고정된 음높이가 없어, 음률 에 근거하여 확정되는 것이다. 동일한 음성이 돌아가면서 궁과 징이 될 수가 있다. 이사진은 분명히 새로운 경을 만든 적이 있었을 것이다. 다만 호사가들이 위의 이야기들을 부회하여 보탠 것일 것이다. 나누어 서 네 조각으로 만들었다면, 그것은 단순히 징음만을 보충한 것이 아 닐 것이다. 🏵

---

19) 당 초기의 인물이다.
20) 유가 경전 《주례》 가운데의 편명이다. 현존하는 최초의 수공업 기술 전문서이다.
21) 고대에 돌이나 옥으로 만든 타악기의 일종이었다.

《국사찬이國史纂異》[22]에서는 말하기를, '윤주潤州[23]에서 일찍이 옥으로 만든 경磬이 12개 발굴되어 황제에게 바친 적이 있다. 솔갱령率更令[24]인 장문성張文成이 그 중 하나를 때려 보고는, 이것은 진대晉代의 모년某年에 제조된 것이다. 이 해는 윤년이기에 경을 만든 사람은 달수에 따라서 제작하여 응당 13개를 만들었을 것이다. 황종경을 묻은 장소의 동쪽 9척의 땅을 파면 반드시 나머지 하나를 찾을 수 있을 것이다' 라고 말했다. 그런데 그의 말대로 하니, 과연 그러하였다' 라고 했는데, 이것은 터무니없는 말이다. 월률에 의거하여 제작하는 경은 응당 절기에 근거해야 하는 것이다. 윤월도 자연히 그 속에 포함되는 것이다. 윤월은 중기中氣가 없는데. 어찌 월률과 상당하겠는가! 이것은 무식한 사람이 날조한 것이다. 그 가운데의 하나를 때려 보고 어떻게 그것이 진대의 모년에 만들어졌음을 알 수 있단 말인가! 진흙 속에 빠져 있는 것이라고 하였는데, 어찌 방위와 치수에 의거하여 다시 그것을 묻을 수 있단 말인가! 이것은 그야말로 허무맹랑함의 극치임이 아닐 수 없다. ❀

〈예상우의곡霓裳羽衣曲[25]〉에 대하여 유우석劉禹錫[26]의 시구에서는 말하기를, '삼향三鄕 길에서 신령스러운 산을 바라보며, 돌아와 예상우의곡을 지었네' 라고 되어 있다. 또 왕건王建의 시에서도 말하기를, '바람

---

22) 지금은 유실되어 전하지 않으나,《태평광기太平廣記》에 이 책의 단편적인 부분이 전한다.
23) 지금의 강소성 진강鎭江 부근이다.
24) 종족의 질서, 예악, 형벌을 맡았던 관원이었다.
25) 당대 대곡大曲 가운데의 법곡의 명작이다. 일반적으로는 당현종이 천보 초년에 지은 것으로 알고 있으며, 당대에 도교를 신봉한 것과 관련이 있다. 천보 연간에 양경술이 바친 〈바라문곡婆羅門曲〉을 결합시켜 재창작을 하였다. 그러나 당말의 전란으로 인해 산실되고 현존하는 것은 이 곡의 일부일 뿐이다.

24기 절기표
음력에는 윤달이 들어가므로 달의 이동이 생긴다.

과 물의 소리를 듣고 예상을 지었네'라고 하였으며, 백거이도 시의 주
에서 말하기를, '개원 연간에 서양부西凉府[27] 절도사인 양경술楊敬述이
지었다'라고 하였다. 또 정우鄭嵎[28]는 〈진양문津陽門〉이라는 시의 자주
自注에서 말하기를, '엽법선葉法善[29]이 일찍이 현종을 모시고 월궁에
선악을 들으러 갔다. 현종이 돌아와 그 가운데의 절반만 기억하여, 바
로 피리로써 그 곡을 불어내었다. 마침 서량부 도독인 양경술이 진헌

---

26) 자는 몽득夢得이며, 당대의 유명한 시인이다.
27) 지금의 감숙성 무위武威 서쪽에 있었던 지역이다.
28) 자는 빈선賓先이며, 당대의 시인이다.
29) 자는 도원道元이며, 도교의 법사였다. 고종에서 현종에 이르기까지 궁중에서 벼슬
   을 하였다.

한 〈바라문곡〉이 선악의 성조와 서로 부합하여 당나라에서 들은 선악을 산서散序[30]로 삼고 양경술이 바친 곡자로써 선율을 삼아 곡을 지었는데, 그것을 이름하여 예상우의곡이라고 불렀다'라고 하였다. 그러나 여러 사람들의 설법이 모두 다르다. 현재 포중蒲中[31]의 소요루逍遙樓의 문지방에는 당인이 옆으로 쓴 범문처럼 보이는 글씨가 있는데 전하는 말로는 예상우의곡의 악보라고 한다. 하지만 문자의 의미를 알 수 없으니 진위를 알 수가 없다. 누군가는 말하기를, 현재 연악燕樂 가운데 〈헌선음곡獻仙音曲〉이 바로 예상우의곡의 유음遺音이라고 하지만, 예상우의곡은 원래 도조법곡道調法曲이라고 칭해졌는데 반해 현재의 〈헌선음곡〉은 소석곡小石調이다. 어느 설법이 옳은지 알 길이 없다. ✿

《우서虞書》[32]에서는 말하기를, '알격戛擊으로 옥경玉磬을 울리고, 박부搏拊로써 금슬을 연주하며 읊조리니, 조상들이 강림하도다'라고 하였다. 옥경은 원래 알격과 같은 동작으로 긁어 때리지 못하며, 악기소리의 화음이 극에 달하면 자신의 연주를 능히 표현해 내지 못하였고, 심지어 긁으며 때리기를 연거푸 하게 된다. 그리고 금슬도 본래는 박부와 같이 그렇게 때려서는 안 된다. 그러나 악기의 화음이 극에 달하면 연주로써 표현해 내지 못하고 심지어 마구 두드리게 되는 것이다. 이것이 소위 말하는 손과 발로 춤을 추지만 자신은 느끼지 못한다는 의미이다. 악기의 화음이 극에 달하면 당연히 조상님들을 강림하게 만들 수가 있다. 화해는 내심에서 나오는 것이지만, 겉으로 볼 수 있는

---

30) 만판慢板이라고도 하는데, 예상우의곡의 서곡에 해당하며, 오직 음악만 연주하며 춤을 추지는 않았다.
31) 지금의 산서성 영제현永濟縣의 부근이다.
32) 《상서》 가운데 당요唐堯와 우순虞舜 시대의 사적인 〈요전堯典〉·〈순전舜典〉·〈대우모大禹謨〉 등을 기록한 편장을 말한다.

것도 바로 그것이다. 후대의 음악연주가들은 형식은 완비되었지만, 감정이 충실하지가 못하다. 악사들이 추구하는 것은 오직 박자의 정확성과 성률의 완벽함 뿐이다. 고대의 악사들은 모두 사람의 마음을 꿰뚫어 볼 수 있었기에 비애와 환희가 모두 그들의 마음속에 형성되었는데, 그 연후에 악성에다 그것을 투입하게 되고, 동작과 표정으로써 그것을 표현하였다. 그러므로 연주에 감정이 있었고, 음창吟唱에도 표정이 있었다. 그들이 사람의 마음을 감동시키는 것은 악기에만 의존한 것이 아니었다. 🏵️

《신오대사新五代史》[33]에는 당의 소종昭宗이 화주華州에 행차하여 성 서쪽의 제운루齊雲樓에 올라 서북 방향의 경성을 바라보며 〈보살만菩薩蠻〉[34] 사詞 세 수를 지었다고 되어 있다. 그 가운데 마지막 수에는 '들의 안개에 푸른 나무는 생겨나고, 논둑 길에는 행인이 지나간다. 어찌하면 영웅을 얻어, 그를 맞이할 수 있을까!' 라고 하였다. 현재 이 사의 수적이 아직도 협주陝州[35]의 한 절에 보존되어 있다. 종이는 너무나 조잡한 것이었는데, 나는 몇 년 전에 협주에 가서 그것을 본 적이 있다. 그런데 그것은 후인들의 제발題跋이 너무나 많아 거의 큰 족자 하나를 빽빽이 채웠다. 🏵️

사람들은 노래를 잘하는 사람을 영인郢人이라고 호칭한다. 영주郢州에는 아직도 백운루白雲樓가 있는데, 그것은 송옥宋玉이 〈답초왕문答楚

---

33) 《오대사기五代史記》를 말하며, 송의 구양수가 편찬한 것이다.
34) 원래는 당대의 교방곡명校坊曲名인데, 나중에는 사패명이 되었다. 이백이 지었다고 전해지는 〈보살만〉이 현존하는 가장 오래된 사詞이다.
35) 지금의 하남성 삼문협시三門陝市 서북쪽이었다.

王問〉에서 말한 '객 가운데 영주[36]에서 노래를 한 자가 있었는데, 처음에는 〈하리파인下里巴人〉을 불렀고, 다음이 〈양아해로陽阿薤露〉이며, 또 그 다음이 〈양춘백설陽春白雪〉이었습니다. 그는 전조轉調의 수법으로 변화음을 사용하여 불렀습니다'에서 파생되었는데, 그리하여 영인은 노래를 잘 부른다는 말이 생겨났다. 그러나 이것은 이 대화의 뜻을 잘 이해하지 못한 것이다. 여기서 '객 가운데 영주에서 노래를 한 자가 있었다'는 것은 노래를 부른 사람은 영주인이 아니라는 의미이다. 또 그 문장에는 〈하리파인〉은 나라에서 지어 부를 수 있는 자가 수천 명이나 되었고, 〈양아해로〉는 부르는 자가 수백 명이었으며, 〈양춘백설〉은 부르는 자가 수십 인에 불과하였습니다. 전조를 하여 변음으로 부르는 자는 불과 몇 사람에 지나지 않았습니다'라고 되어 있다. 초나라의 고도인 영주에서는 사람들이 수없이 많을 텐데 그 가운데 화답하여 부를 수 있는 자가 불과 몇 사람뿐이었다고 하니, 그들은 너무나 음악을 몰랐던 것이다. 따라서 송옥은 그것을 통해 자신을 비유한 것이었다. 〈양춘백설〉과 같은 노래는 영인들이 부르지 못하였다. 부르지도 못하는 데도 불구하고 그들이 노래를 잘하는 습속을 가졌다는 것을 증명하는 것은 너무도 큰 착오가 아닐 수 없다. 《양양기구전襄陽耆舊傳》에서는 비록 '초나라에는 노래를 잘하는 자들이 있는데, 〈양릉백로陽菱白露〉와 〈조일어려朝日魚麗〉를 노래하니, 같이 부를 수 있는 자가 몇 사람에 불과하였다'라고 되어 있지만, 〈양춘백설〉의 명칭은 보이지 않는다. 또, 현재의 영주는 원래 북영北郢으로 칭해졌는데, 옛날의 초나라 도읍지가 아니다. 어떤 사람은 초도가 지금의 의성宜城[37] 경내에 있다

---

36) 지금의 호북성 종상鐘祥 부근이다.
37) 지금의 호북성 의성을 말한다.
38) 한수가 장강으로 모여드는 하구이다.

고 하며 유적도 존재한다고 하지만 그렇지 않다. 그것은 언鄢이지, 영이 아니다. 《좌전》의 기록에 의하면, 초성왕楚成王은 두의신斗宜申에게 명하여 '상공商公을 위하여 한수를 따라서 장강을 역으로 거슬러 올라가면, 영에 진입하게 될 것이다. 왕은 저궁渚宮에 있으니, 내려가서 보게 될 것이다' 라고 하였다. 한수를 따라 하구夏口[38]에 도착한 연후에 강을 거슬러 올라가 상류로 간다면, 영은 마땅히 장강의 상류에 있어야 하며, 한수의 연안에 있어서는 안 된다. 초왕은 또 '왕은 저궁에 있으니, 내려가서 보게 될 것이다' 라는 말을 하였으니, 저궁은 마땅히 영에 있어야 한다. 초나라는 처음에 단양丹陽에다 도읍을 세웠는데, 지금의 지강枝江[39] 이었다. 그런데 초문왕楚文王은 영으로 도읍을 옮기고, 초소왕楚昭王은 약都으로 옮겼으며, 모두가 지금의 강릉江陵[40]경내였다. 《좌전》 두예의 주에는 '초국은 지금의 남군南郡 강릉현 북기北紀 남성南城에 있었다' 고 하였다. 사령운[41]의 〈의업중집시擬鄴中集詩〉에서는 말하기를, '남으로 왕宛과 영성郢城을 오르다' 라고 하였다. 현재의 강릉 북쪽의 12리쯤 되는 곳에는 기남성紀南城이 있는데, 바로 옛날의 영도郢都였으며, 또 남영南郢이라고도 불렀다. ❀

육십갑자에는 납음의 방법이 있지만, 사람들은 거의 그 함의를 캐지 않는다. 이것은 사실 60율이 교대로 서로 다른 조식을 구성하는 방법이다. 하나의 율이 다섯 개의 음을 지니니, 12율은 도합 60개의 음을 지니게 된다. 기氣는 동방에서 생겨나 오른쪽으로 운행하며, 음흡은 서방에서 생겨나 왼쪽으로 운행한다. 그리고 음양이 상호 교착되면서 변

---

39) 지금의 호북성 지강 서남쪽이다.
40) 지금의 호북성 강릉이다.
41) 남조의 유명한 시인으로 산수시의 대가이다.

화가 발생한다. 기가 동방에서 생겨난다는 것은 춘하추동의 사계가 동쪽의 목에서 시작되어 오른쪽으로 운행되어 남방의 화에 전해지고, 화는 중앙의 토에 전해지고, 토는 서방의 금으로 전해지며, 금은 북방의 수에 전해진다는 것을 가리킨다. 이른바 음은 서방에서 시작된다는 것은 궁·상·각·치·우의 오음이 서방의 금에서 시작하여 좌로 운행되어 남방의 화에 전해지고, 화는 동방의 목에 전해지며, 목은 북방의 수에 전해지고, 수는 중앙의 토에 전해지는 것을 의미한다. 납음의 방법은 동위의 갑자를 처로 취하고, 여덟 자리를 상격하여 신율新律이 생겨나는데, 이것이 바로 율여상호연생律呂相互衍生의 방법이다. 금·목·수·화·토의 오행은 중仲이 앞에 있고, 맹孟이 뒤에 있으며, 맹의 뒤는 계季이다. 이것은 기문둔갑의 상·중·하 삼원三元의 순서이다. 갑자는 금의 중이고, 동위의 을축乙丑을 맞이한다. 상격 팔위의 아래에는 임신壬申이 생겨나고, 이는 금의 맹孟이다. 임신은 동위의 계유癸酉를 취하며 상격 팔위의 위는 경진庚辰이 생겨나는데, 이는 금의 계季이다. 경진은 동위의 신사辛巳를 취하고, 상격 팔위의 아래는 무자戊子를 낳는다. 이는 화의 중仲이다. 무자는 동위의 기축己丑을 취하고 병신丙申을 낳는데, 이는 화의 맹孟이다. 병신은 동위의 정유丁酉를 취하고 갑진甲辰을 낳는데, 이는 화의 계이다. 갑진은 동위의 을사乙巳를 취하고 임자壬子를 낳는데, 이는 목의 중이다. 이와 같이 좌를 향한 운행은 계속하여 정사丁巳, 즉 중여中呂의 궁음에 이르면 궁·상·각·치·우의 오음이 하나의 순환을 겪게 되고, 다시 갑오甲午 금의 중에서 동위의 을미乙未를 취하며, 상격 팔위는 임인壬寅을 낳는데, 갑자에서 시작하여 순환하는 것과 같이 계해癸亥에서 종지하게 된다. 자子에서

---

42) 궁정의 제사와 조회 그리고 연회에 사용되는 음악연주를 장관하던 기관이다.
43) 박鏄 또한 고대의 타악기의 일종으로 그 모습이 종과 흡사하다.

사巳는 양陽이다. 그러므로 황종黃鐘에
서 중여中呂는 모두 삼분손일三分損
一이 되며, 오午에서 해亥는 음陰이
므로 임종林鐘에서 응종應鐘은 모
두 삼분익일三分益一이 되는 것
이다. 나는 《악론樂論》에서 이것
을 자세히 이야기하였기에 여기서
다시 중복하지 않겠다. ✿

　지금 태상사太常寺[42]의 종박鐘鎛[43]은 모두 용甬[44]의 아래에 뉴紐가 새
겨져 있는데 그것을 선충旋蟲이라고 부르며, 한쪽으로 치우쳐 걸려 있
다. 황우皇祐 연간에 항주 서호 가에서 땅을 파니 고종이 하나 나왔는
데, 종체는 납작하고 짤막하였다. 그것의 매枚[45] 길이는 반 촌寸이나 되
었는데, 규격이 대체로 《고공기》에 기재된 것과 비슷하였다. 다만 용의
중간이 비어 있었고 용의 상반부도 비교적 작았으니, 이른바 형衡이라
는 것이었다. 나는 그것의 구조를 자세히 살펴보았는데, 그럴 만한 이
유가 있는 듯하였다. 용의 중간이 비어있는 것은 종승鐘繩이 그 중간으
로 내려가는 것이었으며, 형용衡甬의 사이에 가로로 된 괄括로 그것을
걸었다. 그 횡괄橫括은 아마도 소위 선충이라는 것인 듯하였다. 다시
그것들의 명칭으로 볼 때, 죽용竹甬의 '용'자는 대죽 머리에 용을 더
한 것이니, 용은 비어있다는 함의를 지니고 있었다. 또 용의 상반부가
약간 작은 것은 횡괄을 막기 위해서였다. 횡괄이 여기에 있기 때문에
형의 함의가 있는 것이었다. 그리고 그 횡괄의 모양은 벌레처럼 생겼

---

44) 종 머리의 손잡이 같이 생긴 통을 말한다.
45) 종대鐘帶 사이의 돌기한 부분으로 종유鐘乳라고도 불린다.

고 돌 수 있는 모습이었으니, 이른바 선충을 의미하였다. 현재의 종박을 가지고 그것과 대조해 보면, 출토된 고종의 형용은 그 중심이 비었고, 그리하여 형이 용보다 약간 작은 것은 횡괄을 막기 위해서였으니 그럴 만한 이치를 지닌 것이었다. 지금의 종은 형과 용의 속이 모두 꽉 차있는데, 형이 용보다 작은 것은 아무 근거가 없는 듯하다. 또 속이 빈 용은 그 속에 괄이 옆으로 놓여 있기에 형의 함의를 지니고 있었다. 그러나 속이 찬 용이 상하가 같은 크기로 종체에 붙어 있으면, 그것을 형이라고 하는 것이 무슨 의미가 있겠는가! 횡괄은 돌아 움직이고 또 벌레의 모양이기에 아마도 그것을 선충이라고 하였을 텐데, 지금의 종은 모두 뉴를 종체 위에 고정시켜 움직이지 못하게 하였으니, 무엇에 근거하여 그것을 선이라고 칭할 수 있단 말인가! 만약 그것을 옆으로 매단다면 종은 돌아갈 수는 있지만, 그 때문에 종체가 안정되지 못하면 연주자가 어찌 정확하게 그것의 수隧를 때릴 수 있겠는가! 이것은 모두 의문시되는 부분이다. 그 어느 것이 옳은 지를 모르겠다. 그 출토된 고종은 아직도 전당錢塘의 내 자질子侄의 집에 보관되어 있다. ❁

해주海州의 선비 이신언李愼言은 일찍이 꿈을 꾼 적이 있는데, 꿈속

에서 물가에 있는 궁전에서 궁녀들이 희구戱毬[46]를 하며 노는 것을 보았다고 한다. 산양山陽 사람인 채승蔡繩은 이 사건을 기록하였는데, 매우 상세하게 묘사하였다. 그 가운데의 십 몇 수의 〈포구곡抛毬曲〉은 문사가 매우 청신하면서도 화려하여 지금 생각나는 두 수만을 적어 본다.

'연회가 황혼까지 이어지니 저녁은 끝이 없는데, 옥계에 야색이 찾아와 달은 강물과도 같네. 아침에 참가하여 승은承恩에 취하니, 옆에 있는 아리따운 미인 비단 수놓은 깃털 공으로 보이네侍燕黃昏晚未休, 玉階夜色月如流. 朝來自覺承恩醉, 笑倩旁人認綉毬.'

'슬퍼라, 수대의 제왕들이여! 무희들과 벗삼아 원앙금침 즐겼지만. 그 옛날의 포구抛毬하던 곳 다시 찾으니, 금로의 향기는 그 시절의 것이 아니더라堪恨隋家幾帝王, 舞裍樣盡綉鴛鴦. 如今重到抛毬處, 不是金爐舊日香.' 🌸

《노씨잡설盧氏雜說》에서는 다음과 같이 말하였다.

'한고韓皐[47]는 혜강嵆康[48]의 거문고 곡에는 〈광릉산廣陵散〉이라는 것이 있었으며, 왕릉王淩 · 관구검毌丘儉과 같은 자들이 모두 광릉에서 패배하여 흩어졌는데, 위가 망한 것은 광릉에서부터 시작되었다는 의미로 그 곡을 〈광릉산〉이라고 불렀던 것이라고 말하였다.'

내가 보기에는 '산散'이라는 것은 응당 곡명임이 틀림없으며, 그것은 조操 · 농弄 · 섭摻 · 담淡 · 서序 · 인引 등과 같은 것이다. 그러므로 반악潘岳의 〈생부笙賦〉에서는 〈장녀張女〉[49]의 슬픈 탄조를 그치고, 〈광릉〉의 이름난 산조로 넘어가도다'라고 하였으며, 또 응거應璩[50]의 〈여

---

46) 깃털 공을 던지며 노는 주령酒令을 말한다.
47) 자는 중문仲聞이며, 당대의 장안 사람이다.
48) 자는 숙야叔夜이며, 조위曹魏 시대의 문학가였다.

유공재서與劉孔才書〉에서도 '〈광릉〉의 맑은 산조를 듣다'라고 하였으
니, '산'은 곡명임이 틀림없는 사실이다. 혹은 혜강이 이러한 명칭을
사용하여 당시의 정사를 투사해 '산'으로써 곡명을 삼고, '광릉'으로
써 표제를 삼았을지도 모른다. ✿

　　마융馬融의 〈장적부長笛賦〉에는 '재이당과변역지載以當簻便易持'라는
말이 있다. 이선李善[51]의 주에서는 이를 해석하여 말하기를, '과簻는 말
채찍이다. 피리를 들고 그것으로써 말채찍을 삼으니, 쉽게 그것을 지
닐 수 있었다'라고 하였다. 이는 잘못된 해석이다. 피리를 어찌 말채
찍으로 사용할 수 있단 말인가? '과'는 '관管'의 의미이다. 옛사람들은
악기의 관을 과라고 하였다. 그러므로 반악의 〈생부笙賦〉에서도 '긴 관
의 속을 열고, 여러 피리들이 밖으로 길게 늘어서 있네修簻內辟, 餘簫外
迤'라는 말이 나온다. 이른바 '재이당과載以當簻'라는 말은 다른 악기
들이 대부분 많은 악관樂管으로 소리를 내는 데 반해 피리는 단지 하나
의 관을 사용하여 오음을 완전히 구비하게 되는 것을 가리킨다. 그러
므로 피리를 만드는 공예도 그리 복잡하지가 않다. 따라서 그것을 쉽
게 지닐 수 있다는 의미이다. ✿

　　피리笛는 아적雅笛 · 강적羌笛이 있는데, 그들의 모양과 기원에 대해
과거의 설법은 모두 같지 않았다. 《주례》에서는 말하기를, '생笙의 악
사가 호적篪篴을 장관하며 가르쳤다'라고 하였으며, 또 누구는 말하
기를, '한무제 때의 구중丘仲이 처음으로 적笛을 만들었다'라고 하였

---

49) 옛 거문고곡이나 지금은 실전되었다.
50) 조위 시대의 문학가였다.
51) 당 초기의 사람으로 《문선文選》의 주로 유명하다.

다. 뿐만 아니라 또 어떤 자는 '강족羌族에서부터 나왔다'라고도 말하였다. 동한의 마융이 음송한 장적長笛은 중심이 관통하고 밑이 없었으며 관의 구명을 길게 잘랐고, 몸통에는 다섯 구명이 있었으며 또 하나의 구명은 뒷면에 있었다. 마치 지금의 '척팔尺八'과도 같았다. 이선의 주에서는 말하기를, '일곱 구명에 길이는 1척 4촌이나 되었다'라고 하였는데, 이것이 바로 현재의 횡적橫笛이다. 태상太常의 고취부鼓吹部에서 일컫는 횡취橫吹는 마융이 불던 그런 피리가 아니었다. 마융의 부에서는 말하기를, '역학易學에 밝은 경군명京君明[52]은 음률에 능통했는데, 본래 네 개이던 구명에 하나를 더하였다. 군명이 구명을 하나 더 내어 나온 것을 상성오음필商聲五音畢이라고 불렀다'라고 하였다. 심약沈約은 《송서》에서 말하기를, '경방은 오음을 다 갖추었다'라고 하였다. 《주례》의 생사笙師 주에서는 말하기를, '두자춘杜子春[53]은 적篴은 바로 지금 사용하는 다섯 구명의 대나무 적을 말한다고 하였다'라고 했다. 마융과 심약의 말을 가지고 추측해 보면 고적古篴은 원래 다섯 구명이 아니었고, 두자춘의 말은 반드시 맞는 것이 아니다. 현재의 《삼례도三禮圖》[54]에 그려진 적은 옆으로 불고 구명이 다섯 개가 있는데, 그것이 무슨 근거가 있는지는 모르겠다. ✿

거문고[琴]는 비록 오동나무로 제작되지만, 반드시 몇 년 동안 목성이 전부 탈진할 때까지 기다려야만 연주하는 소리가 아름답다. 나는

---

52) 서한 무제 시절의 경방京房을 말하며, 군명은 그의 자字이다.
53) 서한 말의 사람으로 경학가였다.
54) 송초의 섭숭의聶崇義가 편찬한 것이다.
55) 지금의 절강성 부근의 지역이었다.
56) 당대 강남의 거문고 명장이었다.
57) 공예 명칭으로는 송석松石이라고 하는 것이다.

108 몽계필담(상)

일찍이 당대 초기 노씨路氏의 금琴
을 본 적이 있는데, 나무가 모두 말
라 썩어 손가락으로 만지면 부서질
것 같이 느껴졌지만, 그 소리는 더
욱 청아하였다. 또 월인越人[55]인 도
도진陶道眞이 수장하고 있던 장월
張越[56]의 금도 본 적이 있다. 내가
알기로는 고묘에서 나온 썩은 관의
삼목판杉木板을 사용하여 만든 거
문고의 소리가 너무도 강경剛勁하
고 아름답다고 한다. 오吳 지역 스
님인 지화智和는 거문고를 하나 갖
고 있었는데, 슬슬瑟瑟[57]로써 금휘
琴徽[58]를 삼고 벽문석碧紋石으로 금
진琴軫[59]을 삼았다. 그 규격과 소리
가 신묘의 경지에 달했다. 금복琴腹
[60]에는 이양빙李陽冰[61]이 새긴 전문
篆文이 수십 자 있었다. 그 의미는
대략 남해의 어느 섬에서 목재를
하나 얻었는데 가타라伽陀羅라고

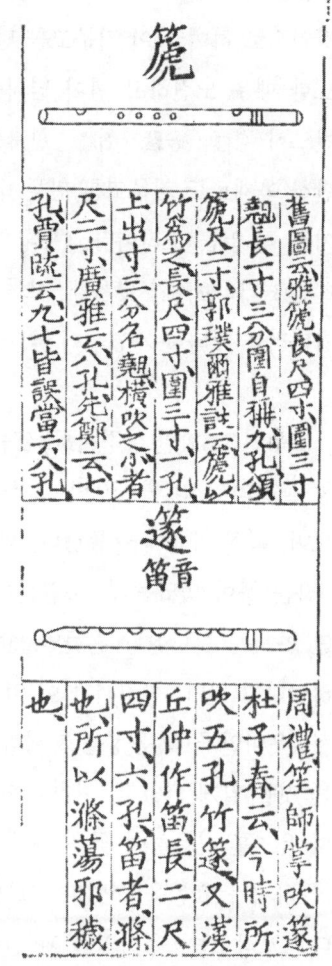

---

58) 금면琴面의 외측에는 오른쪽에서 왼쪽으로 음자리를 표시하는 13개의 원형 표식標
識이 있는데, 대개 옥석玉石으로 제작되어졌다. 이를 금휘라고 한다.
59) 거문고의 현의 음높이를 조정하는 축을 말한다.
60) 거문고의 아랫판의 중간부분을 말한다.
61) 자는 소온少溫으로 당나라 때의 유명한 서예가이자 문자학자였으며, 특히 전서에
능했다.

불렸으며 나무의 무늬가 은 부스러기 같았고, 그 견고함은 돌과 같아 장인으로 하여금 이 거문고를 만들게 하였노라는 내용이었다. 그 전서 또한 매우 노련하고 힘이 넘치는 필체였다. 거문고를 만드는 재료는 반드시 경경輕·송송鬆·취취脆·활활滑을 사선四善[62]이라고 칭한다. 돌처럼 단단한 목재로도 거문고를 만들 수 있다고 하였는데, 이 말은 과거에 들어본 적 없는 소리이다. 《투황록投荒錄》[63]에서는 '경관瓊管[64]에는 오목烏木과 거타吒陀가 많은데, 모두 기이한 나무이다'라고 하였다. 아마도 가타라는 거타일 가능성이 높다. 🏵

고우인高郵人인 상경서桑景舒는 천성적으로 음악에 능통하였는데, 각종 물건의 소리를 들으면 그것들의 화복을 하나 하나 예측할 수 있었으며, 특히 악률에 정통했다. 과거의 전설에 의하면, 우미인초虞美人草[65]라는 풀이 있었는데, 사람들이 연주하는 〈우미인곡虞美人曲〉을 들으면 가지를 살랑살랑 흔들었으며, 다른 곡을 연주하면 전혀 움직이지 않았다고 한다. 상경서가 이 일을 시험해 보니 전설과 똑같았다. 그래서 〈우미인곡〉의 음성을 자세히 연구해 보니, 모두 오[66] 지역의 음조라는 것을 알게 되었다. 며칠이 지나 그는 거문고를 가져다 시험삼아 오의 음조를 사용하여 곡을 하나 지어 우미인초 앞에서 연주를 하니 풀의 가지가 요동을 하였다. 그는 그것을 〈우미인조虞美人操〉라고 불렀다. 그 곡조는 〈우미인곡〉과 전혀 달랐으며, 처음부터 끝까지 닮은 곳이라고는 하나도 없었다. 그러나 우미인초는 여전히 우미인곡을 들은 것처럼 반응을 보였던 것이다. 이는 악률이 서로 같았기 때문이다. 음

---

62) 목재가 가볍고 밀도가 낮으며 바삭바삭하고 매끄러운 것을 네 가지 좋은 재료로 보았다는 의미이다.
63) 《투황잡록投荒雜錄》을 말하며, 당의 방천리房千里가 편찬한 필기사료이다.

악에 대한 그의 조예는 이처럼 신묘한 경지에 달하였다. 상경서는 일찍이 진사에 합격하여 현령으로 있다가 작고하였다. 현재 〈우미인조〉는 세상에서 유행되고 있지만, 사람들은 그 곡의 어느 부분이 오 지역의 음조인지 알지 못한다.

---

64) 지금의 해남도 경산현(瓊山縣) 남쪽 부근이다.
65) 일명 려춘화麗春花라고도 하는데, 일년 혹은 이년생의 초목이다. 5월 경에 붉은 색이나 자색 또는 흰색의 꽃이 핀다.
66) 강소성과 절강성 일대를 말하며, 오음이란 이 지역의 민간음악을 말한다.

제6권
악률樂律②

전대의 사정에 대해 우리는 고인의 문장을 통해서도 대강 알 수가 있다. 원진元稹의 시에는 '비파의 궁조는 81이니, 세 조調는 현으로도 탈수가 없네'라는 구절이 있다. 비파는 도합 84개의 조가 있는데, 12율에 각각 일곱 조가 있으므로 84조가 되는 것이다. 원진의 시에서는 81조라고 하였는데, 사람들은 대개 그 의미를 이해하지 못한다. 나는 금릉의 승상[1] 집에서 당의 하회지賀懷智가 지은 《비파보琵琶譜》를 얻은 적이 있다. 그 책의 서문에서는 말하기를, '비파의 84조에서 내황종內黃鐘과 태족太蔟 그리고 임종林鐘 궁성宮聲은 현으로 타지 못한다. 반드시 필율[2]로써 현을 고쳐야 하며, 그 나머지의 81조는 모두 이삼 조로써

---

1) 왕안석을 말한다. 왕안석은 자리에서 물러난 후, 금릉(지금의 강소성 남경시)에서 살았기에 심괄은 그를 금릉 승상이라고 일컬었다.
2) 관 혹은 관색이라고 부르는 관악기인데, 한대에 서역에서 유입된 것으로 당송시대 연악의 주요한 악기였다.

기준을 삼으며, 다시 필율로써 현을 가다듬을 필요가 없다'라고 하였다. 그리하여 우리는 원진의 시에서 말하는 것이 마치 지금의 거문고음 고르기와 같아서 반드시 먼저 필율의 '합습'자로써 궁현을 정한 다음에 궁현에 근거하여 아래로 징음을 내고, 징현에 근거하여 위로 상음을 내어, 순서에 따라 소상현少商弦을 정할 때까지 상생相生을 하게 된다. 하생의 음은 두 현을 격하고, 상생上生의 음은 한 현을 격하여 정한다. 무릇 모든 현악기의 소리 조정은 모두 이와 같아야 한다. 옛사람들은 또 반드시 금석 악기로써 악음의 표준으로 삼았다. 바로《시 · 상송商頌》에서 말하는 '나의 경磬의 소리에 의거하도다'라는 내용이 그러하다. 현재의 사람들은 편리함만을 추구하여 다시는 필율로써 정현定弦을 하지 않고 있다. 그러므로 현음의 고저가 기준이 없고, 모두 임시로 취하고 있다. 하회지의《비파보》의 조명은 현재의 악곡조명과 전혀 다르다. 당인의 악학은 매우 깊이가 있었으며, 또 상고시대 아악의 성률 법도를 지니고 있었다. 현재의 연악은 고대의 성률이 대부분 이미 산실되었고, 새로이 탄생한 성률은 대부분이 일정한 법도를 지니고 있지 않다. 악공 자신도 그 이치를 모르는데, 어찌 소리의 화음을

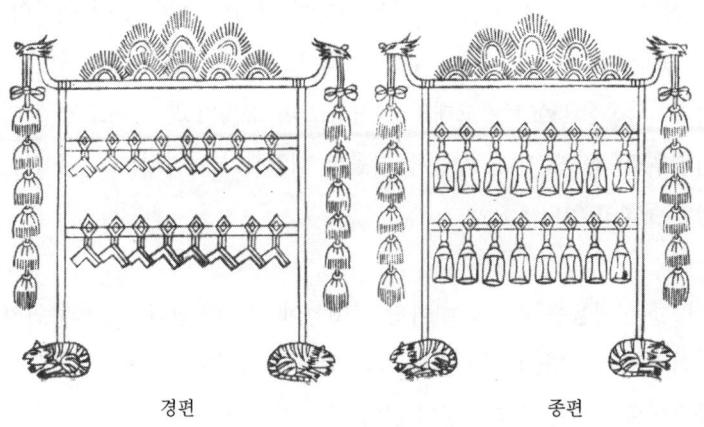

경편   종편

기대할 수 있겠는가! ✿

현재 교방의 연악은 당대의 악률에 비해 두 율 조금 못 되게 높다. '합' 자의 태족은 약간 낮아 '범凡' 자로써 궁성을 삼으니, 황종청궁黃鐘淸宮보다 약간 높다. 중원 이외의 음성은 더욱 법도가 없어, 일반적으로 교방악에 비해 한 율 이상이 높다. 오직 북적악北狄樂의 성률이 교방악보다 두 율 낮다. 북쪽의 소수민족의 복식과 기물들은 대체로 당대의 관습을 따르고 있는데, 그들의 성악도 아마 당대 음성의 유음遺音일 것이다. ✿

현재의 연악 28조는 11율 상에 분포되어 있다. 다만 황종黃鐘과 중여中呂, 임종林鐘의 삼율三律이 각각 궁·상·각·우의 네 가지 조식을 구비하고 있으며, 그 나머지의 율은 혹은 일 조가 있거나 혹은 이·삼조가 있을 뿐이다. 유독 유빈蕤賓은 그 어떤 조도 없다. 내중관內中管의 선여조仙呂調는 바로 유빈률이다. 그러나 본율과 잘 상합되는 것은 아니다. 연악 각 조의 음성은 지금까지도 고대의 법도와 완전히 일치하지 않는다. 다만 대체적으로 서로 배합될 뿐이다. 예를 들어 현재의 연악 중여궁은 고대의 협종궁조夾鐘宮調이고, 남여궁은 고대의 임종궁조이며, 임종상林鐘商은 고대의 이칙상조夷則商調이고, 남여조는 고대의 임종우조林鐘羽調이다. 성률에 능통한 대악사라고 하더라도 그 원인을 알지 못하고 있다. ✿

12률은 청음을 포함하여 마땅히 16성이 있어야 한다. 현재의 연악은 오직 15성뿐이다. 왜냐하면 현재의 악률은 고악보다 2율 조금 못 되게 높으므로 정확한 황종음성이 없어 '합' 자를 높은 대여로 삼아서 고악의 대여와 태족의 사이에 두기 때문이다. 그리하여 '하사下四' 자는 고악의 태족에 근접하고, '고사高四' 자는 고악의 협종에 가까우며, '하일下一' 자는 고악의 고세姑洗에 가까우며, '고일高一' 자는 고악의 중여에 가깝고, '상上' 자는 고악의 유빈에 가까우며, '구勾' 자는 고악의 임종에 가까우며, '척尺' 자는 고악의 이칙夷則에 가깝고, '하공下工' 자는 고악의 남여에 가깝고, '고공高工' 자는 고악의 무사無射에 가까우며, '하범下凡' 자는 고악의 응종에 가깝고, '하범' 자는 고악의 황종청이며, '고범' 자는 고악의 대여청이다. 또 '하오下五' 자는 고악의 태족청이고, '고오高五' 자는 고악의 협종청이다. 배치법은 비록 이러하지만 각 조의 결속음은 본조가 속한 음으로 모두가 되돌아갈 수 있는 것은 아니다. 그러므로 편살偏殺·측살側殺·기살寄殺·원살元殺 등의 수법이 있는 것이다. 비록 고법과 다르지만 추론을 하면 그 또한 일리가 있는 것이다. 음률에 능통한 사람들이라면 모두 알 것이기에 여기서는 하나하나 열거하지 않겠다. ❧

고대의 법도에 의하면, 종경鐘磬은 매 거虡[3]가 16개가 있어 16율이 되며, 또 모든 종경이 각각 하나의 음률과 대응한다. 따라서 황종의 거가 있고, 대여의 거가 있으며, 다른 악기도 모두 그러하다. 거문고를 두고 말하면, 그 소리가 비록 맑고 부드럽지만 그 가운데에는 음성이 무거운 것이 있고, 가벼운 것이 있다. 거문고는 원래 5음 밖에는 되지 않으므로 고인들은 그것의 이름을 '청징淸徵' 혹은 '청각淸角'이라 불렀다. 하지만 5음뿐만 아니라 거문고는 또 각종 조식에도 잘 부합된다. 내 친구의 집에는 비파가 하나 있었는데, 빈방 안에 놓아두었다. 관악

---

3) 거虡는 원래 고대의 타악기를 거는 나무로 된 선반을 말한다. 여기서는 종경과 같은 악기를 지칭하여 일컫는 말로 쓰였다.

기와 쌍조로 연주하면 비파는 언제나 서로 어우러지는 소리를 내었다. 그러나 다른 악조로써 불게 되면, 비파는 어우러지는 소리를 내지 못했다. 그래서 그것을 기이한 물건을 간직하듯 방에만 놓아두었는데, 그 평범한 이치를 몰랐던 것이다. 비파는 28조 가운데 그것과 음의 높이가 같은 소리에만 화답을 한 것이었다. 만약 28조를 연주하였는데도 화답이 없었다면, 그것은 바로 조식 이외의 소리였기 때문이다. 고대의 법도에 의하면, 하나의 음률이 각각 일곱 개의 조식의 주음으로 나누어진다. 따라서 12음율은 합계 84개의 조식을 갖게 된다. 그런데 자세히 구분해 보면 84개의 조뿐만이 아님은 조식 이외의 소리가 너무 많기 때문이다. 그런데 그 음고가 우연히 28조 안에 있어 화합하는 소리를 내게 되면, 사람들은 매우 이상하게 생각한다. 그러나 이것은 사실 매우 일반적인 이치이다. 하지만 이것은 음률 중에서 가장 중요하고 미묘한 부분이다. 지금의 사람들은 이 이치를 알지 못하므로, 천지간의 음양이 가장 잘 화합된 소리를 표현해 내지 못한다. 세상의 악공들이 현의 음조도 잘 모르는데, 어찌 이러한 이치를 돌아볼 여력이 있겠는가!

제7권
상수象數①

당대 개원 시기의 〈대연력大衍歷〉은 가장 정밀하여, 역대로 그 삭법
朔法[1]을 이어 사용하고 있다. 희녕 연간을 고찰하면, 역법은 이미 실제
천상天象보다 50여 각刻이 떨어졌으나 전대의 역관들은 모두 그것을
관찰해 내지 못하였다.

《봉원력奉元歷》은 구력舊歷의 윤기閏期와 삭일朔日을 고쳐서 희녕 10
년의 기점이 원래 오시午時였는데, 신력에서는 자시子時로 바꾸었고,
구력의 윤12월을 신력은 윤정월로 바꿨다. 조공을 하러 변방 지역에서
온 사람들은 모두 여전히 구력을 사용하였는데, 시기가 되었는데도 그
들이 오지 않자 대신들은 절기가 찾아와도 근거할 만한 명백한 흔적이
없다고 얘기하면서 신력을 반대하였다. 이 일을 유관 기관에 넘겨서

---

1) 달이 운행하여 지구와 태양의 사이에 도달하는 것을 '삭朔'이라고 말한다. 편력자編
歷者들은 삭을 역법월歷法月의 기점으로 삼는다. 그러므로 음력 매월 초하루를 삭일
朔日이라고 칭한다. 역법상에서 삭일을 확정하는 계산방법을 '삭법'이라고 한다.

조사를 하게 하니, 입동의 귀경晷景²⁾과 입춘의 귀경은 응당 같은데, 현재 그들의 길이가 서로 다른 것은 동지 기점의 시각이 차이가 있음을 알 수 있었다. 그리고 도합 50여 각을 이동하니 입동과 입춘의 귀영이 서로 같았다. 이것으로써 근거를 삼으니, 사람들은 한 마디의 불평도 없었다. 원단元旦의 조회 때에는 사방의 사신들이 모두 모였는데, 이로부터 모두 신력을 사용하게 되었다. 🌸

　육임六壬³⁾ 중 십이신장十二神將은 해亥에는 등명登明⁴⁾이라고 칭하는데, 이는 정월의 월장月將이다. 술戌에는 천괴天魁라고 칭하며 이는 2월의 월장인데, 옛사람들은 합신合神으로 불렀고 또 태양과궁太陽過宮이라고도 하였다. 합신은 정월 건인建寅이나 해亥와 상합하고, 2월 건묘建卯하나 술과 상합하는 종류이다. 태양과궁은 정월 태양이 추자궁娵訾宮까지 운행하며, 2월 태양이 강류궁降類宮까지 운행하는 것을 가리키는데, 이 두 설법은 모두 같다. 이는《전제력顓帝歷》에 근거하여 말하는 것인데, 현재에는 두 가지 설법이 있다. 이는 태양의 행도가 황도상에 세차歲差가 있는 데에서 비롯된다. 현재는 태양이 우수절雨水節을 지난 다음에 비로소 추자궁에 운행하며, 춘분이 지난 다음에 강류궁에 도달한다. 만약 합신을 사용하게 되면, 입춘이 되는 날부터 시작하여 등명을 사용해야 하고, 경칩이 시작되는 날부터 천괴를 사용해야 한다. 또 만약에 태양과궁을 이용하게 되면 합신과 부합되지 않게 되며, 합신을 사용하게 되면 태양과궁과 부합되지 않는다. 이치에 의거하여 추론을 하면, 육임기과六壬起課는 모두 시진지상時辰之上의 월장가림月

---

2) 귀영이라고도 하는데, 규표圭表로 측량한 정오正午의 일영日影을 말한다. 입동과 입춘은 동지점에 비해 거의 대칭하므로 그것들의 정오일영正午日影의 장단은 응당 같은 것이다.
3) 고대 길흉을 점치는 방술로서, 둔갑遁甲 · 태을太乙과 더불어 '삼식三式'으로 칭해졌다.

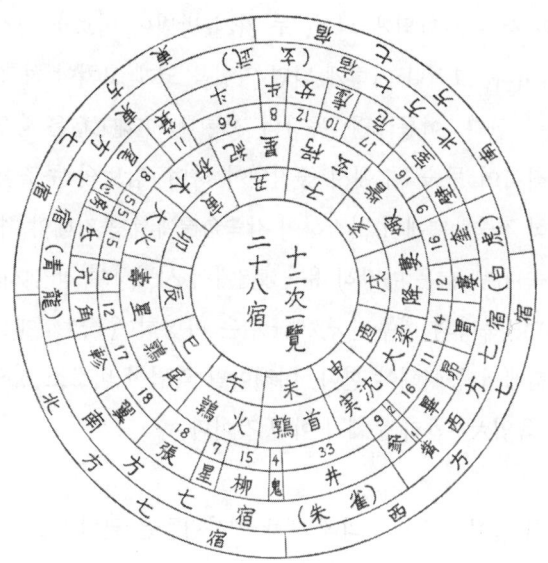

숫자는 각 숙의 도수. 도수는 전부해서 365도
가장 바깥쪽이 심괄이 말하는 당시의 28숙의 방위

將加臨을 사용한다. 그러므로 반드시 태양과궁에 근거해야만 한다. 만약에 태양의 행도를 채택하지 않으면, 당일 당시의 일월日月·오성五星·간지干支·이십팔숙二十八宿은 모두 천체운행과 서로 부합하지 않는다. 그러므로 반드시 태양과궁을 채택해야 하는 것을 확실히 알 수 있다. 하지만 더 철저하게 말하자면, 월건月建조차도 반드시 바꾸어야 한다. 왜냐하면, 지금의 두병斗柄이 황혼 시각을 가리키는 방위는 월건과 부합되지 않으므로, 반드시 황도 세차에 의거하여 수정해야 하기 때문이다. 현재 두병은 우수가 지난 다음에 하루에 겨우 인위寅位를 가리키며, 춘분이 지난 다음에는 4일에 겨우 묘위卯位를 가리키며, 곡우가 지난 다음에는 5일에 비로소 진위辰位를 가리킨다. 그래야만 비로소

---

4) 원래는 징명徵明이었지만, 송초에 인종 조정趙禎의 혐명嫌名으로 인해 '등명'으로 고쳤다. 혐명이란 황제의 이름과 음이 가깝거나 모양이 가까운 글자를 말한다.

태양과궁과 서로 부합되게 되어, 두 가지 방법이 비로소 다시 통일되게 되는 것이다. 그러나 이렇게 되면 역법을 크게 고쳐야 하고, 하나하나 수정해야 한다. 이를테면, 동방의 창룡칠숙蒼龍七宿은 응당 항숙亢宿에서 시작하여 두숙斗宿에서 중지해야 하며, 남방의 주조칠숙朱鳥七宿은 마땅히 정숙井宿에서 시작하여 각숙角宿에서 종지해야 하며, 서방의 백호칠숙白虎七宿은 마땅히 유숙類宿에서 시작하여 참숙參宿에서 종지해야 하며, 북방의 현무칠숙玄武七宿은 마땅히 우숙牛宿에서 시작하여 규숙奎宿에서 종지해야 한다. 이래야만 역법이 비로소 정확해지니, 이는 다만 육임六壬만의 문제가 아닌 것이다. 🏶

육임 중의 십이신장의 함의에 대해 옛사람들은 말하기를, '정월에는 양기가 바야흐로 확립되고, 만물이 소환召喚되니 등명이라고 칭했다. 2월은 사물이 뿌리와 싹을 내리므로 천괴라고 불렀다. 3월은 꽃과 잎이 뿌리에서부터 자라나니 종괴從魁라고 하였다. 4월은 양기가 극점에 달했다가 점점 쇠퇴해지니 전송傳送이라고 한다. 5월은 초목이 무성하여 처음 자라나는 것을 능가하였기에 승선勝先이라고 부른다. 6월은 만물이 여전히 매우 무성하므로, 소길小吉이라고 칭한다. 7월은 각종 곡물이 열매를 맺어 능히 자신의 힘에 의지하여 지탱해 내므로 태일太一이라고 부른다. 8월은 작물의 가지가 단단해지니 천강天岡이라고 부른다. 9월은 수목이 장성하여 사용할 수 있는 재목이 되니 태충太衝이라고 부른다. 10월은 만물이 모두 생장을 완성하여 공적을 쌓으므로 공조功曹라고 부른다. 11월은 두병이 자위子位를 가리키고, 상제가 원래의 위치로 돌아가므로 대길大吉이라고 부른다. 12월은 맛난 술을 담아

---

5) 옛사람들은 말하기를, 동지에는 하나의 양이 생겨나고 12월에는 두 개의 양이 생겨나며 정월이 되면 세 개의 양이 개태한다고 하였다.

각종 신령에게 제사지내므로 신후神后라고 부른다' 라고 하였다. 이러한 설법은 전혀 그 이치를 규명하지 않고 하는 소리이다. 나는 생각하길, 등명은 정월에 삼양개태三陽開泰[5]하여 양기가 바야흐로 생겨나 천하만물이 광채를 발휘하므로 등명이라고 한 것이다. 천괴는 두구斗口상의 첫번째 별로서, 이 첫번째 별이 술위戌位에 도달하므로 천괴라고 하였다. 종괴는 두구상의 두 번째 별인데, 이 두 번째 별이 유위酉位에 도달하므로 종괴라고 불렀다. 전송은 4월의 양기가 극점에 도달하려고 하다가 점점 쇠퇴하니 음기가 바야흐로 자라려고 하므로 음을 맞이하고 양을 보낸다는 의미이다. 소길은 하지의 기상이니 양기가 가고 음기가 오는 것이다. 따라서 소인의 날이 점점 좋아지니 소인의 길조이므로 결혼과 주식酒食 등의 일을 상징하는 것이다. 승선은 군주가 북쪽에 앉아 남쪽을 향해 천하를 다스리는 것을 말하니, 만물이 이 시기에 모두 생장하기 시작하여 무성함이 그 극에 달하는 것이다. 태일은 태미원太微垣[6]이 있는 방위가 태일성太一星이 있는 곳에 있게 된다. 천강은 두병이 가리키는 방위의 별이다. 태충은 일월과 오성이 출입하는 문으로 천정의 요충이다. 공조는 시월에 매 해의 일들이 완성되어 공로를 심사한다는 것을 말한다. 대길은 동지의 기상으로 음기가 가고 양기가 온다는 것으로, 군자의 날이 점점 좋아지니 대인의 길조이므로 문무대신의 일을 상징하는 것이다. 십이월신장은 북방의 중앙에 위치하는데, 이는 상제가 거주하는 지역이다. 신후는 황제와 군주의 칭호이다. 이것은 하늘의 십이신장이므로 모두 하늘의 사정으로써 이름을 정한 것이다. 🏵

---

6) 옛사람들은 북극을 돌거나 머리 꼭대기 근처의 하늘에 있는 성상을 자미와 태미, 그리고 천시의 삼원으로 나누었다. 자미는 북쪽 하늘의 중앙에 거처하였고, 태미는 자미원 아래의 동북쪽에 있었으니, 북두의 남쪽이었다.

육임 중의 십이천장十二天將은 이치대로 살펴보면 단지 십일위신장만 있어야 한다. 귀인은 신장의 주재가 되나, 그것의 앞에 오장이 있다. 즉 등사螣蛇 · 주작朱雀 · 육합六合 · 구진勾陳 · 청룡青龍으로 이것들은 좌방에 있는 목 · 화의 신이다. 그들의 뒤에는 오장이 있는데, 즉 천후天后 · 태음太陰 · 현무玄武 · 태상太常 · 백호白虎를 말하며, 이들은 좌우방의 금 · 수의 신이다. 유독 귀인은 상대적인 사물이 없는데, 이는 마치 태양이 천공 중에 있는 것과 같다. 달이 그것과 상대하게 되면 손상을 입고, 오성이 그것과 상대를 하면 역행하여 피하게 되니 모두 감히 그것의 맞은 편에 서지를 못하는 것이다. 귀인도 이와 같아, 그것과 상대되는 사물이 없어 천공이라고 칭하는 것이다. 이른바 공이라는 것은 사물이 없다는 것이지 신장이라는 것이 아니다. 마치 월살月殺[7]에 월공月空이 있는 것과 같이 그것으로 사물을 점치면 길흉이 모두 허사가 되는 것이다. 유독 면견面見 · 주대奏對하거나 일리가 있어 군주에게 신소申訴를 할 때에 그것을 얻어야 비로소 길조가 된다. ✿

《홍범洪範》에서 말하는 오행수는 1에서부터 5에 이른다. 전대의 유학자들은 그것을 오행생수五行生數라고 불렀는데, 각기 그들에게 토수土數를 붙여 성수成數를 삼았으며, 그로써 오행이 토가 아니면 이루어지지 않는 이치를 나타내었다. 그러므로 수가 1에서 생겨나 6에서 이

---

7) 월살月煞이라고도 한다.

루어지고, 화가 2에서 생겨나 7에서
이루어지며, 목이 3에서 생겨
나 8에서 이루어지며, 금이 4
에서 생겨나 9에서 이루어지
며, 토가 5에서 생겨나 10에서
이루어지니 합하여 55가 되는
것이다. 오로지 《황제소문黃帝
素問》에서는 토의 생수는 5이고,
성수도 5라고 하였다. 왜냐하면 수·

화·목·금이 모두 토에서 이루어지며, 토 자신은 다른 물건에 의존하
여 이루어지는 것이 아니기 때문에 단지 하나의 오수일 뿐인 것이다.
그들을 그림으로 나타내면, 이 이치는 매우 명백해진다. 그려진 도형
은 목을 동방에 두고, 금은 서방, 화는 남방, 수는 북방에 두며 토는 중
앙에 둔다. 네 개의 방향은 각각 생수가 되며, 각각 중앙의 토수를 더
하는 것이 성수이다. 토는 유독 자신의 위치에서 누구와도 병합하지
않으니 자연히 오수밖에 없다. 왜냐하면 토는 토에 의존하여서 이루어
지는 것도 아니기 때문이다. 오행의 생성수를 합하여 50이 되는 것이
바로 대연大衍의 수인데, 이것도 일리가 있다.

　시蓍로써 괘를 이루는 방법은 49시가 합하여 하나의 몸이 되는데,
49시는 이 하나에 포함되어 있으며 분산되어 나타나면 49시가 되지만,
이 하나는 49시 중에 포함되어 있는 것이다. 이 하나는 바로 도라는 것
인데, 그것이 존재하지 않는 것이라고 말하자면 하나의 몸을 지니고
있고, 그것이 존재하는 것이라고 말하면 그것을 끄집어낼 수가 없다.
49시는 실제적으로 운용되지만, 정지되면 하나의 몸으로 돌아가게 된

다. 또 변동하면 그것의 운용만을 볼 수가 있으며, 그 속에서 끄집어낼 수가 없다. 이것이 바로 이른바 '대연지수는 50이며, 그 운용은 49이다' 라는 것이다. ✿

세상에서 역수를 담론하는 자들은 그 대체적인 현상만을 이해할 뿐이다. 그러나 역수의 정묘함은 단지 역법에만 의존하여 이해되는 것이 아니다. 하물며 사람들은 겨우 그 현상만을 알 뿐이다. 음양교감의 원리에 근거하여 천하만물을 이해하는 것은 현상과는 전혀 상관이 없다. 바로 이러한 이유 때문에 선지적인 신령은 그리 쉽게 현상에서부터 구해낼 수 있는 것이 아니다. 하물며 그 대체적인 현상만을 이해함에랴! 내가 말하는 역의 지극한 정묘함이란 세상의 성상 담론자들이 역법에 의거하여 그것을 이해하는데 역법도 추측에서 나온 것이라는 것이다. 이 점에 대해서는 《봉원력》의 서문에서 내가 이미 상세히 이야기를 하였다. 치평治平 연간에 금성과 화성은 진숙軫宿에서 회합하는데, 〈숭현崇玄〉·〈선명宣明〉·〈경복景福〉·〈명천明天〉·〈숭천崇天〉·〈흠천欽天〉 등 합계 11가의 관력官曆이 추산하였지만 모두 부합되지 않았으며, 심지어는 31 이상의 차이가 나기도 하였으니, 역법에 어찌 의존할 수가 있겠는가? 이 방위 위에 있다고 하더라도 황도 북측에 운행하는 것이 있고, 황도 남측에 운행하는 것이 있으며, 황도 상방에 운행하는 것이 있고, 황도 하방에 운행하는 것이 있다. 또 행도를 따르는 것이 있고, 행도를 떠나는 것이 있으며, 경성經星을 침범하는 것이 있고, 객성客星을 침범하는 것도 있다. 그리고 이들이 나타내는 길흉은 모두 다른데, 이것은 역법으로 능히 알 수 있는 것이 아니다. 그 외, 한 시진에 천체는 30도 가량 운행하는데, 일궁으로 총칭한다. 그러나 시진은 개시가 있고 결미가 있는데, 어찌 30도 가운데 음양이 모두 같아서 다른 궁에 들어가 순식간에 모두 달라질 수 있단 말인가! 세인들은 모두 말하기를, 성상과 역법은 이해하기 어려우며, 오직 오행이 계절과 월일에 배합되어 근거로 삼을 수 있다고들 말하지만, 이 또한 반드시 그렇지는 않다. 세상에서 오행의 소장消長을 이야기하는 사람들은 다만 일 년 가운데의 변화만을 알 뿐이다. 이를테면 동지 이후에는 태양의 행도가 양으로 증가하고, 하지 이후에는 태양의 행도가 음으로 줄어들면서 춘과 추의 행도가 균형있게 된다는 것이다. 그러나 그들은 한 달 내에도 소장이 있고, 만월 이전의 달의 행도가 증가하여 양으로 되며, 만월 이후의 달의 행도는 음으로 줄어들어, 상·하현의 행도가 균형있게 됨을 알지 못한다. 춘이 목에 속하고, 하가 화에 속하고, 추가 금에 속하고, 동이 수에 속하는 것도 한 달 내에 역시 그러하다. 한 달 내에만 그러한 것이 아니라 하루 내에도 그러하다. 《황제소문》에서는 말하기를, '병이 간에 있을 때, 인시寅時와 묘시卯時에 병을 앓고 신시申時와 유시酉時에는 가중이 된다. 병이 심에 있을 때, 사시巳時와 오시午時에는 병을 앓고, 자시子時와 해시亥時에는 가중이 된다'라고 하였다. 이것은 바로 1일 중의 사계인데, 하나의 시진에도 이러한 사계가 없다는 것을 그 누가 증명하겠으며, 일각과 일분 그리고 일찰나에도 그것을 없다고 누가 말할 수 있겠는가! 또 십 년·백 년·일기一紀·일회一會·일원一元 중에도 대사계가 없다고 누가 말할 수 있겠는가! 또 예를 들어 춘계는 목에 속하고, 90일 내에 마땅히 부단하게 소장해야 하며, 3월 30일 해시에 목에 속하다가 다음 날 자시에 당장 화에 속해서는 안 된다. 위에서 열거한 예들은 일반적인 방법으로 능히 알아낼 수 있는 것이 아니다. ✿

역법에서 일 년을 추산하는 방법은 동지 두병이 가리키는 방위에서부터 시작하여 내년 동지의 같은 방위까지 얻은 시간의 길이를 말하며, 비정수 부분을 두분이라고 부른다. 그러므로 '세歲' 자는 종보從步·종술從戌이며, 술戌은 두구상斗口上의 별이 가리키는 방위이다. ✿

정월 인寅·2월의 묘卯를 두건斗建이라고 하는데, 이러한 말은 그것들이 두병이 가리키는 방위라는 것을 가리킨다. 그러나 이러한 말을 꼭 사용하지 않고, 춘이 인寅·묘卯·진辰이고, 하가 사巳·우午·미未라고 말하는 것이 타당하며, 두건에 의거할 필요가 없는 것이다. 왜냐하면 두건은 세차가 있는 때문이다. 옛사람들은 세차의 이치를 알지 못하고, 《전제력》에서는 말하기를, '동지에는 태양이 우숙牛宿의 처음에 머무른다'라고 하였지만, 현재 태양은 두숙斗宿 육도六度에 머무른다. 옛날 정월에는 두병이 인위寅位를 가리켰지만, 현재 정월은 이미 축위丑位를 가리킨다. 고금의 일 년 간의 시작점을 서로 비교하면, 현재의 위치와 30도가 차이난다. 《요전堯典》에서는 말하기를, '동지의 황혼에는 묘숙昴宿이 천정에 있다'라고 하였다. 현재의 동지 황혼에 천정에 있는 것은 벽숙壁宿이다. 이것들은 모두 세차로 인해 변한 것이다. ✿

《당서》에서는 말하기를, '낙하굉落下閎[8]이 역법을 편제하였는데, 그는 800년 이후에 일 도의 오차가 있을 것이라고 장담했다. 당대에 와

---

8) 자는 장공長公으로 서한 무제 때에 《태초력太初歷》을 편수하는 데 참여한 적이 있다.
9) 당대의 걸출한 천문학자로, 원명은 장수張遂였다. 일행은 그의 법명이다.
10) 선기옥형璇璣玉衡의 준말이다.

일행一行[9]이라는 스님이 그의 오차를 수정하였다' 라고 하였다. 이는 허무맹랑한 말이다. 낙하굉의 역법은 극히 조잡하다. 당시에는 아마 정밀하다고 말할 수 있을지는 모르나 그 가운데에는 결함이 너무 많다. 두 가지의 예를 들어 말해 보면 다음과 같다. 한대에는 황도세차黃道歲差의 현상을 아직 몰랐는데, 북제北齊의 장자신張子信에 의하여 비로소 세차를 관측하여 알게 되었다. 현재 고금의 역법을 사용해 보면, 대체적으로 80여 년에 일 도의 오차가 있다. 그렇다면 낙하굉의 역법 자체는 80년에 일 도의 오차가 있게 마련이다. 게다가 그가 취한 치는 실제보다 훨씬 크다. 그의 방법에 의거하여 절기와 삭일과 오성 운행을 추산하면, 당시에도 사용할 수 없었으니 80년을 기다릴 수도 없었다. 그런데도 그는 '800년에 일 도의 오차가 있다'고 하였으니, 그야말로 황당하다. ❧

천문가天文家에는 혼의渾儀가 있는데, 천체를 관측하는 기구이다. 높은 누대 위에 설치하고는 드러나는 성상을 관측하였는데, 바로 고대의 기형機衡[10]이다. 또 혼상渾象이라는 것이 있는데, 천체를 모방한 기구이다. 수력으로 움직이거나 수은으로 그것을 운행하도록 하는데, 밀실에 놓아두면 천체의 운행과 부합되게 된다. 장형張衡[11]과 육적陸績[12]이 제작한 것과 개원 연간에 무성전武成殿에 놓아 둔 것도 모두 이러한 기구에 속한다. 황우 연간에 예부의 과거시험에서도 〈기형정천문지기부機衡正天文之器賦〉라는 것을 그 제목으로 하였다. 거인擧人들은 모두 혼상과 혼동하여 이야기하였지만 시험관들조차도 알지 못하였으니, 그들

11) 자는 평자平子이며, 동한의 과학자이자 문학가이다.
12) 자는 공기公紀로서, 삼국시대 오인으로 천문과 역산에 정통하였는데 혼상渾象을 제작하였다.

에게 높은 점수를 주었다. 한대 이전에는 모두 북극성이 하늘의 정 중앙에 있다고 여겼다. 그러므로 그것을 극성極星[13]이라고 한 것이다. 조환祖亘[14]이 혼의로써 천극天極을 연구하면서부터 부동의 부위가 극성에서 일 도 이상 떨어져 있음을 발견하였다. 희녕 연간에 나는 어명으로 역법 관련의 사무를 맡게 되었는데, 천체 위치를 기록한 서적들을 연구하고 혼의를 이용하여 극성을 측정하였다. 그런데 초야에는 극성이 규관窺管의 시야 속에서 오래지 않아 떠나가 버렸다. 그리하여 규관의 시야가 작아 극성의 움직임을 충분히 수용하지 못한다는 것을 알고 규관의 구멍을 약간 확대하여 관찰하였는데, 석 달의 시간이 흐르자 극성이 비로소 규관의 시야 속에서 움직이며 끝까지 사라지지 않았다. 그리하여 천극의 움직이지 않는 부위는 극성에서 3도 이상 떨어져 있음을 비로소 알게 되었다. 극성이 규관의 시야 속에 들어갈 때마다 또 다른 그림을 한 장 그리게 되었는데, 그림 위에는 원형의 척도가 있었으며, 극성은 이 척도 속에 그려졌다. 초야와 중야 그리고 말야에서 본 것을 각각 그림으로 만들어 도합 2백여 장의 그림을 그렸는데, 극성은 비로소 시종일관 원형 척도상에 표시된 위치에 따라 운행을 하면서 매일 밤에도 오차가 없었다. 나는 《희녕역주의熙寧歷奏議》에서 이에 대해 상세히 설명한 적이 있다. ✿

　고금을 통해 각루刻漏에 대해 얘기한 자들은 수십 명이 있었지만, 모두가 허술하고 오류가 있었다. 역법가들이 일귀日晷와 각루에 대해 논술한 것은 《전제력》에서 시작하여 지금까지 세인들에게 알려진 역법만 25종이 있지만, 그것들이 각루를 추보한 방법들은 모두 천체의 운행에

---

13) 천추天樞 혹은 뉴성紐星이라고도 한다. 옛사람들은 천북극天北極과 구별하기 위해 그 부근에 위치한 별을 극성이라고 불렀다.

부합되지 못하였다. 나는 천상을 관찰하고 일영日影을 측량하였으며, 또 혼의와 혼상을 병행 사용하여 검정하고 그 수치를 고찰하면서 각루를 조작한 것이 십여 년이 되어서야 비로소 실제에 걸맞는 초보적인 수치를 얻어낼 수 있었다. 그리하여 네 권의 책으로 작성하였으니, 이름하여 《희녕귀루熙寧晷漏》라고 하였으며, 전대 학자들의 견해의 답습에서 완전히 벗어났다고 할 수 있다. 그 가운데 두 가지 점이 탁월하여 기술해 본다.

첫째, 각루를 조작하는 사람들은 종종 겨울에 물의 흐름이 지연되고 여름에는 물의 흐름이 원활한 것에 대해 당황하면서 물의 성질이 원래 이러한 것이라고 여기며, 또 물이 얼음으로 얼어서 그 기구의 주둥이를 막았다고 의심도 하면서 여러 방면으로 생각을 하지만 언제나 그 문제를 해결 짓지 못하였다. 이치적으로 규명해 보면, 동지 전후에는 태양의 운행이 신속하고, 천상의 운행도 하루가 되지 않았는데 태양이 이미 표영表影을 초과하므로 하루에 백 각이 넘게 된다. 하지 전후에는 태양의 운행이 지연되고, 천상의 운행이 하루가 지나도 태양은 표영에 도달하지를 못하므로, 하루는 백 각이 못 된다. 나는 이 수치를 얻은 후, 다시 귀영과 각루를 검토해 보니 그야말로 꼭 들어맞았다. 이는 옛 사람들이 모르는 사실이었다. 둘째, 태양 운행의 느리고 빠름과 그 시간의 증장과 삭감은 점점 이루어지는 것이지, 하루의 시간 내에서 갑자기 변동하는 것이 아니다. 역법상에서는 모두 하나의 절기 속에서 하루의 장단 평균치를 각각 각과 분으로 구분하여 손익을 누계하였는데, 절기의 초에는 하루 길이의 차액과 증감량은 모두 같았지만, 다음 절기로 넘어가게 되면 갑자기 그 차이량이 변하여 마치 황도에 각이

---

14) 남북조시대 유명한 과학자인 조충祖衝의 아들이다.

생겨 더 이상 둥글지 않은 것처럼 느껴진다. 그리하여 억지로 수치로
써 추산을 하더라도 이치에 맞게 운산하지 못하며 대체적으로 형상과
수치가 서로 부합되지 아니한다. 무릇 모든 사물들은 그 고정적인 형
상이 있고, 모든 형상들은 실제에 부합되는 수치가 있다. 방方·원圓·
정正·사斜는 모두 고정적인 형상이며, 곱하고 나누는 등의 운산을 통
해 그 어떤 수정이 없이 완전히 서로 부합되게 되는데, 이것이 바로 실
제에 부합되는 수치인 것이다. 이러한 방법은 능히 마음으로 이해할
수는 있지만, 언어로써 표현할 수는 없다. 황도가 천공을 감아도는 것
은 원형이며, 원이라는 형체는 그것의 괘적에 따라 운행하면 영축盈縮,
즉 차고 줄어들음이 균형을 이룬다. 균형을 이루지 못하면 원규圓規로써
척도를 잴 수가 없는 것이다. 또 구분해서 본다면, 빠르고 느림이 있는
데 빠르고 느림이 없으면 영축이 생기지 않을 것이다. 원형의 법도에
근거하여 추산해 얻은 차액은 언제나 같으며, 영축의 법도에 근거하여
추산해 얻은 차액은 그 수치가 크고 작음이 있다. 그들 서로간을 곱하
여 총수를 구하고, 상호간에 나누어 그 차액을 구하여, 그 총수와 차액
을 합치게 되면 태양의 운행을 파악하는 하나의 방법이 생겨나게 된
다. 변화상으로 말하면, 매초 매각 사이의 증감은 모두 서로 같지 않지
만, 일치되는 점으로 말하자면, 하나의 차액만 사용하면 순환왕복을
능히 할 수 있으며, 시종 연관을 시키면 그것의 오차를 찾을 수 없게
된다. 이러한 원형법의 정묘함은 과거 역법을 논하는 사람들이 대개
모르는 사실이었다. 일장해의 길이 차액을 통해 누적된 일장을 구해 내
고, 또 거꾸로 일장 차액을 구해 내면서 반복적으로 추산을 진행하여
주主와 보輔로 삼으며 그것의 운행에 근거하여 매일 길이의 변화를 추
산해 내는 것이다. 그리고 횡향구분에 의해 그것이 북극에서 떨어진
도수를 구해 내면, 합쳐지고 떨어져 나간 것이 거짓이 없으며, 마치 원

규를 운행시키는 것과 같이 딱 맞아떨어지는데, 이는 산술에 정통한 사람이 아니면 그 가운데의 정묘함을 느끼지 못할 것이다. 이 방면의 상세한 설명은 모두 나의 《희녕역주의》 속에 있는데, 이는 현재 사관에 의해 수장되어 있으며, 또 내가 지은 네 권의 《희녕귀루》 가운데에도 있다.✦

내가 소문관昭文館의 서적을 편교하고 있을 때 혼천의의 연구에 관여한 적이 있었다. 관장은 내게 묻기를, '28숙宿은 도수가 많은 것은 33도에 달하고 적은 것은 일 도 밖에 되지 않으니, 이렇게도 균등하지 않은 것은 무엇 때문인가'라고 하였다. 나는 답하여 '천체는 원래 도수가 없는 것인데, 역법을 추산하는 사람들이 그 관련된 수치를 표시할 물건이 없어 태양 운행의 길을 365도 조금 넘게 나누었던 것입니다. 그리고 이왕에 도수로 나누었기에 반드시 무엇으로 표시를 해야만 관측과 계산을 할 수 있었기에 정당한 도수의 별로써 표시를 삼았습니다. 황도를 따라 태양이 하루 동안 운행하는 길에는 정당한 도수의 것은 오직 28숙의 별뿐입니다. 이것이 바로 현재 말하는 거도성距度星이라는 것입니다. 균등하지 않으려고 한 것이 아니라 황도 길 위의 당도當度의 별이 이것들 밖에 없을 뿐입니다'라고 하였다.✦

관장은 또 내게 묻기를, '일월의 형상은 탄환과 같은가, 아니면 둥근 부채 즉 단선團扇과 같은가? 만약 탄환과 같다면, 그들이 서로 만나게 될 때 서로 방해가 되지 않겠는가?'라고 하였다. 나는 답하여 '일월의 형상은 탄환과 같습니다. 어떻게 그것을 아느냐 하면 달의 차고 기움을 통해 증명할 수 있습니다. 달은 원래 빛이 없고, 마치 은으로 만든 탄환과 같으며, 태양이 그것을 비출 때에만 비로소 빛을 발합니다. 달

빛이 처음 나타날 때 태양은 그것의 옆에 있습니다. 그러므로 측면을 밝게 비춰 보기에 갈고리와 같습니다. 또 태양이 점점 멀리 가면서 광선이 비스듬히 비추면, 발광하는 부위는 점점 둥글어집니다. 그것은 마치 탄환 하나의 반쪽에 분을 묻히고, 측면에서 분을 바른 쪽을 보면 갈고리 같아 보이고, 정면에서 보면 둥글게 보이는 것과 같습니다. 이로부터 달은 탄환과 같이 생긴 것임을 알 수 있습니다. 일월은 모두 기이고, 형체는 있으나 실체가 없습니다. 그러므로 서로 만나도 문제가 생기지 않습니다' 라고 말하였다. ❀

관장은 또 내게 물어보기를, '일월의 운행은 매월 한번 상합하고 한번 상대相對하지만, 어떤 때는 식食이 있고 어떤 때는 식이 없는데, 그것은 왜 그렇소?' 라며 질문하였다. 나는 답해 말하기를, '황도와 백도는 두 개가 서로 중첩되지만 약간 일그러진 환상環相과 같아 동일한 황경도黃經度 상에서 서로 만나면 일식이 발생하며, 동일한 황경도 상에서 서로 마주 보면 월식이 생깁니다. 비록 같은 황경도 상에 함께 있지만, 백도와 황도는 서로 접근하지 않으니, 자연히 서로 침범하지도 않습니다. 또 같은 황경도 상에서 함께 있으며 또 황도 · 백도의 교점에 접근하기에 해와 달이 서로 만나면 서로를 덮게 됩니다. 바로 그 교점 위에 있게 되면 전식全食이 있게 되고, 바로 그 교점 위에 있는 것이 아니면 그들이 서로 침범한 정도에 따라 식이 일어납니다. 일식 때에는 만약 달이 남에서 북까지 황도를 지나면 서남에서부터 식이 생겨 동북에서 다시 둥글어지고, 만약 북에서 남으로 황도를 지나면 서북에서부터 식이 생겨 동남에서 다시 둥글어집니다. 그리고 태양은 교점의 동쪽에 있을 때에는 북쪽이 식을 당하고, 태양이 교점의 서쪽에 있으면 남쪽이 식을 당합니다. 전식은 정서에서 시작하여 정동에서 다시 둥글어집니다. 월식 때 만약 달이 남에서 북으로 황도를 지나면 동남에서 시작하여 식이 되어 서북에서 다시 둥글어지며, 만약에 북에서 남으로 황도를 지나가면 동북에서 식이 시작되다가 서남에서 다시 둥글어집니다. 그리고 달은 교점의 동쪽에 있으면 남쪽이 식을 당하

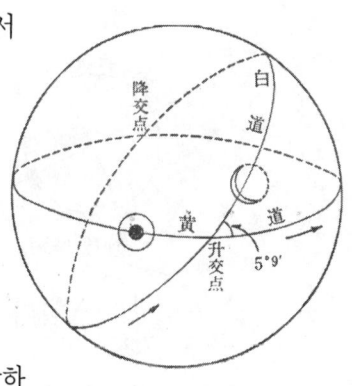

고, 달이 교점의 서쪽에 있으면 북쪽이 식을 당하며, 전식은 정동에서 시작하여 정서에서 다시 둥글어집니다. 황도와 백도의 교점은 매월 서쪽으로 일 도쯤 넘게 이동하며, 249개의 교점을 지나면 원래의 위치로 돌아갑니다' 라고 하였다. 서방의 역법[15] 가운데 나후羅睺와 계도計度는 모두 반향反向 운행을 하는데, 바로 지금 말하는 황도와 백도의 교점을 말한다. 교초交初를 나후라고 하고, 교중交中을 계도라고 칭한다. 🏵

고대의 거북점에는 모두 요사繇辭가 있었다. 《주례》의 삼조三兆는 '모두 1200조條의 송사頌辭가 있다' 고 하였다. 예를 들면 '봉황鳳凰이 날며 서로 화답하며 우네' 라든지, '양사兩社의 조정에서 공실公室의 중요 보좌를 맡네' 라든지, '만약 다른 사랑이 있다면, 원래의 아름다운 것을 빼앗아가 향초와 악초를 같이 놓아두면 십 년 후에는 여전히 추한 냄새가 남아 있으리' 라든지, '꼬리가 붉은 물고기가 급류를 통과하여 불안해 할 것이며, 큰 나라에 의해 멸망될 때에 앞문의 통로가 막혀 뒷 담을 넘어 달아나네' 라든지, '큰 길이 확 트이니 나는 천자가 되어

---

15) 고인도의 역법을 말한다.

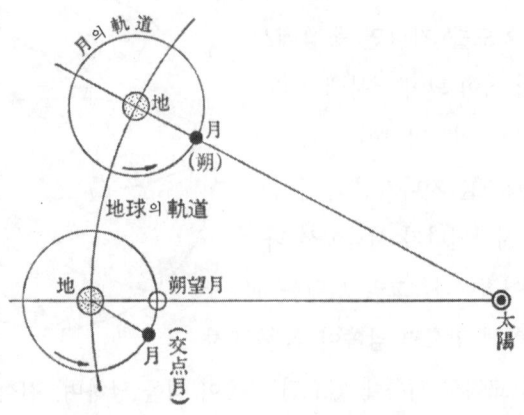

우禹의 아들인 계啓가 부친의 업적을 계승하네' 등과 같은 것들이다. 현재에는 이러한 서적들이 유실되었지만, 한대 사람들은 그것들을 사용하여 길조를 점쳤다. 지금 사람들은 오행에 근거를 하여 길흉을 판단하지만, 상고 삼대三代의 옛 방법들이 조금도 전승되지 않았다. 🌸

북제北齊[16]의 장자신張子信은 천상을 관측하여 달이 전방에 행성이 있으면 언제나 운행을 빨리한다는 것을 발견하였다. 달의 운행은 자연히 그 빠르고 느린 일정한 규칙이 있지만, 그것이 빠르게 운행할 때에는 그 앞에 반드시 행성이 있으니, 장자신이 말한 것과 마찬가지이다. 이것 또한 음양이 서로 감응하여 상호 투합하는 것이라고 볼 수밖에 없다. 🌸

의가醫家에는 오운육기五運六氣의 법술이 있다. 크게 보면 천지의 변

---

16) 남북조시대 북조의 조대명으로 AD 550년에 건국하여 577년에 북주北周에 의해 멸망되었다.

화, 한서풍우寒暑風雨, 수한황재水旱蝗災 같은 것들이 대체적으로 일정한 규칙을 갖고 있음을 알아내는 것이고, 작게 보면 사람의 각종 질병이 기운에 따라 생겨나고 소멸하는 것에까지 이른다. 그러나 현재 사람들은 그것의 작용에 대해 이해하지 못하고, 고답적인 방식에만 메여 있다. 그러므로 그 법술은 효험을 드러내지 못하는 것이다. 만약 궐음厥陰[17] 이 주도적인 지위를 차지하게 되면, 그것의 기는 풍이 많아 백성들은 복사병腹瀉病을 앓게 된다. 그런데 천하에는 모두 바람인데, 그렇다면 천하의 백성들이 모두 복사병에 걸린다는 말인가! 심지어 같은 성읍 속에서도 맑고 비오는 곳이 다른데, 그들의 기운은 어디에 있다는 말인가! 그 이론은 잘못된 것이 아닐 수 없다. 대체적으로 말해 사물의 운동에는 상리가 있고 변화가 있다. 운기가 주도하는 상리는 운기가 주도하는 것이 모두 변화인 것과 다르다. 상리는 본기本氣[18]를 따르고, 변화는 이르지 않는 곳이 없다. 하지만 모두 각각 징조가 있다. 그러므로 종從 · 역逆 · 음淫 · 울鬱 · 승勝 · 복復 · 태과太過 · 부족不足의 변화가 있는 것이며, 그들의 원유는 모두 서로 같지 않다. 만약에 궐음이 주도적 지위를 차지하게 되면, 풍이 많아 초목의 생장이 번성하게 되는데, 이를 종이라고 한다. 그리고 날씨가 화창하고 건조하여 바람이 없는 것을 역이라 부른다. 또 하늘에 먼지가 날리며 물이 흘러 결빙이 되지 않는 것을 음이라고 칭한다. 그리고 대풍이 초목을 부러뜨리고 새털구름이 뭉쳐 있으면, 이를 울이라고 한다. 그리고 산의 샘이 고갈되고 초목이 조락凋落하는 것을 승이라고 하며, 건조하고 무더운데

---

17) 전통의학에는 삼음삼양三陰三陽으로써 천지의 음양을 표시하는데, 삼음은 즉 궐음厥陰 · 소음少陰 · 태음太陰을 말하며, 삼양은 소양少陽 · 양명陽明 · 태양太陽을 말한다. 운기학설에서는 육기六氣를 삼음과 삼양의 주기主氣로 삼는다.
18) 각기 다른 시절에 응당 출현하는 운기를 말한다.

메뚜기들의 재앙이 닥치는 것을 복이라고 한다. 또 산붕지진山崩地震에 때때로 먼지가 나는 것을 태과라고 하며, 하루종일 음산한 날씨에 구름이 층층이 끼여 있으며, 대낮이 어두운 것을 부족이라고 한다. 이러한 변화에 따라 각종 유행병들은 상응하여 발생한다. 이는 모두 당시 당지의 징후에 근거하는 것이다. 몇 리 내에서도 기후만 다르면 상응하는 현상은 전혀 다른데, 어찌 고지식하고 상투적인 이론에만 매여 있겠는가! 희녕 연간에 경도인 변량卞梁은 오랫동안 가뭄이 심하였다. 귀신에게 기도하는 방법도 모두 사용하였다. 계속하여 며칠간 매우 흐린 날이 지속되었고, 사람들은 모두 비가 오리라 생각하였다. 그런데 어느 날 갑자기 날이 개며 타는 듯한 태양이 하늘에 나타났다. 나는 당시에 일이 있어 조정에 갔는데, 황제께서 내게 비오는 날을 물었다. 나는 답하길, '비가 올 징조가 이미 보였으니, 내일 올 것으로 추산됩니다'라고 하였다. 좌우의 대신들은 모두 며칠간이나 무덥고 축축한 날씨였는데도 비가 오지 않았는데, 지금 이렇게 건조하고 빛이 따가운데 어찌 그런 희망을 가지느냐고 반문하였다. 그 다음 날, 과연 큰비가 내렸다. 당시는 태음의 토운土運이 주도적인 위치를 차지하였고, 연일 흐린 날에 따르는 운기는 이미 드러났지만, 궐음목운厥陰木運에 의해 견디지 못해 비로 능히 변화시키지 못한 것이다. 나중에 갑자기 날이 맑은 것은 양명금운陽明金運이 진입한 징조로서 궐음목운이 응당 제어된 것이며, 태양토운太陽土運이 그로써 펼 수 있게 된 것이다. 그 다음 날의 운기가 모두 순응하였기에 반드시 비가 오리라 확신한 것이다. 그러나 이 또한 그 현지의 추론일 뿐이다. 만약 다른 지역의 기후가 다르면, 추론한 결과도 전혀 다를 수 있다. 그 중의 정미하고 오묘한 부분은 터럭만큼의 오차도 허용하지 않는다. 이것에 의거하여 추론하면 자연히 진선진미의 경지에 도달할 수 있게 된다. ❦

일 년의 운기 중에는 주기主氣가 있고 객기客氣가 있다. 일상적으로 작용을 끼치는 것은 주기이며, 이것을 제외하고 작용을 끼치는 것이 객기이다. 초기初氣가 궐음에서 종기終氣인 태양에 이르는 것은 사계의 정상적인 순서이므로, 그를 주기라고 칭한다. 유독 객기는《소문素問》 중에는 그것의 이름을 기재하지 않았기에 각기 다른 설법들이 있다. 어떤 사람은 갑자년의 역수를 전년이 끝난 후의 제일각刻으로 시작하고, 을축년은 전년의 마지막 날의 26각에서부터 시작하고, 병인년은 전년의 마지막 날의 51각에서 시작하고, 정묘년은 전년의 마지막 날의 76각에서 시작하는 것을 일컬어 객기라고 칭했다. 이것은 바로 사분역법 중 대한지기大寒之氣를 구하는 방법으로, 연중의 운기와는 전혀 상관이 없다. 또 어떤 이는 '상화의 아래에서 수기가 이를 잇는다相火之下, 水氣承之'와 '토위의 아래에서 풍기가 이를 잇는다土位之下, 風氣承之'를 객기로 칭했는데, 이것 또한 주기로서 여섯 개의 시절과 서로 관련이 있으며, 객기라고 칠 수 없다. 대체로 주관적이고 짐작하는 설법은 모두 이와 비슷하다. 이른바 객기라고 하는 것은 상반년의 초初ㆍ이二ㆍ삼기三氣가 사천司天의 기에 의해 지배되며, 하반년의 사四ㆍ오五ㆍ종기終氣가 천천의 기에 의해 지배되어, 네 계절의 상기常氣는 주기이고, 사천과 재천在泉의 기는 객기가 되는 것을 말한다. 주기를 거역하면 빠르고 사나운 해를 초래하고, 객기를 거역하면 느리고 지연되는 해를 입게 된다. 매년의 주지와 객기를 조절하여 그들이 해를 입지 않도록 하는 것이 기를 다스리는 방법이다. 🌸

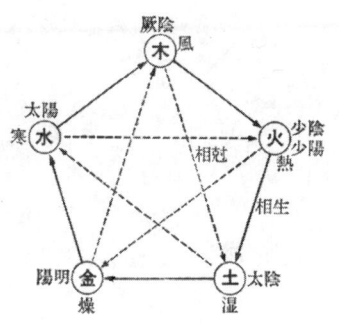

육기는 방술가方術家들이 육신六神에 배합하는 것으로 사용된다. 이른바 청룡이란 동방의 궐음지기인데 그것의 성격은 인자하고 모습은 변화무쌍하며, 색은 청록으로 형상은 가늘고 길며, 그것의 동물은 기린인데, 이와 같은 몇 가지 특색을 지니고 있는 물건이다. 오직 청색의 용이 이에 부합될 뿐이지만, 이러한 동물이 꼭 있는 것은 아니다. 기타 기의 취상取象도 모두 이러하다. 유독 북방에는 두 신이 있는데, 현무라고 불리는 것은 태양한수太陽寒水의 기이고, 등사螣蛇라고 불리는 것은 소양상화少陽相火의 기이다. 그것은 사람의 몸에서 신장에 대응하는데, 신장에도 두 개가 있다. 좌측은 태양한수이고 우측은 소양상화이다. 화기가 하강하여 수기를 잠재우고 수기가 상승하여 비와 이슬이 되면, 이로써 오장을 적시게 된다. 상하는 서로 융합하는데, 바로 수화가 서로 합쳐져 길흉이 생겨나는 것이다. 그러므로 신장은 수명과 상관된 장부이다. 좌측은 양이고 우측은 음으로서 좌우가 상호 융합되는데, 바로 건곤乾坤이 교합하여 여섯 명의 자녀가 생겨나므로 신장은 생장발육과 관계되는 장부이다. 중앙의 태음토太陰土의 신神을 구진勾陳이라고 하는데, 중앙의 취상은 오직 사람만이 적합하다. 구진은 천자의 호위병인데, 인체의 중앙에 위치하니 그 어느 것보다도 군주와 닮

았다. 그런데 왜 군주의 상은 취하지 않는 건가? 군주의 원칙은 그 어디에도 없어서는 안 되므로 방위로써 비유할 수 없는 것이다. 호위병이 인체의 중앙에 거처하지만 중간은 공허한데, 허는 만물을 완전하게 만드는 장소이다. 천상에서 성숙星宿은

모두 사주四周에 거류하나 중앙이 비어있고, 팔괘가 여덟 방위에 분포하나 중앙이 비어있다. 비어 있지 않으면, 만물을 완전하게 만들지 못한다. 사람의 몸에서 구진이 맡은 것은 비脾이다. 구진은 환環(고리)과 같은데, 고리의 중앙은 이른바 황정黃庭이라는 것이다. 황은 중앙의 색이며, 정은 집의 넓은 장소이다. 옛사람들은 황정을 비脾로 삼았는데, 이는 옳지 않다. 황정은 명칭은 있으나 소재지가 없으며, 충허沖虛의 기가 거처하는 장소인데, 비는 대응할 수 없다. 비는 사려를 주관하며, 황정은 생각으로 도달할 수 있는 것이 아니다. 그러므로 양생가들은 말하기를, '황정을 수호할 수 있으면 능히 장생한다'라고 하였다. 황정이 무종수호無從守護를 수호로 삼는 것은 바로 무종수호이기 때문에 비로소 장생하는 것이다. 어떤 자는 '황정은 두 신腎의 중간에 있다'라고 하고, 또 어떤 자는 '심心의 아래에 있다'라고 하며, 또 어떤 사람은 '황정은 신령이 있어 수호를 한다'라고도 말하지만, 모두 옳지 않다. 황정은 공허하면서도 신묘한 것이다. 그것은 억지로 부여한 명칭으로, 생각이 도달하게 되면 그것은 공허라고 부를 수 없는데 어찌 그것을 실제로 찾을 수가 있겠는가! 🌸

《역》의 괘 가운데 9는 노양老陽이고, 7은 소양少陽이다. 그리고 8은 소음少陰이며, 6은 노음老陰이다. 과거에는 생각하길, 양陽은 큰 쪽이 노老가 되고, 음陰은 작은 쪽이 노老가 된다고 하여 9와 6을 건과 곤의 화수畵數로 삼았는데, 이는 양은 음을 겸할 수 있지만 음은 양을 겸할 수 없다고 여겼기 때문이다. 그러나 이 모두는 사람들이 주관적으로 마음대로 배합한 것이지 사실은 결코 그렇지가 않다. 9·7과 8·6의 숫자와 양순陽順·음역陰逆의 이치는 모두 그 유래가 있으며, 자연에서 얻어진 것이지만 주관적으로 마음대로 배합한 것이 아니다. 무릇 귀제

歸除의 수는 많은 것이 있고, 적은 것이 있다. 수가 많은 것은 음으로 음효陰爻의 쌍화雙畵와 같으며, 수가 적은 것은 양으로 양효의 단화單畵와 같다. 귀제삼소歸除三少는 건과 같으므로 노양이라고 하며, 남아 있는 시초蓍草는 아홉 차례의 설수揲數를 지날 수 있으므로 그것의 수는 9이고, 책수策數는 36이다. 귀제에서 두 개가 많고 하나가 적은 것은 적은 것으로 주主를 삼는데, 진震·감坎·간艮 등과 같은 것이다. 따라서 모두 소양이라고 칭한다. 남아 있는 시초는 모두 일곱 차례의 설수를 지날 수 있으므로 그것의 수는 7이며, 책수는 28이다. 귀제삼다歸除三多는 마치 곤坤과 같아 노음老陰이라고 칭하는 것이며, 나머지 시초는 여섯 차례의 설수를 지난다. 따라서 그것의 수는 6이며, 책수는 24이다. 귀제에서 양소일다兩少一多는 다를 주로 삼으며, 마치 손巽·리離·태兌와 같은데, 그러므로 모두 소음이라고 칭하는 것이다. 그리고 남은 시초는 여덟 차례의 설수를 지날 수 있는데, 그러므로 그것의 수는 8이고 책수는 32이다. 사물은 충만하여 넘치게 되면 변화를 하려든다. 충만하여 넘치는 것은 노이니, 노수는 동動이고 소수는 정靜이다. 점복占卜에서의 길흉회인吉凶悔吝은 변동에서 생기는데, 《역》의 괘와 효사는 일률적으로 구와 육을 양과 양효의 원인으로 칭한다. 그것은 바로 변동이 있어야만 점을 칠 수가 있고, 효상이 움직이지 않으면 징조가 나타나지 않아 《역》으로도 추정할 수가 없기 때문이다. 《국어》에서 말하는 '정貞《둔屯》회悔《예豫》는 모두 8이다'와 '우遇《태泰》의 8'이라는 것은 바로 이런 이유에서이다. 현재 《역》에 근거하여 점복을 하는 사람들은 효상이 움직이지 않더라도 효사를 사용하여 점을 친다. 《역》에서는 9와 6의 효사뿐이며, 효상이 움직이지 않으면 바로 7과 8인데, 어찌 9와 6의 효사를 사용할 수 있단 말인가! 이것은 세속의 그릇된 사실인 것이다. ✿

강남 사람인 정쾌鄭夬는 《역》에 대해 얘기하는 책을 하나 썼다. 그 가운데에는 다음과 같은 말이 있다.

'건과 곤은 대부모이고, 복復과 구姤는 소부모이다. 건이 한번 변하면 복을 낳고, 하나의 양을 얻는 것이다. 곤이 한번 변하면 구를 낳으며, 하나의 음을 낳는다. 건은 다시 변하여 임臨을 낳고, 양을 2개 얻는다. 곤은 다시 변하여 둔遯을 낳고, 음을 2개 얻는다. 건은 세 번 변하여 태泰를 낳고, 4개의 양을 얻는다. 곤은 세 번 변하여 부否를 낳고, 4개의 음을 얻는다. 건은 네 번 변하여 대장大壯을 낳고, 8개의 양을 얻는다. 곤은 네 번 변하여 관觀을 낳고, 8개의 음을 얻는다. 건은 다섯 번 변하여 쾌夬를 낳고, 16개의 양을 얻는다. 곤은 다섯 번 변하여 박剝을 낳고, 16개의 음을 얻는다. 건은 여섯 번 변하여 귀매歸妹를 낳고, 본本이 32개의 양을 얻는다. 곤은 여섯 번 변하여 점漸을 낳고, 본이 32개의 음을 얻는다. 건곤이 얽혀서 음양 각각 32가 64개의 쾌를 낳는다.'

정쾌의 책에 나타난 관점은 너무도 황당한 생각이다. 그의 변쾌에 관한 견해가 정확한지의 여부는 알 수 없다. 나중에 나는 병부원외랑兵部員外郞인 진개秦玠를 만나 정쾌의 견해에 대해 얘기를 하였는데, 그는 매우 경탄해하며 다음과 같이 말하였다.

"정쾌가 어디에서 그런 사실을 알았다지요? 내가 일찍이 한 기인을 만났는데, 그가 이러한 술수를 전수하는 것을 보았오. 그는 그것으로 고대 흥망성쇠의 운세를 하나 하나 짚어 보았는데, 어느 하나 맞지 않는 것이 없었오. 나는 당시 그것을 전부 배우지 못한 것이 늘 한이 되오. 하남河南의 소옹邵雍도 이러한 방술의 원리에 대해 알았다고 하는데, 그들은 이미 길흉의 변화를 훤히 꿰뚫고 있는 거지요. 그 사람이 그것에 관해 책을 냈다니 반드시 하늘의 징벌을 받게 될 것이오. 이는 보통 사람이 알아야 되는 것이 아니지 않소!"

坤　乾
大母　大父
　一変
小母　小父
姤　復
一陰　一陽
　再変
遯　臨
二陰　二陽
　三変
否　泰
四陰　四陽
　四変
観　大壯
八陰　八陽
　五変
剝　夬
十六陰　十六陽
　六変
漸　歸妹
三十二陰　三十二陽

나는 진개가 매우 괴이하고도 신비스럽게 생각하는 것 같아서 더 이상 그것에 대해 물어보지 않았다. 지금 정쾌와 소옹 그리고 진개 모두 이미 저 세상 사람이 되었다. 도대체 그것이 무슨 법술인지 아직도 알 수가 없다. ❀

경력慶歷 연간에 이씨 성을 지닌 술사가 있었는데, 자못 교묘한 생각을 지니고 있었다. 그는 일찍이 나무로 움직이는 종규鍾馗를 만들었는데, 그 높이가 2-3척이나 되었다. 그리고 그것의 오른손에는 철간판鐵簡板을 쥐게 하고, 향기가 나는 미끼를 왼손 안에 놓아두었다. 쥐가 그것을 타고 올라와 그 미끼를 먹을 때, 종규는 왼손으로 쥐를 잡고 오른손으로는 철간판으로 쥐를 때려죽였다. 그는 이 물건을 형왕荊王에게 드렸는데, 형왕은 그를 문객으로 받아들였다. 한번은 사천감司天監의 관원이 그날 저녁에 월식이 있다고 보고하였는데, 이씨 술사가 당당히 나서며 자신이 능히 그 재난을 해결하겠다고 하여 형왕은 시험삼아 그에게 도술을 부리도록 허락하였다. 그러자 그날 밤에 월식이 나타나지 않았다. 형왕은 너무도 신기하게 생각하여 그 사실을 상부에 보고하였고, 황제는 영을 내시성에 교부하여 상황을 알아보도록 하였다. 이씨는 '나는 원래 역법에 능한데, 《숭천력崇天歷》의

식한食限[19]이 너무 약해 이번 월식은 지평선 밑에서 나타날 것이라는 것을 알았오. 나는 출신이 한미寒微하여 자신을 추천할 길이 없어 교묘한 물건을 만들어 형왕부에 바쳐 환심을 얻었오. 지금 또 월식을 구제한다는 사건을 통해 조정의 주의를 끌었소'라고 말하였다. 황제는 그를 사천감으로 보내 일을 하도록 하령하였다. 그는 판감사判監事 초연楚衍과 함께 일월식을 추산하여 식한을 이 각이나 증가시켰다. 그리고 그는 사천감 학생으로 보수되었다. 희녕 원년 7월에 마땅히 진시辰時에 동방에서 나타나야 할 일식이 보이지 않았는데, 알고 보니 식한이 너무 강했기 때문이었다. 이로 인해 역관들은 모두 폄직貶職 처분을 당하였고, 그와 함께 감관監官 주종周琮으로 하여금 다시 그것을 수정하도록 명하였다. 그리하여 경력 연간 증가시킨 이 각의 식한을 다시 빼버렸으며, 잠시 희녕 연간의 일식을 구하려고 하였다. 그러나 생각지도 않게 경력 연간의 일월식이 또 맞아떨어지지가 않아 사람들은 오랫동안 그에 대해 논란을 벌였지만 시종 적합한 산법을 구하지 못해《명천력明天歷》을 폐지하고 다시《숭천력》을 채택하였다. 희녕 5년에 이르러 위박衛朴이《봉원력》을 편제하였을 때, 그는 구력이 일월식을 추산할 당시 태양의 평균속도만을 채택하였기에 태양이 그 운행을 빨리할 때에는 지나치고 그 운행이 느릴 때에는 부족하게 된다는 것을 발견하였다.《숭천력》과《명천력》은 식한을 가감할 때에 편차를 발생시키는 원인을 찾지 않은 것이었다. 위박에 이르러 비로소 그 가운데의 착오를 알게 된 것이다. ❁

네 개의 방위가 취하는 형상은 창룡蒼龍 · 백호白虎 · 주작朱雀 · 귀사

---

19) 일월식이 일어날 수도 일어나지 않을 수도 있는 그 경계를 식한이라고 한다.

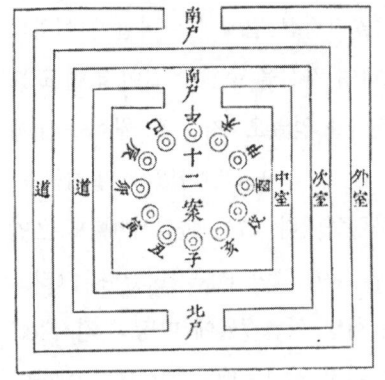

龜蛇이다. 유독 주작은 그것이 어떤 동물인지 알 수가 없다. 다만 주홍색의 새로 깃털은 적홍색이며 비상을 잘하고 내려앉을 때에는 반드시 수목에 앉는 것만을 얘기할 수 있을 뿐이다. 이는 바로 화의 형상이다. 때로는 그것을 장리長離라고 부르는데, 이는 남방의 주재자임을 말하는 것일 뿐이다. 어떤 사람은 조鳥가 바로 봉鳳이므로 봉조라고 부르기도 한다. 소호少昊[20]는 봉조가 그의 즉위 때에 강림하였기에 조鳥로써 관官을 칭하였다. 이른바 단조씨丹鳥氏라는 것은 봉을 말한다. 그 외, 방위기方位旗 위의 도안도 모두 두 가지 물건이다. 남방기는 조준鳥隼이라고 부르는데, 조와 준은 두 가지 다른 사물임을 알 수 있다. 그러나 옛사람들이 취하는 형상은 반드시 큰 물건만은 아니었다. 천상天象 상의 주작은 순鶉을 취하는 형상이었다. 그러므로 남방의 주작칠숙朱雀七宿은 순수鶉首 · 순화鶉火 · 순미鶉尾로 칭해진다. 순은 두 종류가 있으니, 단순丹鶉과 백순白鶉이 바로 그것이다. 천문가들이 취하는 상象은 단순으로, 털 색은 황홍색이며 무늬가 있고 주둥이가 뾰족하면서 꼬리가 없다. 또 그것은 여름에 활동하고 가을에는 은거하는데, 비상 중에는 반드시 풀들에 내려앉으며, 모두 화의 성질과 비슷하다. 또 어떤 메추라기는 물고기가 변해서 된 것도 있다. 물고기는 인충鱗蟲에 속하니 용과 동류이다. 화는 거기서 생겨나는 것이다. 천상 상의 동방의 창룡칠숙蒼龍七宿은 뿔이 있고 목이 있으며, 또

---

20) 전설상의 동이족東夷族의 수령이다.

꼬리가 있다. 그리고 남방의 주작칠
숙은 입이 있고 소낭嗉囊[21]이 있으
며, 또 날개는 있으나 꼬리가 없다.
이는 아마도 메추라기의 형상을 취
한 것이 아닌가 한다. ❀

　사마표司馬彪의 《속한서續漢書》 중
후기候氣 방법은 밀실 중에 목재로
만든 도안판圖案板을 방치한 다음,
12율의 율관을 각각 그 방위에 따라
그 위에 놓고, 관 안에는 갈대의 얇
은 막으로 만든 재를 그리고 관의
입구는 가볍고 얇은 비단으로 덮어 절기에 도달하면 상응하는 어느 하
나의 율관의 재가 바로 날아 움직이게 되는 것이었다. 세인들은 모두
그것이 율관에 배치한 위치가 방원方圓인데다, 몇 척을 넘지도 않아 절
기에 도달한 후에 대응하는 율관에서만 반응이 있는 것에 대해, 그 이
유를 알지 못하며 그것에 대해 회의적인 태도를 가졌다. 어떤 사람들
은 옛사람들이 고도의 기술을 지녔다고 생각하였고, 어떤 사람들은 율
관의 길이가 충분히 길어야만 어두운 암실에서 조화를 부릴 것이라고
생각하였으며, 또 어떤 사람은 간지干支의 방위와 절기는 상호 감응한
다고 여겼다. 그러나 이 모두는 틀린 생각이다. 사마표가 말하는 것은
다만 하나의 원칙일 뿐이다. 《수서隋書 · 율력지律歷志》에서는 이에 대
해 매우 상세히 설명하고 있다. 그것의 방법은 먼저 방 하나를 잘 정리

---

21) 조류의 식도의 일부분으로 음식물을 보존하는 기관이다.

하여 지면을 매우 평평하게 하고
는 율관을 흙에 묻어 관의
입구가 지면과 평행하게
만든다. 그리고 다른 한쪽
은 흙에 밀어 넣는다. 동지
에는 양기가 지면에서 9촌
떨어진 곳에서 멈추는데,
오직 황종의 율관만이 이러
한 깊이에 도달하게 된다. 그
러므로 황종관은 이 기에 반응을 일
으키게 되는 것이다. 정월에는 양기가 지면에서 8촌 떨어진 곳에서 멈
춘다. 태족보다 긴 율관은 모두 이러한 깊이에 도달한다. 그러나 황종
과 대여관大呂管 중의 재는 그 전에 이미 날아갔으므로 오직 태족의 율
관만이 재를 날리게 된다. 만약에 사람이 침으로 관 입을 덮고 있는 비
단을 찌르면, 양기는 바늘구멍과 함께 나올 것이다. 토양이 단단하고
푸석하면 오차가 나타나지 않을 수가 없다. 그러므로 목안판木案板을
먼저 사용하여 막아야 하며, 그 연후에 흙으로 안판 위를 덮어 그 밀도
가 같게 해야 한다. 그리고 표면도 수분水盆으로 평정하게 재어 보고
연후에 다시 율관을 묻어야 한다. 그러면 아래의 땅이 비록 푸석하고
단단함이 있다고 하더라도 목안판에 의해 조절되었기에 기의 도달은
자연히 정확할 것이다. 그러나 안판을 덮는 흙을 조정해야만 목적을
달성할 수 있다. 🏵

《역》에는 납갑納甲의 방법이 있는데, 어느 때에 시작되었는지 알 수
가 없다. 나는 일찍이 그것들에 대해 고찰한 적이 있는데, 그것은 바로

대자연이 만물만사를 낳는 이치를 추측하는 것이라고 생각된다. 건납갑임乾納甲壬과 곤납을계坤納乙癸는 상하上下에서 기타의 괘를 감싸고 있다. 그리고 진震·손巽·감坎·리離·간艮·태납경兌納庚·신辛·무戊·기己·병丙·정丁들은 여섯 명의 자녀가 건곤의 보자기 속에서 탄생한 것인데, 마치 사물이 태胎의 단계에 처한 것과 같다. 좌측의 세 양효는 건의 기이며, 우측의 세 개의 음효는 곤의 기이다. 건의 초효初爻는 신과 교합하여 간을 낳고, 간의 초효는 진술辰戌을 납納한다. 곤의 초효는 건과 교합하여 손을 낳고, 그러므로 손의 초효는 축미丑未를 납한다. 곤의 중효中爻는 건과 교합하여 리를 낳고 리의 초효는 묘유卯酉를 납한다. 곤의 상효上爻는 건에서 교합하여 태를 낳고, 태의 초효는 사해巳亥를 납한다. 건곤은 갑을에서 시작하여 장남장녀가 그들의 뒤에 따르며 마땅히 병정丙丁을 납한다. 소남소녀少男少女는 마지막에서 응당경신庚辛을 납한다. 그러나 현재는 오히려 이와 상반된다. 왜냐하면 괘는 반드시 아래에서 연

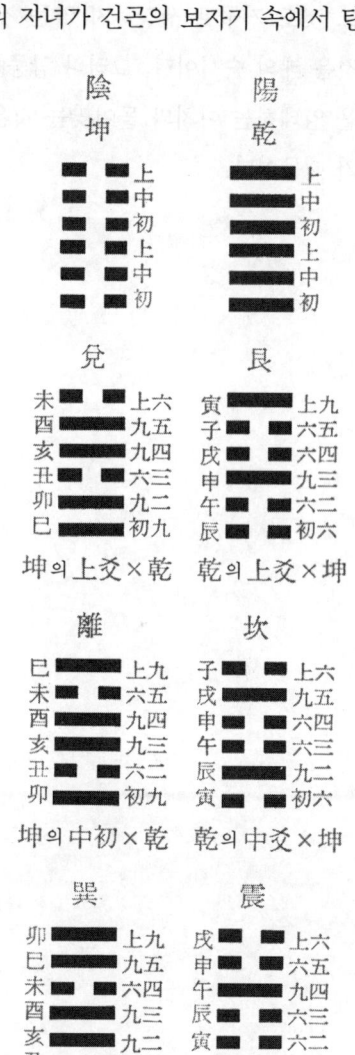

상수① 147

생衍生하여 처음에는 초효, 그 다음에는 중효, 마지막에는 비로소 상효가 되는 것이다. 이것은 《역》의 순서인 것이다. 그러나 그것은 또 대자연이 사물을 낳는 이치이기도 하다. 사물은 태胎의 단계에서는 그 어느 것도 거꾸로 생장하지 않는 것이 없으며, 아래에서부터 연생하는 것은 괘의 순서이다. 그러나 암중暗中에서 자연과 조화를 낳으며 사물을 잉태하는 이치와 들어맞는 것은 그 근본법칙이 자연규율과 일치되기 때문이다.

제8권
상수象數②

　《사기史記 · 율서律書》에서 말하는 28사宿와 12율은 대개가 마음대로 지은 것으로 전혀 근거가 없다. 심지어 거기서 말하는 율수에도 많은 착오가 보인다. 예를 들어, 거기에서 말하는 율수는 '81이 궁宮이고, 54가 징徵이고, 72가 상商이고, 48이 우羽이고, 64는 각角이다' 라고 하였다. 겨우 황종궁 조組의 율수에 있어서도 12음율이 각각 오성五聲이 있으니, 어찌 그것들을 율수로 정할 수 있겠는가? 이를테면 54는 황종궁에서는 징성의 수치이며, 협종궁에서는 바로 각성의 수치이며, 중여궁에서는 상성의 수치이다. 게다가 음율에는 다과지수多寡之數 · 실적지수實積之數 · 단장지수短長之數 · 주경지수周徑之數 · 청탁지수淸濁之數가 있는데, 위에서 말한 81 · 54 · 72 · 48 · 64는 겨우 실적지수일 뿐이다. 또 거기에는 말하기를, '황종은 길이가 8촌寸 7분分 1이고, 대여는 7촌 5분 3분 1이고, 태족은 7촌 7분 2이고, 협종은 6촌 1분 3분 1이고, 고세는 6촌 7분 4이고, 중여는 5촌 9분 3분 2이고, 유빈은 5촌 6분 3분

1이고, 임종은 5촌 7분 4이고, 이칙은 5촌 4분 3분 2이고, 남여는 4촌 7분 8이고, 무사無射는 4촌 4분 3분 2이고, 응종은 4촌 2분 3분 2이다' 라고 하였는데, 더욱 황당하다. 이것 역시 실적지수이며, 율관의 길이를 말하는 것이 아니다. 그 가운데의 문자에도 또 착오가 많은데, 아마도 후인들이 기록하는 과정에서 착오가 생긴 것으로 판단된다. 그 외, 수 아래의 분모 중 '칠七' 자는 모두 '십十' 자로 되어야 하는데, 초사자抄寫者의 실수라고 할 수 있다. ❀

현재의 복서卜筮는 모두 고대의 전적을 사용하며, 그 운용을 잘하느냐 못 하느냐는 전적으로 사용자에게 달려 있다. 그것은 고요하여 움직이지 않으므로 천하만사를 꿰뚫어 볼 수가 있는 것이다. 사람은 생각이 없는 경지에 도달할 수 없기에, 사물 가운데 사유가 없는 물건을 빌어 입언立言을 하는 것이다. 예를 들어, 거북 등을 불태워 그 갈라진 무늬를 보는 것은 모두 그 이성이 없는 것을 취하는 것이며 이성에 따라 움직이는 것이 아니니, 이는 사유가 없는 것에 가깝다고 하겠다. ❀

여재呂才[1]는 선택選宅과 운명 그리고 상장喪葬을 이야기하면서 술수는 검증되지 않은 사실이라고 말하였다. 술수가 믿을 수 없는 것이라는 말은 옳은 것이다. 그러나 그는 이것들이 모두 기탁한 것임을 이해하지 못하였다. 그것들의 신명함은 운용하는 자에 달려 있다. 그러므로 같은 종류의 술수라고 해도 두 사람이 운용하면, 얻어지는 결과는 같지 않다. 사람의 사유는 원래부터가 신령스러운 것이며, 그것은 영향을 받지 않을 수가 없는 것이기에 사유가 없는 사물에 기탁을 하는

---

1) 지금의 산둥성 요성인聊城人으로 당대 초기의 학자였으며, 음양과 악률 등의 학문에 밝았다.

것이다. 그리하여 우리가 생각하기에 신령스럽다고 생각되는 물건을 빌어 이야기하는 것이며, 술수의 정묘함은 여기에 있다. 여재는 또 말하기를, '사람의 성씨는 어떤 것은 관직에서 나왔고 어떤 것은 봉읍에서 나왔는데, 어떻게 오음과 서로 배합될 수 있겠느냐'고 하였다. 이것도 맞는 말이다. 이를테면 지금 경씨敬氏 성을 가진 사람 중 어떤 자들은 문씨文氏로 바꿨고, 어떤 자들은 구씨苟氏로 바꿨다. 글자로만 보면 이는 틀린 것이다. 경敬 자字는 원래 종양구從羊句 종지從支이나 현재에는 구苟와 문文으로 칭한다. 원래의 오음이 어찌 존재하겠는가! 이 점으로 보면 전혀 의미가 없으며, 깊이 연구하지 않아도 능히 이해할 수가 있다. 그러나 이왕 기탁이라고 하였으니, 그것들을 문자로 삼기만 하면 모두 기탁이 되는 것이다. 무릇 보고 듣고 생각하는 것은 그 어느 것도 기탁이 아닌 것이 없다. 만약 이것을 허무맹랑한 소리라고 본다면, 화복과 사생 그리고 변화가 그 어느 것인들 허무맹랑한 것이 아니겠는가! 이러한 이치를 이해한다면 비로소 선지적인 신령을 이야기할 수 있는 것이다. 🌸

역법상 하늘에는 황도와 적도가 있고, 달에는 아홉 개의 길이 있다. 이들은 모두 억지로 붙여진 명칭이며, 결코 실제로 있는 것이 아니다. 하늘에 365도가 있는 것도 하늘에 어찌 도수가 있단 말이겠는가! 태양이 하루에 365도를 운행하기에 억지로 도수로써 나누어 일日과 월月 그리고 오성운행五星運行의 위치를 각도로써 잰 것일 뿐이다. 태양이 운행하는 길을 황도라고 하는데, 남북극의 정중과 사주의 거리가 가장 균형적인 곳을 적도라고 부른다. 달이 황도 이남에서 운행하는 것을 주도朱道라고 하며, 황도 이북을 운행하는 것을 흑도라고 한다. 또 황도 이동을 운행하는 것을 청도라고 하고, 황도 이서를 운행하는 것을

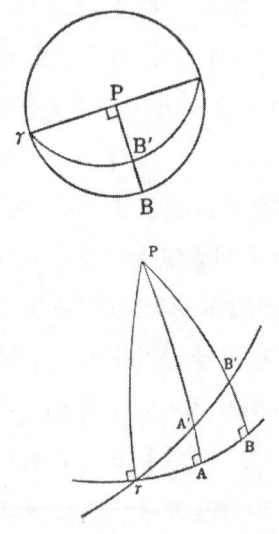

백도라고 한다. 황도 내외에는 각각 사도가 있으며, 황도를 합하여 합계 구도가 있다. 태양과 달의 운행은 어떤 때는 빠르고 어떤 때는 느리므로, 어느 한 방식으로 그것을 개괄하기가 어렵다. 그러므로 그것들의 분합취산分合聚散의 정황에 의거하여 몇 개의 길을 나누고, 매 길마다 하나의 색으로 명명하여 그것으로써 그들이 소재한 방위를 구분하고 계산하려고 준비하는 것이다. 그것은 마치 계산 방법 중에 홍과 흑주로써 정과 부의 수를 구분하는 것과 같다. 역산가들은 그것의 용의를 이해하지 못하고, 정말 아홉 개의 길이 있다고 여겼으니, 실로 우스운 일이다. 🏵

28숙은 그것들이 28개의 별이 있어 도수를 이루기에 성숙으로 이름 지어진 것이다. 전대의 관측자들은 여러 번이나 그것들의 도수를 바꾸려고 하였다. 예를 들어, 《당서》에는 필숙畢宿이 17도 반半이고 자숙觜宿이 겨우 반 도라고 기록하여 놓았는데, 이는 모두 틀린 말이다. 별이 도수를 이루지 않는다면, 자연히 행성도경星途經의 방위로 사용되어질 수가 없으며, 그것은 마땅히 혼의渾儀 각도의 소밀 불균등이 초래한 것이다. 28숙의 도수는 모두 적도 도수로 표준을 삼으며, 오직 황도 도수만이 정도整度가 아닌 상황이 있다. 왜냐하면 황도는 기울어진 것과 바른 것이 있으므로 그것의 도수와 적도의 도수는 완전히 같은 것은 아니다. 그러나 반드시 정당도수의 별로써 성숙을 삼아야 한다. 오로지 허숙虛宿의 도수만이 소수小數를 지니는데, 이것은 원래 주천周天도수 중의 여수餘數이다. 역산가들이 두분斗分으로 삼는 것은 바로 이 여수이며, 기타의 숙宿은 이렇지 않다. 🏵

　나는 일찍이 고금 역법 중 오대행성의 운행도수를 고찰한 적이 있는데, 오직 류留·역지간逆之間의 차이가 가장 많았다. 황도 북측에서 순행하는 행성이 역행할 때에는 반드시 황도 남측을 따라가고, 황도 남측에서 순행하는 행성이 역행할 때에는 황도 북측을 따라간다. 그것의 운행 궤적은 버드나무 잎을 따라가는 것과 같이 두 머리가 뾰족하며, 중간의 돌아가는 길은 둘 사이의 거리가 매우 멀다. 그러므로 두 머리 행성이 운행할 때 1도度의 속도는 비교적 늦은데, 왜냐하면 그것이 황도를 마주 보며 비스듬히 운행하기 때문이다. 그리고 중간 운행은 1도의 속도가 비교적 빠르다. 왜냐하면 그 길이 직선이기 때문이다. 역산가들은 행성의 운행이 빠르고 느림이 있다는 것만 알지, 그들의 길이 비스듬한 것과 직선인 것이 있다는 사실은 알지 못한다. 희녕 연간에 나는 태사령太史令을 맡은 적이 있고, 위박衛朴은 신력新曆을 수정하였다. 절기와 삭일 등을 모두 교정하고, 오직 오대행성만을 관측하여 기록하지 않았다. 전대에서 신력을 수정할 때에는 대부분 구력을 증산할 뿐이었지 천상의 행도를 실제로 고찰한 적이 없었다. 그 고찰하는 방법은 반드시 매일 황혼과 새벽 그리고 자정 때의 달과 오성이 소재한 위치를 관측하여 장부에다 기록해야 한다. 그리고 만 5년이 되면 중간에 구름이 많은 흐린 날과 그것들이 낮에 출현한 날들을 제거하면 3년간의 실제로 운행한 자료를 얻게 된다. 그 다음에는 계산을 통하여 그것들을 합치는데, 고대의 이른바 철술綴術이라는 것은 바로 이것을 가리킨다.

당시 사천감의 관원들은 모두 조상들의 벼슬을 이어받아 녹봉이나 챙기는 자들이라 역법에 대해서는 전혀 알지를 못했다. 그들은 위박의 능력이 자신들을 넘어선 것을 시기하여 서로 규합해 방해공작을 하였으며, 여러 차례 큰 물의를 빚기도 하였다. 그럼에도 불구하고 결국 위박을 쫓아내지는 못하였지만 관측 기록은 지금까지도 완성되지 않았다. 그러므로《봉원력》은 오대행성 행도의 추산이 구력을 증산하였을 뿐이며, 그것들의 중대한 착오를 수정한 것은 10분의 5-6밖에 되지 않는다. 위박의 역법은 고금을 통해 유례가 없는 멋진 것이었지만 역관들의 방해로 인해 자신의 능력을 충분히 발휘하지 못하였으니, 너무 애석한 일이다. 🏵️

본조에서는 황궁 내에 천문원天文院을 설치하였다. 그리고 거기에 설

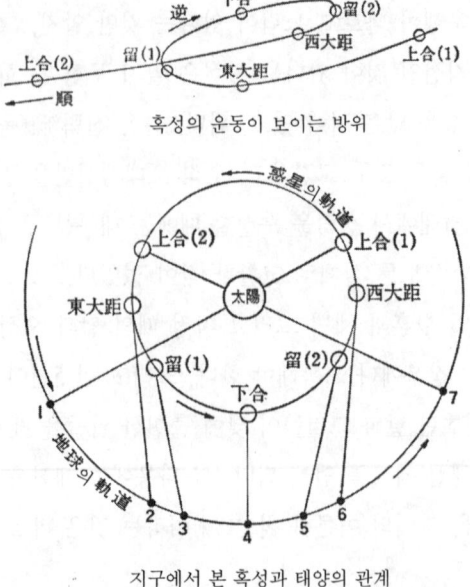

흑성의 운동이 보이는 방위

지구에서 본 흑성과 태양의 관계

치한 누각漏刻과 관천대觀天臺 그리고 동혼의銅渾儀는 모두 사천감司天監과 같았는데, 그로써 사천감의 것들과 같이 검사하고 감독하였다. 매일 밤 천문원에서 길흉징조가 있는지의 여부와 당일 밤 성진의 위치에 대해 보고하려고 할 때면, 반드시 황성문皇城門이 열리기 전에 궁중으로 보내져야 했다. 황성문이 열린 후에 사천감의 관측보고가 비로소 도달되면 이 두 기구의 보고를 상호 대조함으로써 허위사실을 예방하였다. 근래에는 그들이 상호간에 사사로이 짜고는 내용이 완전히 일치하는 보고서를 작성하는 것이 관례가 되었다. 세월이 흘러 내외 관원들이 모두 이 사실을 알게 되어 더 이상 이상하게 생각하지 않았다. 보고서 중의 일日·월月·오성五星의 운행방위는 모두 민간의 소력小歷에 근거하여 추산한 행도를 베껴서 보고하였을 뿐이지 실제로 관측한 것이 전혀 아니었다. 유관 기관은 다만 관원만 두어 봉록만 타게 하였을 뿐이다. 희녕 연간에 나는 사천감을 관장하면서 일찍이 이러한 사기행각을 조사하여 폭로하였으며, 여섯 명의 관직을 파면시켰다. 하지만 오래지 않아 그러한 병폐는 여전히 계속되었다. ❀

사천감의 동혼의는 경덕景德 연간에 사천감의 관원인 한현부韓顯符[2]가 제조한 것이다. 그는 전조前趙인 유요劉曜[3] 시기의 공정孔挺[4]과 북위北魏의 조숭晁崇[5]·곡란斛蘭[6]의 방법을 모방하였는데, 결점은 너무 간략하다는 것이었다. 천문원의 혼의는 황우 연간의 사천감 동관정冬官正

---

2) 사천감을 맡은 적이 있으며, 나중에는 전중승겸한림천문殿中丞兼翰林天文을 역임하기도 하였다. 저서로 《혼의법요渾儀法要》10권이 있다.
3) 십육국十六國 시기인 전조前趙의 임금이다.
4) 전조의 사관승史官丞으로 동혼의를 만든 적이 있다.
5) 북위 도무제道武帝 시기의 태사령을 지냈다.
6) 북위의 태사승太史丞으로 공정의 방법을 본떠 혼의를 제작하였다.

이었던 서역간舒易簡이 만든 것이었는데, 당대唐代의 양령찬梁令瓚과 일행一行의 방법을 채택한 것이었다. 그것은 비교적 정밀하고 완벽한 것이었지만 결점은 사용하기가 어렵다는 것이었다. 희녕 연간에 나는 다시 혼의를 제조하였으며, 동시에 옥호부루玉壺浮漏와 동규표銅圭表도 만들어 모두 천문원에 안치하였다. 그리고 이들은 모두 전문관원들만 관리하도록 하였다. 천문원의 구동의舊銅儀는 조복법물고朝服法物庫에 수장되어 참고자료로 보관되었다.

경덕 연간에 하북로河北路[1] 지구에서 요군遼軍이 대거 남하하여 침략한 사건이 발생하였다. 황제께서는 전투에 친히 참가하여 감독하려고 하였지만 조정 내외의 의견들이 갈라졌는데, 유독 구충민寇忠愍만이 황상皇上의 주장에 완전히 찬동하였다. 황제와 송 대군의 거마가 막 황하를 건넜을 때, 요군의 병마는 이미 그 지역에 당도하였다. 그들은 계속해서 성벽 아래로 쳐들어왔고, 성 안에 있던 백성들의 민심은 매우 불안하였다. 황상은 사람을 파견하여 구충민이 당시 무엇을 하고 있는지를 살펴보도록 하였다. 그런데 생각지도 않게 그는 재상들과 의논하는 집무실에서 깊이 잠들어 있었는데, 그 코 고는 소리가 마치 뇌성 같이 들렸다. 사람들은 그가 이와 같은 다급한 시점에 그처럼 침착하게

---

1) 송대의 행정구역 이름으로 지금의 하북성 역수易水 · 웅현雄縣 · 패현覇縣과 황하 이남의 산동성과 하남성의 북부의 지역이 이에 포함된다.

사람들의 불안한 마음을 진정시키는 태도를 두고 진대晉代의 명장인 사안謝安[2]과 비교하였다. ❀

무창인武昌人인 장악張諤은 공부하는 것을 좋아하였고, 또 사람이나 사물에 대한 자신의 의견을 발표하기를 잘하였다. 그는 일찍이 자신이 부임하기로 결정한 현의 현령이 되어 일한 후에 임기가 끝나면 고향으로 돌아간 적도 있었다. 나중에 그는 진사에 합격하였고, 중윤中允[3]의 관직을 제수받기도 하였다. 그리하여 장악은 자신의 거처에 방사를 짓고 '중윤정中允亭'이라고 쓴 현판을 달았으며, 자신의 평생의 뜻을 기록하기도 하였다. 그 후, 장악은 점점 중용重用되다가 몇 년 사이에 집현교리集賢校理 · 직사인원直舍人院 · 검정중서오방공사檢正中書五房公事 · 판사농사判司農寺 등의 관직을 맡았는데, 모두 요직에 해당되었으며 그의 권력은 점점 커져만 갔다. 그러나 오래지 않아 장악은 무슨 일로 인해 죄를 얻어 과거의 관직들을 모두 박탈당하여 무창으로 돌아가고 말았다. 그 후 오래지 않아 고향에서 세상을 떠났다. 그런데 그가 최후에 맡은 관직이 바로 태자 중윤이었으니, 그가 이러한 결말을 마치 예상이라도 한 것이란 말인가! ❀

허회덕許懷德[4]이 전전사주사殿前司主師를 맡고 있을 때, 일찍이 한 거인擧人이 회덕의 유모와의 관계를 통해 허회덕 문하의 식객이 되기를 요청하였고, 그도 그 사람을 받아 주었다. 그리하여 그 거인은 난삼襴

---

2) 진대의 양하인陽夏人으로, 《세설신어世說新語》의 기록에 의하면 적이 국경을 넘어왔지만 그는 태연히 친구와 바둑을 둔 고사로 유명하다.
3) 시종예의侍從禮儀를 관장하며, 또 태자가 황제에게 바치는 주장문서奏章文書를 심사하던 관명이었다.
4) 송대인으로 자는 사고師古이며, 지금의 하남성 개봉부 부근의 사람이었다.

衫[5]을 끌며 청당 계단 아래에서 그에게 절을 하였고, 회덕은 의자에 앉아서 그의 인사를 받았다. 당시 누군가가 회덕이 무인인 까닭에 사리를 잘 알지 못한 것이라 여겨 그에게 넌지시 얘기하길, '상대가 거인이니, 그로 하여금 계단 아래에서 절을 하게 하였다면 당신은 내려가서 그를 맞이해야 하오'라고 하였다. 그러자 회덕은 대답하길, '내가 받아들인 자는 내 유모를 통해 남에게 사정을 한 수재秀才일 뿐이오'라며 말하였다. ❀

　하문장夏文莊[6]은 천성적으로 사치하는 것을 지나치게 좋아하였다. 하지만 그의 체질과 지혜는 보통 사람과 달랐다. 그에게는 잠자리에 올라 잠이 들면 온몸이 차가워지면서 경직되는 증상이 있었는데, 완전히 죽은 자와 같았다. 그가 깨어나면 반드시 사람을 보내어 그의 몸을 따뜻하게 해야 했고, 오랜 시간이 지난 후에야 비로소 자유로이 몸을 움직일 수가 있었다. 누군가는 그가 길을 걷는 것을 보았는데, 두 대의 수레가 연이어 가고 있었고 그 안에는 무엇인가가 가득 쌓여 있었다. 그것이 무엇인지 물어보니 다름 아닌 비단솜으로 된 천막이었다고 한다. 그것은 수천 냥의 비단솜으로 만들어진 것이었다.
　평소에 그는 선모仙茅와 종유鐘乳 그리고 유황硫黃 같은 한약을 복용하였는데, 아무도 그가 복용하는 용량은 알지 못하였다. 매일 아침마다 그는 종유를 넣은 죽을 마셨다. 당시 심부름을 하던 한 관리가 이 죽을 몰래 마셨다가 몸에 갑자기 독창毒瘡이 생겨 거의 죽을 뻔한 적이 있었다. ❀

---

5) 거인들이 입던 옷을 말한다.
6) 하송夏竦을 말하며 자는 자교子喬, 시호는 문장文莊이었다. 송대 지금의 강서성 구강시九江市 부근 사람이었다. 관직이 추밀사까지 올라 영국공英國公으로 봉해졌다. 그러나 왕흠약王欽若·정위丁謂와 더불어 나쁜 일을 하여 당시 사람들로부터 간사하다는 평을 받았다. 그러나 문장은 매우 뛰어났다.

정의부鄭毅夫[7]는 스스로 일세一世의 명망을 지닌 것으로 생각하였지만 국자감에서 다섯 번째 등수로 뽑히자 마음속으로 매우 불만이 많았다. 그리하여 시험관에게 보내는 답사의 글에 '이광李廣[8]의 공적을 세우고, 스스로를 세상에 다시없는 자로 생각하며, 두목杜牧[9]의 문재를 지녔지만 5등밖에 얻지 못하였네'라는 문장을 지어 보냈다. 뿐만 아니라 '준마駿馬가 이미 늙어지니 열마劣馬들로 하여금 그 앞에 서게 하고, 거대한 바다거북이 움직이지 못하는 것은 무지한 바위가 그 위를 누르고 있기 때문이라네'라고도 하였다. 이로 인해 시험관은 정의부를 매우 미워하게 되었다.

그 후 군왕이 다시 궁전에서 시험생들의 과거를 친히 관장할 때, 그 시험관이 또다시 그날의 시험관이 되었다. 그는 꼭 정의부를 낙선시켜 그의 교만함에 대한 복수를 하려고 하였다. 시험관은 정의부가 작성한 것으로 보이는 답안지를 찾아내어 그것을 열외로 제외시켰다. 곧 합격한 시험생들의 이름이 발표되었는데, 정의부는 오히려 일등으로 진사에 급제하였다.

가우嘉祐 연간에 유기劉幾라는 선비가 있었는데, 그는 몇 번이나 국자감에서 일등으로 뽑힌 적이 있었다. 그는 종종 괴이하고 난삽難澁한 글로써 문장을 잘 지었는데, 다른 학생들이 모두 그의 문장 풍격을 흉내내어 일종의 유행처럼 되어 버렸다. 구양수歐陽修는 이러한 문풍文風을 매우 혐오하였다. 마침 시험을 주관할 차례가 오자, 이러한 풍조를 일소하려고 굳게 마음을 먹었다. 구양수는 그러한 풍격으로 문장을 적

---

7) 이름은 해獬이며, 자가 의부이다. 송대의 사람으로 지금의 호북성 안육인安陸人이었다.
8) 한무제 때의 유명한 장수로 '비장군飛將軍'이라고 불리기도 하였다.
9) 만당晩唐의 유명한 시인으로 두보杜甫와 함께 대두大杜·소두小杜로 칭해졌다.

은 학생들을 전부 탈락시켰고, 그리하여 한 시대를 유행하던 문풍은 변하게 되었으니, 그의 공이 크다고 하겠다. 그런데 어느 학생의 문장에 '아무리 천지의 배척을 받아도 만물은 여전히 무성하게 자라나며, 성인聖人은 이로부터 발굴되는 법이다'라고 적혀 있어, 구양수는 그가 분명히 유기일 것이라고 생각하여 농담조로 그 문장에 다음의 내용을 덧붙였다.

'그대의 문장 중에 가시가 돋아 있어, 시험관이 그것을 삭제함'

그리고 그는 붉은색 붓으로 그 문장을 처음부터 끝까지 줄을 그어 '홍륵백紅勒帛[10]'이라고 칭하였으며, 또 붉은색으로 '대비무大紕繆[11]'라고 적어 그것을 공포하였다. 곧 그 답안을 조사해 보니 과연 유기의 문장이었다. 또 몇 년이 지나 구양수는 황제가 친히 책문策問을 발하는 시험의 시험관으로 승진되었는데, 마침 유기도 그때 궁정에 있었다. 구양수는 '사악함을 쫓는 데는 반드시 전력을 다해야 하며, 언사가 경박스러운 자는 더욱 엄격히 문책하여, 문장의 병폐를 제거할 것이오'라고 말하였다.

그런데 한 선비의 책론策論 중에 '군왕이 세상의 우수한 인재를 자신의 곁에 두었네'라고 적혀 있어, 구양수는 그 자가 분명 유기일 것이라고 판단하여 그를 배격하였는데, 나중에 알고 보니 오吳 지역의 소직蕭稷이라는 자였다. 당시의 시험문제는 〈요순성지부堯舜性之賦〉였는데, 어느 선비가 '그러므로 고요함을 지켜 생명을 연장하였으니, 오직 오제五帝의 수명이 높았으며 움직임을 좋아하여 용맹함을 얻었으나, 그 몸은 주살誅殺의 죄를 얻었도다'라는 글을 적었다. 구양수는 그 문장을

---

10) 붉은 비단띠라는 뜻으로, 붉은색으로 그은 것이 마치 붉은 비단띠와 같다는 의미이다.
11) 큰 착오라는 의미이다.

매우 칭찬하며, 그 자를 일등으로 뽑았다. 후에 대전大殿에서 명단을 공포할 때 보니, 그 자는 유휘劉煇라는 사람이었다. 그런데 내막을 아는 사람이 말하기를, '그 사람은 바로 유기입니다. 이름을 바꾸었을 뿐입니다'라고 일러주었다. 구양수는 오랫동안 경악을 금치 못했다. 그리하여 구양수는 그가 진정으로 유명해질 수 있도록 그의 문장 중 한 부분인 '안으로 안행安行의 덕을 쌓은 것은 하늘로부터 부여받은 것이네內積安行之德, 蓋稟于天'라는 부분을 약간 수정해 주었다. 구양수는 그 구절 중 '적積'자는 '학學'에 가까우므로 '온蘊'으로 바꾸는 것만 못하다고 여긴 것이다. 그 사실을 들은 사람들 중 그 누구도 구양수가 고친 부분이 정확하다고 생각하지 않는 자가 없었다. ✿

옛사람들은 언제나 신분이 높은 사람들이 대개 남의 품행과 재능을 식별하는 안목을 지녔다고 말하곤 하였는데, 그것은 그들이 많은 사람들을 관찰하였기 때문이다.

장등공張鄧公[12]이 전중승殿中丞을 역임할 때, 왕동성王東城을 처음 만나게 되었는데, 당시 그는 왕동성에게 극진한 접대를 받았으며, 서로 이야기를 나누는 시간도 매우 길었다. 왕동성이 평소에 극진하게 접대하는 사람은 오직 양대년楊大年뿐이었다. 그가 지니고 있는 찻잎을 담은 차 보자기는 오직 양대년이 찾아왔을 때에만 꺼내 그 속의 찻잎을 우려 주었고, 다른 손님들에게는 그 차 보자기 속의 찻잎을 사용하지 않았다. 왕동성 집안의 아이들도 차 보자기를 꺼내오라는 말을 들으

---

12) 장사손張士遜을 말하며, 자는 순지順之인데 송대인으로 지금의 호북성 광화현光化縣 부근의 사람이었다. 등국공으로 봉해졌다.
13) 문언박文彦博을 말한다.
14) 관직명으로 시법토론諡法討論 등을 맡았다.
15) 현명縣名으로 지금의 산동성 연주시이다.

면, 으레 양대년이 온 것으로 알았다. 어느 날 왕동성이 차 보자기를 꺼내오라고 하자, 아이들은 모두 나와 양대년을 몰래 지켜보려고 했는데, 손님이 당도하고 보니 양대년이 아닌 장등공이었다. 며칠 후 왕동성은 또다시 아이들에게 차 보자기를 가져오라고 명하였고, 아이들이 몰래 지켜보았을 때에는 역시 장등공이었다. 그리하여 아이들이 그에게 물었다.

"장전중은 누구시기에 아버님께서는 그렇게도 극진히 대접하십니까?"

왕동성이 이에 답하였다.

"장사손은 귀인의 모양이 있어. 십 년이 못 되어 그 분이 나의 관직을 잇게 될 것이야."

과연 왕동성의 말대로였다.

문로공文潞公[13]이 태상박사太常博士[14]를 맡고 있을 때, 한편으로는 연주兖州[15]의 통판通判[16]을 지냈는데, 경성으로 돌아가 여허공呂許公[17]을 뵈러 갔다. 여허공은 처음 그를 보고는 매우 존중하였다. 그리고 일부러 말하기를, '태박太博이 일찍이 동로東魯[18]를 간 적이 있었으니, 반드시 묵의 좋고 나쁨을 구별할 수 있을 것이오' 라며 시종을 불러 작은 묵 하나를 가져오게 하여 옆 계단 위에서 조심스럽게 갈게 하였다. 그리고는 문로공의 팔을 당겨 그것을 보게 하며 물었다.

"그 묵이 어떻소?"

---

16) 관직명으로 송초에는 오대五代가 번진藩鎭 세력이 너무 큰 점을 고려하여 경성의 문 관으로 하여금 지방의 장관을 맡게 하여 지방과 서울의 관원들이 함께 정사를 보도록 하였다.

17) 여이간呂夷簡을 말하며, 자는 탄부坦夫였다. 송대인으로 지금의 안휘성 봉양鳳陽 사람이었다. 일찍이 허국공許國公으로 봉해졌다.

18) 노지魯地의 동부를 뜻한다.

그리고 자신은 문로공의 배후에서 그를 지켜보고 있었다. 잠시 후에 여허공은 작은 소리로 문로공에게 말하였다.

"앞으로 자네는 분명히 현귀顯貴하게 될 것이오."

그로부터 오래지 않아 문로공은 감찰어사監察御使로 발탁이 되었으며, 십 년이 되지도 않아 다시 재상으로 승진을 하였다. 문로공은 경력慶歷 8년부터 재상의 직위를 맡았으며, 그의 나이 79세 때 태사太師[19]의 신분으로 퇴직하였다. 평장사平章事[20]를 도합 37년이나 요지부동 겸임하였다. 그처럼 높은 관직을 맡으며 수복을 누린 사람은 근세에 찾아보기 힘들 것이다. 🌸

왕연정王延政[21]이 건주建州[22]를 장악하였을 때, 대장군 장모章某에게 명령하여 건주성을 고수하도록 하였다. 장모는 부장部將을 보내어 정황을 탐문하도록 한 적이 있었는데, 그가 약속한 시간을 지키지 않아 마땅히 군법에 의해 처형하여야 할 경우에 처하였다. 그러나 장모는 그의 재능을 아깝게 여겨 군법대로 처리하지 않고 집에 돌아와 그 사실을 아내에게 이야기하였다. 장모의 아내인 연씨連氏는 현숙하면서도 지혜가 있었는데, 몰래 부장에게 사람을 보내 다음과 같이 전하였다.

"군법대로 하면 당신은 응당 처형을 당해야 하오. 지금 서둘러 도망을 쳐야만 사형을 면할 수 있을 것이오."

---

19) 고대 삼공三公의 하나로, 군왕을 보좌하던 주요 장관이었다.
20) 재상에 해당하는 관직명으로 동중서문하평장사同中書門下平章事의 준말이다.
21) 오대 시기 민국閩國 경종景宗 왕희王曦의 동생으로 형이 즉위하여 학정을 일삼을 때, 그는 건주자사建州刺史를 맡아 여러 차례 서신을 보내 그를 간하였다. 이에 형이 노하여 그를 공격하였지만, 오히려 대패당했다. 연정은 건주에서 나라를 세워 국호를 은殷이라고 칭하였지만, 삼 년만에 남당南唐에 의해 함락되었다. 그는 금릉에 거주하면서 광산왕光山王으로 봉해졌다.

그리고 그에게 수십 냥의 돈을 주면서 곧장 떠나야 하며, 집안식구들을 걱정해서는 안 된다고 말하도록 하였다. 그리하여 부장은 비밀리에 도망갈 수 있었고, 강남에 있는 이씨 성을 가진 나라로 망명하여 사문휘査文徽[23]의 부하가 되었다. 사문휘가 왕연정을 공격하였을 때, 그 부장은 마침 사문휘의 주장主將 노릇을 하였다. 성지城池가 거의 함락되어 갈 때, 그 부장은 성 안에 있는 사람들에게 '연씨가連氏家를 보호해 주는 자에게는 후한 현상금을 내릴 것이다' 라는 포고문을 내렸다. 그러나 연씨는 이 사실을 안 연후에 그에게 사람을 보내어 다음과 같이 말하였다.

"건주성 안의 민중들은 죄가 없으니, 그들을 놓아주시기 바랍니다. 하지만 저와 남편은 만 번 죽어도 마땅하오니 감히 목숨을 구걸하지 않을 것입니다. 만약 장군께서 건주의 백성들을 풀어주지 않는다면 저는 차라리 백성들 앞에서 죽음을 택하겠습니다. 저는 결코 혼자 살지 않을 것을 맹세합니다."

이토록 감동적이고 의기로운 말은 그녀의 폐부에서 우러나온 말이었기에 부장도 그 요구대로 따르지 않을 수가 없었다. 결국 그는 부하들에게 명하여 무기를 거두고 입성하도록 하였으며, 그리하여 성 안의 백성들은 목숨을 보존하게 되었다. 현재까지도 연씨 가문은 건안建安 일대의 명문가이며, 후대에 관직이 경상卿相에 이르는 자들이 속출하였다.

남당의 원종元宗 이경李景[24]은 일찍이 대장大將 호칙胡則을 파견하여 강주江州[25]를 고수하게 한 적이 있었다. 이때 남당의 국토는 이미 점령

---

22) 지금의 복건성 건구현建甌縣 일대이다.
23) 남당 시기의 안휘성 무호蕪湖 일대의 사람이었다. 이욱李煜을 도와 추밀부사를 지냈다. 건주의 왕연정을 토벌하는 데 공이 컸다.
24) 남당 시기의 서주徐州 사람이었다. 그의 부친인 남당의 열조烈祖 이변李昇에 이어 즉위하였다.
25) 지금의 강서성 구강九江 부근이었다.

을 당하였고, 조한曹翰이 강주를 포위한 것도 벌써 삼 년이 지났다. 그러나 강주성은 매우 견고했기 때문에 점령되지 않았다. 어느 날, 호칙은 주방에서 올린 생선 요리가 맛이 없어 크게 노하였고, 그 요리사를 죽이려고 하였다. 이에 호칙의 부인은 급히 그를 저지하면서 '사병들이 이 성을 고수한 지도 이미 여러 해가 지나 온 천지에 시신들이 즐비한데, 어찌 반찬 하나 때문에 사람을 또 죽게 한단 말입니까?'라며 간하였다. 호칙은 그 말을 듣고 요리사를 죽이지 않았다. 그런데 그 요리사는 야밤을 틈타 새끼줄을 타고 성을 빠져 나와 조한에게로 도주하였다. 그리고는 강주성의 내부상황을 모두 일러주었다. 원래 강주성의 서남쪽은 지세가 험악하여 수비하는 병력을 따로 설치하지 않았었다. 그런데 그 도주한 요리사는 조한의 군대를 서남쪽으로 인도하여 강주성을 공격하게 하였다. 그날 밤에 강주성은 함락되고 말았다. 그리하여 호칙의 일가족은 한 사람도 남김없이 모두 죽음을 당하였다.

연씨와 호칙의 처가 남에게 베푼 은혜는 한 가지였지만, 그들이 얻은 보답은 이렇게도 달랐던 것이다. 🌸

태위太尉[26) 왕단王旦[27)의 도량은 매우 넓었다. 아무도 그가 화를 내는 것을 보지 못했다. 그는 먹고 마시는 음식물에 무언가 좋지 않거나 불결한 것이 들어 있으면, 그냥 먹지 않을 뿐이었다. 집안 사람들은 그의 도량을 시험해 보기 위해 작은 묵墨 조각을 그의 고깃국 안에 넣어보았다. 그러자 그는 국은 먹지 않고 밥만 먹었다. 집안 식구들이 왜 국을 먹지 않느냐고 물었다. 그는 "나는 가끔 고기가 먹기 싫을 때가 있어."라고만 답하였다. 어느 날, 이번에는 그의 밥에다 묵 조각을 뿌렸다.

---

26) 북송 시기의 태위는 정이품으로, 실재로 관장하는 일이 없이 단지 재상들에게 얹혀 주는 관직이었다.

왕단은 그의 밥을 보면서 "나는 오늘 밥은 먹기 싫어. 죽을 좀 준비하거라."라고 말하였다. 어느 날 그의 아이들이 그에게 말하였다.

"주방의 요리사가 고기를 독차지하여 우리에게 고기음식을 잘 해주지 않아요. 그를 좀 처벌해 주세요."

그러자 왕단은 '너희들이 필요로 하는 고기가 얼마나 되느냐?' 라고 물었다.

'한 근인데, 요즘은 반 근밖에 못 먹어요. 나머지 반 근은 주방장이 감춰 둡니다.'

그 말에 왕단은 '한 근만 먹으면 되는 게냐?' 라고 물었고, 아이들은 한 근만 먹으면 당연히 만족한다고 답하였다. 그러자 왕단이 말하였다.

"그렇다면 다음부터는 일인당 한 근 반씩으로 배당하면 되겠구나."

이렇듯 그는 다른 사람의 과실을 들추어내지 않고, 매사를 이처럼 처리하였다.

왕단의 집 대문이 부서진 적이 있었다. 문을 수리하는 사람은 그의 집을 허물고 다시 지으려고 하였다. 그리하여 그는 마당 앞의 문간방 아래에 있는 작은 문으로 출입하게 되었다. 왕단은 옆문으로 출입하게 되자, 문미門楣가 너무 낮아 말안장을 잡고 상체를 숙여서 들어갔다. 하지만 그는 왜 이 문으로 들어가야만 하는지를 묻지 않았다. 그 후, 새 문이 완성되자 그는 비로소 정문으로 드나들 수가 있었지만 그 연유도 물어보지 않았다. 그의 수레를 끄는 역졸 중 한 사람이 만기가 되어 그에게 하직 인사를 고하였다. 왕단이 그에게 물었다.

"자네가 수레를 몬 지 얼마나 되었는가?"

"5년이 되었사옵니다."

---

27) 송의 진종眞宗 시기에 재상을 12년이나 맡았던 사람이다. 사후의 시호가 '문정文正' 이었기에 '왕문정王文正'으로 호칭되었다.

"그런데 나는 자네를 잘 모르겠구먼."

역졸의 말을 듣고 그가 한 말이었다. 그런데 그가 말을 마치며 돌아서서 가고 있을 때, 왕단은 다시 그를 불렀다.

"자네가 바로 아무개가 아닌가?"

그리고 왕단은 그에게 돈과 재물을 많이 주었다. 알고 보니 그 사람이 매일 수레를 끌 때, 왕단은 오직 그의 뒷모습만을 보았기에 그의 얼굴을 잘 보지 못한 것이었다. 그런데 그가 돌아서자 그 익숙한 뒷모습을 보고 그자가 누군지 금방 안 것이었다. 🏵

석만경石曼卿[28]이 채하하곡蔡河下曲[29]에 살 때, 그의 집 옆에 어느 부호가 살고 있었는데 그 집에서는 매일 노랫소리와 악기소리가 울려나왔다. 그 부잣집에는 몇십 명의 가동과 노비가 있었으며, 언제나 석만경의 집 문 앞을 지나다녔다. 어느 날, 석만경은 한 명의 노복을 불러 그의 주인이 누군지 물어보았다. 그러자 노복은 '이씨 성을 가진 분인데, 연세가 올해 스물이지만 집에는 형제도 없고 능라비단을 입은 시녀만도 몇십 명이나 됩니다.'라고 답하였다. 석만경은 그를 한번 만나보고 싶다는 의사를 표시하였다. 그러자 그 노비는 다음과 같이 말하였다.

"우리집 주인은 지금까지 벼슬아치들을 한번도 접대한 적이 없습니다. 그리고 그 외의 자들도 결코 만나려고 하지 않습니다. 다만, 주인님이 술을 마시는 것을 좋아하여 여러 번이나 학사님이 술을 좋아하신다는 말씀을 하셨으니, 아마도 어르신과 한번 만나 보고 싶은 마음이 있는 듯합니다. 제가 한번 주인님의 의향을 알아보고 말씀드리겠습니다."

---

28) 석연년石延年을 말하며, 그에 대해서는 이미 전술한 바가 있다.
29) 지금의 하남성 개봉부 근처에 있던 지명이다.

어느 날, 그 부호의 집에서 과연 사람을 보내 석만경을 모셔 오게 하였다. 석만경은 즉시 의관을 갖추어 그를 만나러 나갔다. 그런데 그의 응접실에서 꽤 오랫동안 기다린 후에야 그 집 주인이 나타났다. 그는 두건頭巾[30]만 쓰고 비단 요대를 두른 채 손님을 맞이하는 복식을 갖추지 않았다. 석만경을 보고도 최소한의 기본적인 예절마저 갖추지 않았다. 그리고는 그를 또 다른 방으로 안내하였는데, 실내에 진열되어 있는 것들이 호화롭기가 그지없었다. 석만경이 좀 앉아 있으니, 두 명의 젊은 계집종들이 각기 쟁반을 들고 그의 앞으로 다가왔다. 한 쟁반에는 십여 개의 붉은 상아골패象牙骨牌가 놓여 있었고, 또 하나에는 술 이름을 적은 상아패가 역시 십여 종이 있었다. 주인은 석만경에게 한 개의 골패를 고르도록 하였다. 그리고 또 다른 쟁반에는 안주 음식을 적은 골패가 있었는데, 역시 석만경으로 하여금 다섯 개를 고르도록 하였다. 얼마 후, 두 명의 시녀는 나가고 십여 명의 여자들이 제각각 음식과 악기들을 들고 들어왔는데, 그 복식은 물론 미모 또한 매우 뛰어났다. 한 여자가 술을 따라 바치고 그 술을 다 마시면 음악을 연주하였으며, 다른 여자들은 음식과 과일들을 든 채로 두 사람의 앞에 대령해 있었다. 그리고 두 사람이 음식을 다 먹고 나면 그들 좌우에 대기하고 있었는데, 경성의 사람들은 그들을 '연반軟盤[31]'이라고 불렀다. 다섯 번 술을 따른 후에 그 여자들은 모두 물러갔고, 그 주인도 자기 마음대로 다른 방으로 들어가 버렸다. 예절도 갖추지 않았고, 손님을 전송하지도 않았다. 석만경은 홀로 그 집 문을 나섰다. 석만경은 이 부잣집 주인의 언행거지를 얘기하면서 참으로 무지하고 무식하며 바보 같

---

30) 옛날에는 선비 이상의 사람들은 모두 관冠을 사용하였으며, 두건은 서민들이 쓰는 것이다.
31) 부드러운 쟁반이라는 의미이다.

아 아마 콩과 보리도 구별하지 못할 사람이라고 하였다. 하지만 그럼에도 불구하고 그처럼 호화로운 생활을 할 수 있는 것이 너무도 기이하여 믿어지지가 않았다고 말했다. 며칠이 지나 석만경은 사람을 시켜 그에게 안부를 물으려고 시도하였지만, 그 집은 문을 굳게 잠근 채 심부름꾼을 들어오지 못하게 하였으며, 그 누구도 나와서 그에게 말을 건네지 않았다. 그 집 주위에 사는 이웃에게 그에 대해 물어보자 모두가 '그 사람은 한 번도 남들과 어울린 적이 없어요. 이웃이라고 해도 그 사람의 얼굴도 본 적이 없습니다' 라고 말하였다. 옛사람들은 '전치 錢癡[32]' 라는 말을 사용하였는데, 확실히 그런 자들이 있다. ✿

영창穎昌 양적현陽翟縣에는 두씨杜氏 성을 가진 선비가 하나 있었는데, 그의 이름을 알 수 없어 사람들은 다만 두오랑杜五郞이라고만 불렀다. 그의 거처는 성에서 약 30여 리 떨어져 있었으며, 집에는 방이 두 개가 있었는데 각각 자신과 아들이 차지하였다. 집의 앞쪽에는 한 장이 넘는 공지가 있었고, 그 앞에는 싸리로 만든 문이 있었다. 두오랑은 이 싸릿문을 나서지 않은 것이 벌써 30년이 되었다.

여양현黎陽縣의 현감인 손진孫軫은 일찍이 두오랑을 찾아간 적이 있다. 그는 두오랑의 사람됨이 매우 자연스럽고 대범하다고 생각하였다. 그는 자신을 찾아온 현감에게 '나는 일개 무지한 촌민일 뿐인데, 현감께서 찾아올 이유가 전혀 없소이다' 라고 말하였다. 그리고 손진이 그에게 집 문을 나서지 않는 이유를 묻자 그는 웃으며 답하길, '아마도 어르신에게 말한 사람이 뭘 모르고 한 말인 듯 싶소' 라며 다음과 같이 말하였다.

---

32) '돈 많은 바보' 라는 의미로 해석될 수 있다.

"15년 전에 나는 이 뽕나무 아래에서 바람을 쐰 적이 있는데, 어찌하여 제가 집 문을 나선 적이 없다고 그러십니까? 다만 지금의 저는 이미 쓸데가 없는 사람이 되어 버렸고, 또 남에게 부탁할 일도 없기에 간혹 집 문을 나서지 않을 뿐입니다. 그런데 어떻게 제가 남의 존경을 받을 가치가 있다고 그러십니까?"

그에게 또 무엇으로 생활하는지를 물었다.

그의 대답은 이러하였다.

"옛날 나는 성의 남쪽에 살았는데, 밭이 50무畝가 있어 형과 함께 경작을 하였소. 그런데 형의 아들이 처를 얻게 되자 경작한 양식으로 모두 호구하기가 어렵다고 생각하여 그 밭을 형에게 주고 저는 처자식을 데리고 이곳으로 왔소이다. 마침 고향 사람이 나에게 이 집을 빌려주어 여기에서 살고 있소. 오로지 남에게 길일을 잡아주고, 또 약초도 팔면서 그것으로 거친 죽을 해먹고 있다오. 어떤 때에는 그것도 마련하지 못하여 굶기도 합니다. 나중에 아들이 밭일을 할 수 있게 성장하자, 향리의 사람들이 나를 불쌍히 여겨 30무의 밭을 빌려주어 내 아들에게 경작하도록 하였고, 또 여력이 남아 남의 밭일도 해주며 사니, 이젠 충족한 양식을 얻게 되었오. 마을 사람들이 모두 가난하여 행의行醫나 점복占卜으로 연명하는 사람이 너무도 많소. 이젠 우리집 식량이 충분하니 마을 사람들의 이익을 차지해서는 안 되므로 다시는 길일을 잡아주는 일이나 약초를 파는 일을 하지 않소이다."

또 평소에는 무슨 일들을 하는지 물었다. 그는 '단정하게 앉아서는 아무 일도 하지 않습니다'라고 답하였다. 책은 좀 보느냐고 물으니, 20년 전에 책을 본 적이 있다고 하였다. 그에게 무슨 책을 보았는지 물으니 다음과 같이 대답하였다.

"옛날 누군가가 저에게 책을 한 권 주었는데. 서명은 적혀 있지 않았다오. 책 속에서 이야기하는 것은 대체적으로 《정명경淨名經》[33] 이었는데, 《정명경》이 무슨 책인지 알 수가 없소이다. 나는 당시에 그 책에서 말하는 이론을 매우 좋아하였지만, 지금은 모두 잊어 버렸오. 심지어 책을 어디에 두었는지조차 모릅니다."

그의 사람됨의 분위기는 광달曠達하였으며, 태도는 덤덤하였다. 그가 하는 말은 맑고도 간결하였으니, 학식이 있는 선비였다. 그 추운 겨울에 그는 다만 베로 된 저고리와 짚신을 신고 있을 뿐이었다. 방 안은 텅 비어 좁고 긴 낮은 침상만이 놓여 있었다. 그에게 아들의 처세태도에 대해 물어보니 그는 또 다음과 같이 얘기하였다.

"시골의 아이지만, 그 아이의 본성은 매우 순박하지요. 말을 함부로 하지를 않고, 또 까불지도 않습니다. 그 아이에게 소금이나 유제품을 사오라고 하면, 성에 도달하여 어디에 갔으며 언제 돌아오는지 계산할 수 있지요. 그는 언제나 곧장 가서 곧장 돌아옵니다. 다른 곳에 가서 놀거나 하지 않습니다."

나는 당시 마침 군무軍務가 있어 밤이 깊은 후에도 잠자리에 들지 못하였다. 피로가 극도에 달했지만 부하들과 서로 담소를 나눌 때, 손진이 이 이야기를 내게 해주었다. 나는 그 이야기를 듣고 자신도 모르게 그자에게 경의를 표하였으며, 어느 새 번뇌와 피로를 잊게 되었다. ✿

당대唐代에 백거이가 낙양에서 한가로이 머무르고 있을 때, 그는 여덟 명의 나이 많은 퇴직 관원들과 교류하였는데, 이들을 '구로九老'라고 불렀다. 현재에도 낙양에 한거閑居하고 있는 정부관원들은 여전히

---

33) 불경의 이름으로 《유마힐경維摩詰經》의 별칭이다.

많으며, 두 번이나 이어서 '구로회'를 연 적도 있다.

원풍元豊 5년에 문로공文潞公이 낙양에 임직하고 있을 때, 또 '기년회耆年會'를 열어 여기에 모인 자들이 모두 한 수의 시를 지었으며, 정환鄭奐이란 화공을 청하여 묘각불사妙覺佛寺 안에 그림을 그리게 하였다. 그때 모인 사람들은 모두 열 세 사람으로 다음과 같았다.

나이가 79살인 퇴직한 수사도守司徒 한국공韓國公 부필富弼, 77살인 수태위守太尉 겸 하남부를 맡았던 노국공潞國公 문언박文彦博, 77살인 퇴직한 사봉랑중司封郎中 석여언席汝言, 76살의 퇴직한 조의대부朝議大夫 왕상공王尙恭, 75살의 퇴직한 태상소경太常少卿 조병趙丙, 75살인 비서감秘書監 유기劉幾, 75살인 위주방어사衛州防御史 풍행사馮行巳, 73살의 태중대부太中大夫이자 천장각天章閣 대제待制를 맡은 초건중楚建中, 72살의 퇴직한 조의대부 왕신언王愼言, 71살의 선휘남원사검교태위宣徽南院使檢校太尉 겸 대명부大名府를 맡은 왕공진王拱辰, 70살의 태중대부 장문張問, 70살인 용도각직학사통의대부龍圖閣直學士通議大夫 장도張燾, 64살로 단명전학사端明殿學士 겸 한림시독학사태중대부翰林侍讀學士太中大夫인 사마광司馬光 등이었다. ❀

태위였던 왕단은 몸이 매우 허약하고 병이 많았다. 송진종宋眞宗[34]은 친히 그에게 약주藥酒를 한 병 주며, 공복에 마시면 기혈을 조절해 주고 밖으로 들어온 병균을 막아주는 구실을 한다고 얘기하였다. 왕단은 이 약을 먹고 과연 몸이 안정되었고 매우 건강해졌다. 그는 조례朝禮 때 이에 대해 신종에게 감사를 표하였는데, 신종은 그 약에 대해 다음과 같이 설명하였다.

---

34) 조항趙恒을 말하며, 태종의 아들이다.

"이 약은 소합향환蘇合香丸[35]과 술로 만든 약주요. 한 말의 술에 한 냥의 소합향환을 넣어 같이 끓인 것인데, 인체의 내장 기능을 가장 순조롭게 하고 장 안의 각종 병을 제거해 준다오. 추운 겨울날 아침에 일어나자마자 한 잔 마시면 좋소."

그리하여 좌우 가까운 대신들에게 몇 잔을 하사하였다. 이로부터 군신백관들의 집에서 이 약주를 모방하기 시작하였는데, 소합향환은 당시 매우 인기가 높았다.

사실 이 약은 당대唐代의 의약서적인 《광제방廣濟方》[36]에서 나온 것으로, 그 책 속에서는 백출환白朮丸[37]이라고 불렀다. 나중에 후대 사람들은 그것을 《천금방千金方》[38]과 《외대비요外臺秘要》[39]에 집어넣었으며, 그 치병의 효험이 탁월하였다. 나도 《양방良方》[40]이라는 의약서를 통해 그에 대한 자세한 설명을 하였다. 하지만 과거의 사람들은 그것을 사용할 줄 몰랐다. 전유연錢惟演은 그가 편집한 《협중방篋中方》[41]에서 소합향환에 대해 다음과 같은 주를 붙였다.

'이 약은 원래 궁중에서 전해진 것으로, 상부祥符 연간에 군왕이 좌우 대신들에게 나누어주었다'

여기서 말하는 것은 바로 이 고사를 의미하는 것이다. ❀

이사형李士衡은 관직館職[42]에서 일할 때, 사절로 고려에 간 적이 있었는데, 당시 한 무장이 부사副使로 동행하였다. 고려의 군왕이 그에게

---

35) 소합향유蘇合香油와 기타 약물로 조제된 기혈을 보강하는 알약이다. 소합향유는 낙엽성 교목인 소합향의 수지樹脂에서 얻어 낸 끈적끈적한 기름이다.
36) 당현종唐玄宗 개원開元 11년에 유포된 의약서적이다.
37) 소합향환 중에는 백출과 같은 약초가 들어 있기에 붙여진 이름이다.
38) 당대唐代의 저명한 의약학자였던 손사막孫思邈이 지은 《비급천금방備急千金方》과 《천금익방千金翼方》을 통칭하여 부르는 말이다.

준 예물과 재물 등에 관심이 없었기에 그 모두를 동행했던 부사에게 주었다. 그런데 당시當時 그들이 탄 배의 밑 부분에 물이 세는 곳이 있었다. 부사는 이사형이 받은 비단 같은 예물들을 모두 배 밑에 깔고 자신이 받은 선물들을 그 위에다 올려두어, 누수에 의해 젖는 것을 피하려고 하였다. 배가 대해大海 가운데 접어들자 대풍을 만나게 되었고, 결국 배가 전복될 위험에 직면하였다. 사공은 너무나 두려워 배 위에 실은 물건들을 전부 버릴 것을 부탁하였다. 그렇지 않으면 배가 너무 무거워 틀림없이 뒤집힐 것이라고 하였다. 부사는 다급하고 긴장한 나머지 배 위의 물건들을 모두 바다로 던져 버렸다. 그는 당시 어느 것을 버리고 어느 것을 남길 것인지 생각할 겨를도 없이 무조건 잡아 바다로 던졌다. 대략 반쯤 물 속에 던진 후에야 바람이 멈췄고, 배도 안정이 되었다. 잠시 후 그가 버린 물건들을 검사해 보니, 버린 것들은 모두 자신의 물건이었음을 알게 되었다. 반면 이사형의 물건들은 모두 배 밑에 있었으며 전혀 훼손되지도 않았다. 🏵

유미劉美[43]는 젊었을 적에 금속기구 만드는 것에 능했다. 나중에 그의 지위가 올라갔을 때, 군왕이 그에게 내린 선물 가운데에는 임금이 직접 사용한 적이 있는 금은으로 된 기구들이 많았고, 그 위에 새겨진 공장의 이름 가운데에는 유미가 만든 것들도 많았다.

---

39) 당대의 왕도王燾가 편찬한 의약서이다.
40) 심괄이 편찬한 의약서이다.
41) 원서는 유실되고 부분적인 내용만 《본초강목》에 전하고 있다.
42) 당송 시기에 사관史館이나 소문관昭文館, 혹은 집현관集賢館 등에서 일하는 것을 말한다.
43) 자는 세제世濟이며, 북송시대 지금의 사천성 성도成都 사람이었다. 본성은 공龔이었는데, 개성改姓을 하였다.

양경종楊景宗[44]이 빈둥거리며 지낼 때, 일찍이 흙을 지고 정진공丁晉公[45]의 집을 수리하는 인부로 일한 적이 있었다. 나중에 정진공이 파멸하자 군왕은 그의 가산을 몰수하여 관에 귀속시켰고, 그의 저택을 양경종에게 하사하였다.

이 두 사람은 그들의 사회적 지위가 낮았을 때, 한 사람은 군왕을 위해 기구를 제조하였고, 한 사람은 재상을 위해 집을 수리해 주었다. 그 누가 감히 자신이 이러한 성공을 거두게 될 것이라고 예상했겠는가? ❀

옛날의 규정에 의하면, 각지에서 선택된 거인擧人들이 경성의 궁정에 오게 되면 반드시 시험을 치르기 전에 군왕을 뵈어야 했다. 이러한 거인들의 수는 3천 명이 족히 되었는데, 사람들은 이러한 제도를 '군견群見'이라고 칭했다.

벽지에서 온 선비들은 조정의 예법을 알지 못하여 서 있는 순서가 엉망이었고, 관리들도 그들을 잘 통제하지 못하였다. '군견'을 치르던 그날은 하는 수 없이 거인들이 서있는 위치 앞에 진입을 금지하는 구역을 표시하여, 그들로 하여금 금지구역 밖에서 황제를 뵙도록 함으로써 전열前列의 대오를 통제하려고 하였다. 그러나 황제를 알현하는 당일이 되자, 거인들 중에는 서로를 안거나 들어주면서 군왕을 보려고 하였다. 관리들은 사고가 발생할까 두려워 근년에는 향시鄕試에서 일등을 한 거인만이 황제를 뵙도록 하였지만, 그래도 수백 명이 되었다. 가우嘉祐 연간에 나는 부끄럽게도 향시에서 일등을 하여 또 다른 조組로

---

44) 젊었을 때, 고생하며 지내다가 장예태후章睿太后에 의해 동생으로 발견되어 우반전직右班殿直과 관찰유수觀察留守를 지냈다.
45) 정위丁謂를 말하며, 자가 위지謂之였다. 송대 소주인蘇州人이었다. 진국공晉國公으로 봉해졌으며, 지모가 뛰어났을 뿐 아니라 다방면의 재능을 지닌 자였다.

편성되어 가장 앞쪽에 서게 되었다. 나는 당시 배치되어 있는 거인들의 상황을 두 눈으로 똑똑히 보았는데, 오직 앞에 서있는 한두 줄의 거인들만 약간 몸을 숙여 알현 예의를 갖추었고, 나머지 사람들은 배견예식拜見禮式이 끝날 즈음에도 여전히 줄을 맞추느라 정신이 없었다. 이러한 의식은 언제나 내각의 골칫거리가 되었다.

사람들은 말하기를, 궁정에서 서 있는 위치 순서를 분간하지 못하는 부류가 셋이 있는데, 그것은 거인擧人과 외족外族 그리고 낙타駱駝라고 하였다. ❀

양절로兩浙路[46]의 전무세田畝稅는 매每 무畝마다 서 말이었다. 오월국吳越國이 멸망한 후에 조정에서는 왕방지王方贄를 양절로에 파견하여 부세를 조절하는 일을 맡게 하였다. 왕방지는 영슈을 내려 매 무마다 한 말을 거두는 것으로 공포하였다. 그가 조정에 도달하자 황제는 자신의 마음대로 부세의 정도를 감한 것에 대해 힐책하였다. 왕방지는 매 무마다 한 말을 거두는 것은 조정의 통일된 법령인데, 현재 양절 지구가 이미 송으로 귀속이 되었으니 그곳의 백성들도 당연히 군왕의 신민臣民인 것이며, 어찌 다시 오월국의 법령에 따르겠느냐고 주장하였다. 황제는 그 말을 듣고 왕방지의 의견에 따랐다. 지금까지도 양절 지구의 부세는 무당畝當 한 말의 규정을 따르고 있는데, 바로 왕방지로부터 시작된 것이다. 다만 강남과 복건 일대는 여전히 예전의 부세규정을 따르는데, 아마 그 누구도 이에 대해 이견을 제시하지 않아 원래의 규정이 오랫동안 지켜지는 법령이 되어버린 것이다.

오래지 않아 왕방지는 우사간右司諫으로 승진하였고, 마지막에는 경

---

46) 북송 시기에 설치한 15로路 중의 하나로, 지금의 절강성 전부와 상해시를 포함하여 강소성 일대에 해당되던 구역이었다.

동전운사京東轉運使[47]로 일하며 숨을 거두었다. 그에게는 아들이 다섯 명이 있었는데, 이름이 각각 고皐 · 준準 · 담覃 · 공鞏 · 한罕이었다. 그 가운데 왕준의 아들인 왕규王珪[48]는 벼슬이 재상까지 올랐다. 그 외의 자손들도 높은 관직을 맡았다. 그것은 그가 백성들에게 은덕을 베풀어 얻어진 보답이 아니겠는가?

손지한孫之翰[49]에게 누군가가 벼루를 하나 선사하였는데, 그 가치가 3만 전錢이나 된다고 하였다. 손지한이 그에게 물었다.

"이 벼루에 도대체 어떤 기이한 면이 있기에 그렇게도 비싸다는 거요?"

그 말에 벼루를 선사한 사람이 말했다.

"벼루는 연석硯石에 물을 부었을 때, 마르지 않는 것을 상품으로 칩니다. 이 벼루는 그 돌에다 입김을 한번 불면, 그 입김이 바로 물방울이 되어 흘러내립니다."

"하루에 입김을 불어 물을 한 통 얻어도 겨우 석 전에 불과한데, 그런 물건을 왜 사겠소?"

손지한은 그렇게 말하면서 끝내 그것을 받지 않았다. 🏵

왕안석王安石은 천식이 있었는데, 자단산紫團山의 인삼[50]으로 약을 지어먹어야 했지만 구할 수가 없었다. 이때 설사정薛師政[51]이 하동河東

---

47) 전운사는 송대에 부주府州 이상의 행정장관이었으며 그 권력이 막중하였다.
48) 자는 우옥禹玉으로, 조정의 대전책大典冊들이 거의 그의 손을 거쳤다.
49) 손보孫甫를 말하며 자가 지한이었다. 하북도전운사河北都轉運使를 여러 번 지냈으며 지론持論에 능하였다. 《송사》에 전이 있다.
50) 자단삼紫團蔘이라고도 하는데, 옛사람들은 이것을 최고의 인삼으로 알았다.
51) 설향薛向을 말하며, 지금의 산서성 포주浦州 일대의 사람이었다. 여러 번이나 동지추밀원사同知樞密院事를 역임하였다. 당시 왕안석을 좇아 변법에 참여하였다.

[52]에서 돌아왔는데, 마침 이 인삼을 가져와 그에게 몇 냥을 주었다. 그러나 그는 받지 않았다. 누군가가 그를 타일렀다.

"당신의 병은 이 약을 먹지 않으면 고칠 수가 없소. 당신의 질병이 사람들을 걱정스럽게 만드니 거절하지 마시고 받으시오."

그 말에 왕안석은 '내 평생에 자단산의 인삼을 먹지 않고도 오늘까지 살았소' 라며 결국 받지 않았다.

왕안석의 얼굴색이 너무 검어 이를 걱정한 제자들이 의원에게 물어보았다. 그 의원은 말하기를, '그것은 때이지, 병이 아니오' 라고 하였다. 그리고 의원은 조두澡豆[53]를 주며, 왕안석에게 세수를 하도록 하였다. 그러자 왕안석은 다음과 같이 말하였다.

"하늘이 나의 얼굴을 검게 만들었는데, 그 조두가 나를 어찌 하겠는가?" ❀

왕자야王子野[54]는 한평생 생선이나 고기를 먹지 않았지만, 매우 만족스러운 생활을 하였다. ❀

조열도趙閱道[55]가 성도전운사成都轉運使를 맡고 있을 때, 그는 담당구역 내에서 순찰을 할 때면 오직 거문고 하나와 학 한 마리를 갖고 다녔

---

52) 북송의 15로路 중의 하나로, 지금의 산서성 일대에 속하였다.
53) 옛날 사람들이 얼굴이나 손 등을 씻기 위해 사용했던 세척제로, 콩가루를 주원료로 하여 제조된 것으로 그것으로 씻으면 광택이 났다고 한다.
54) 왕질王質을 말하며, 지금의 산동성 신현莘縣 사람이었다. 가세가 부귀하여 형제들이 모두 사치스러웠지만, 유독 그는 절제하였으며 스스로 간소簡素함을 숭상하였다.
55) 조변趙抃을 말하며, 자가 열도이다. 송대 절강성 구현衢縣 일대의 사람이었다. 전중시어사殿中侍御使를 맡을 때, 탄핵에 있어 지위고하를 전혀 고려하지 않았기에 '철면어사鐵面御使' 란 별칭을 가지기도 하였다.

다. 그리고 한가로이 앉아 있을 때에는 언제나 학을 보며 금을 탔다. 한번은 그가 청성산靑城山[56]을 지날 적에 큰 눈을 만나 여관에 머물게 되었다. 여관에 있던 사람들은 그가 그 지역의 행정장관임을 알지 못하였기에 어떤 이는 그를 놀리기까지 하였다. 조열도는 그것에 전혀 개의치 아니하면서 오직 거문고만 탔다. 🏵

회남淮南 사람인 공민孔旼[57]은 벽지에 살고 있었다. 그는 몸가짐이 순박하여 평생 벼슬을 맡지 않았다. 그의 아름다운 인품은 너무도 격이 높았다. 한번은 도둑이 그의 집에 심어둔 대나무를 훔쳐 갔는데, 그는 그 도둑이 차가운 강을 건너야 되는 것을 생각하여 작은 다리를 놓아 무사히 건너가도록 해주었다. 이런 이야기는 그가 참으로 남을 사랑하는 마음을 지닌 자라는 것을 짐작케 해준다.

나는 장자가 그의 부인이 죽었을 때 와분瓦盆을 두드리며 노래를 불렀다는 이야기를 알고 있다. 처가 이미 죽어 그가 와분을 두드리는 것을 멈추지 않는 것은 이해가 가지만, 처의 죽음 때문에 와분을 두드리는 것은 안 두드리는 것만 못하다. 그것은 마치 병원邴原[58]이 밭을 갈다가 금덩어리를 발견하여 주워 담 너머로 버린 것이 밭을 갈다가 금덩

---

56) 지금의 사천성 경내에 있는 산으로 산세가 성城과 비슷해 지어진 이름이다. 전설에 의하면 동한의 장도릉張道陵이 일찍이 여기서 도를 닦았다고도 전한다. 도교에서는 이 산을 '제오동천第五洞天'이라고도 부른다.
57) 자가 녕극寧極으로 일찍이 진사에 마음을 두었지만 나중에 후회하면서 여주汝州(지금의 하남성 임여현臨汝縣 부근)의 용흥산龍興山에서 안빈낙도하였다. 사후에 태상승太常丞을 하사받았으며, 왕안석은 그를 위해 묘지명을 지었다.
58) 관녕과 함께 한말 위초의 사람이었다. 문장에서 말하는 이야기는 《세설신어 · 덕행德行》에 의하면 화흠華歆의 고사이지 병원이 아니다.
59) 자가 한신漢臣이다. 송대인으로 지금의 산서성 분양汾陽 사람이었다. 무인武人으로 인품이 높았던 자였다.

어리를 보면서도 전혀 그것에 눈길을 주지 않았던 관녕管寧의 행위에
못 미치는 것과도 같다. 🌸

  적청狄青[59]이 추밀사樞密使[60]를 지내고 있을 당시에 당대唐代의 적양
공狄梁公[61]의 후손이라는 사람이 적량공의 초상화와 관직문서 열 몇 점
을 가지고 그를 찾아와 헌납하려고 하였다. 그는 또한 적량공은 적청
의 조상이라고 말하였다. 그러나 적청은 그가 주는 것들을 완곡하게
거절하면서 '저는 다만 한 때 조금 성공한 자일 뿐입니다. 어찌 적량공
의 공적과 비교할 수 있겠습니까?' 라고 하였다. 그리고 적청은 그 사
람에게 많은 재물을 건네주었으며, 그가 주려고 가져온 물건들은 모두
반납하였다. 후당後唐의 곽숭도郭崇韜[62]가 곽자의郭子儀의 무덤 앞에서
울며 절한 행위에 비하면 적청은 더욱 많은 것을 얻었다고 하겠다. 🌸

  곽진郭進[63]은 재간才幹과 지략이 뛰어나 여러 번이나 전공을 수립하
였다. 그는 일찍이 형주邢州[64] 지주知州를 역임한 적이 있었는데, 현재
의 형주성은 그가 지은 것이다. 성의 담은 두께가 여섯 장이나 되어 지
금까지도 견고하며 완벽하다. 갑옷과 병기도 매우 정교하였으며, 물건
을 보관하는 것도 법도가 있었다. 곽진은 성북城北에 사택을 지었는데,

---

60) 그 지위가 재상보다는 낮았지만, 나라 전체의 군무軍務를 관장하던 최고 장관이었다.
61) 당대唐代의 적인걸狄仁杰을 말한다.
62) 자는 안시安時이며, 오대 시기의 후당 장종莊宗의 대장군이었다. 그는 장종을 보좌하여
    양梁을 멸망시켰으며, 요직을 많이 맡았다. 그리하여 사람들은 그를 당대唐代의 명장이
    었던 곽자의의 후예로 간주하였다. 그러나 그가 촉을 정벌할 적에 곽자의의 무덤 앞에
    서 통곡하며 조상임을 인정하여 세상 사람들이 비웃는 구설수에 오르기도 하였다.
63) 오대 시기에 후한과 후주後周에서 벼슬하였다. 또 송태조 · 태종 시기에도 방어사와
    관찰사를 역임하였다. 나중에 호군내시護軍內侍의 습격을 받아 자결하였다.
64) 지금의 하북성 형대시邢臺市이다.

다 지은 후에는 친척과 손님들을 완공식에 초대하였다. 그 자리에는 토목공장土木工匠까지 참가하도록 하였다. 여러 부문의 공장들 좌석을 동상東廂에 두었고, 자신의 아들들 자리는 서상에 배치하였다. 누군가가 이에 대해 의아해하면서 물었다.

"아드님들을 어찌하여 토목일꾼들과 같은 줄에 앉게 하셨습니까?"

그 말을 듣고 곽진은 그 일꾼들과 자신의 아들들을 번갈아 가리키면서 다음과 같이 말하였다.

"저 사람들은 집을 지은 사람들이고, 저 사람들은 집을 팔 사람들이오. 집을 팔 사람들은 마땅히 집을 지은 사람들의 아래에 앉아야 하오."

곽진이 세상을 떠난 후, 그 집들은 과연 다른 사람의 손에 들어갔다. 현재 자정전학사資政殿學士[65]인 진언승陳彦升의 사택은 바로 곽진이 살던 집의 동남쪽에 붙은 한 채이다. 🏵

한 무인武人이 있었는데, 그 사람의 이름은 기억나지 않는다. 그 사람은 자유롭고 한가롭게 지내는 것을 평생의 뜻으로 삼고 살았는데, 집안은 매우 청빈하였다. 어느 날 그는 '인생은 본래부터가 아무 구속이 없는 것인데, 구태여 은거하기 위해 애쓸 필요가 있는가!'라는 시구를 읽고 바로 관방에서 군인을 소집하는 부름에 달려갔다. 지금 그는 이미 늙어 퇴직하였지만, 여전히 건강하고 편하게 지내고 있다. 🏵

진종眞宗 황제 때, 향민중向敏中[66]에게 우복사右僕射[67]를 임명하였다. 성지聖旨가 하달되는 날 한림학사 이창무李昌武가 부름을 받고 입조하였다. 진종은 그에게 말하였다.

---

65) 한림학사의 아래였던 관직명이다.
66) 향문간向文簡을 말하며, 자가 상지常之였다. 송대인으로 지금의 하남성 사람이었다.

"내가 황위를 계승한 이후로 복사라는 관직을 준 적이 없었는데, 지금 그에게 이러한 벼슬을 내리니, 이는 매우 특별한 관직이라고 하겠오. 지금 향민중은 매우 기뻐하고 있을 테지요."

이에 이창무가 응답하였다.

"저는 오늘 아침 일찍 입조하여 황제의 부르심을 기다리느라 성지를 선독宣讀하는 것도 몰랐습니다. 그리하여 향민중의 근황을 알지 못하옵니다."

진종이 말하였다.

"오늘, 향민중의 집에는 경축하러 온 사람들이 틀림없이 많을 것이오. 경이 그의 집으로 가서 살펴본 연후에 내일 나에게 상황을 이야기해 주시오. 그리고 내가 보내서 왔다는 말은 하지 마시오."

이창무는 향민중이 집으로 돌아가기를 기다린 후에 그의 집으로 찾아갔다. 향민중은 그때 손님과 작별을 하고 있었는데, 대문 입구는 조용하여 한 사람도 보이지 않았다. 이창무는 향민중과 친숙하였기에 직접 들어가 그를 만나 천천히 축하의 의사를 표시하였다.

"오늘 성지가 내렸다고 들었는데, 대신들이 어느 누구도 기뻐하여 경하하지 않는 사람이 없었소이다. 그야말로 조정과 민간이 함께 기뻐해야 할 일인 듯하오."

향민중은 그 말에 간단히 답하면서 별다른 말을 덧붙이지 않았다. 이창무가 또 입을 열었다.

"황상께서 등기登基한 이후로 그 어느 상서尚書에게도 복사를 제수하지 않았으니, 이는 매우 특별한 벼슬이 아닐 수 없소. 업적이 탁월하고 덕망이 높아 황제 폐하의 지극한 신임을 얻지 못하면 어찌 이러한

---

67) 당송 시기에는 좌우복사左右僕射가 재상의 직이었다.

관직을 얻을 수가 있겠소?"

향민중은 이 말을 듣고도 역시 형식적인 답사를 하였지 별다른 말을 덧붙이지 않았다. 이창무는 도무지 그의 내심을 알 길이 없어, 또다시 전대에서 복사를 임명받은 자들의 공적과 덕행이 얼마나 성대하였는지를 일일이 열거하였으며, 또 복사의 임명장이 얼마나 중요한 것인가에 대해 얘기해 주었다. 그래도 향민중은 결국 이에 대한 별다른 이야기를 하지 않았다. 이창무는 그의 집을 나온 후에 사람을 시켜 향민중의 집 부엌에서 오늘 친우들을 접대하는 잔치연을 베푸는지를 알아보게 하였지만, 주방은 고요하여 아무도 보이지 않았다.

다음 날 이창무가 입조했을 때, 진종이 그에게 물었다.

"어제 향민중을 만났소?"

"예, 만났습니다."

'향민중의 표정은 어떠하였소?'

이창무는 어제의 상황을 황제에게 모두 보고하였다. 진종은 그 말을 듣고 웃으며 말하였다.

"향민중은 과연 재목감이요, 총욕寵辱에 마음이 전혀 동요되지 않으니 말이오."

(향민중이 복사에 임명된 날은 본조의 사서에 기록되어 있지 않았다. 희녕 연간에 나는 우연히 《중서제명기中書題名記》의 기록을 보았는데, 거기에는 '천우天禧 원년 8월에 향민중이 우복사의 직을 더하였다. 그러나 《추밀원제명기樞密院題名記》에는 명백하게 천희 원년 2월에 왕흠약王欽若이 우복사의 관직을 더하게 되었다'고 적혀 있다) ❀

---

68) 자는 동숙同叔이며 시호가 원헌元獻이었다. 송대에 특히 사인詞人으로서의 문명을 크게 날렸던, 지금의 강서성 무주인撫州人이었다. 범중엄范仲淹 · 공도보孔道輔 · 구양수歐陽修 등과 같은 문호가 모두 그의 문하생이었으며, 벼슬은 재상에 달했다.

안수晏殊[68]가 아직 어린 시절에 장지백張知白[69]이 그를 황제에게 추천하였다. 그를 황제 앞에 부르기 전에 마침 황제가 친히 진사들에게 치르는 과거가 있었는데, 안수도 그 시험에 참가하도록 하였다. 당시 안수는 시제詩題를 보자마자 '제가 열흘 전에 이 시제로 부賦를 지은 적이 있사오며, 초고가 아직도 제게 있습니다. 바라옵건대 다른 시제도 하나 내려 주십시오' 라며 아뢰었다. 황제는 그의 성실한 태도에 매우 만족해 하였다. 나중에 안수가 사관史館에서 근무할 적에 천하는 여전히 태평스러워 조정에서는 대신들로 하여금 좋은 장소를 찾아 같이 연회를 베풀도록 윤허를 내렸다. 당시 조정의 고관들은 제각기 모여 잔치를 벌였으며, 여관이나 술집들도 모두 휘장을 두르고 그들이 즐기는 장소가 되었다. 안수는 당시 가정형편이 매우 빈곤하여 참가를 하지 못하였다. 그리하여 그는 홀로 집에 남아 형제들과 더불어 공부를 하고 있었다. 그러던 어느 날, 황제께서 태자를 가르칠 관원을 선택하려는 중에 궁에서 갑자기 안수에게 이 직위를 내리도록 명하였다. 정무를 관장하던 대신은 황제께서 이러한 결정을 내린 연유를 알지 못하였다. 다음 날, 황제에게 그 문서를 심사토록 하였을 때 황제가 말하였다.

"근래에 듣자하니 각부의 대신들이 어느 누구 할 것 없이 모두 밤새도록 연회를 베풀며 논다고 하는데, 오직 안수만이 집안에 들어앉아 형제들과 더불어 공부를 한다고 들었소. 이렇게 성실하고 소박한 사람이라면 동궁관東宮官으로 전혀 손색이 없을 것이오."

안수가 그 직위를 받은 후에 황제에게 가니, 황제는 직접 그에게 그를 임명하게 된 동기를 말해주었다. 그런데 안수는 너무나 솔직하고 꾸밈이 없어 황제에게 다음과 같이 아뢰었다.

---

69) 자는 용회用晦이고, 시호가 문절文節이었다.

"제가 연회를 베풀고 노는 것이 싫어서가 아닙니다. 사실 가정형편이 너무나 궁핍하여 놀 만한 여력이 없어서입니다. 만약 저도 돈이 있었더라면, 분명히 거기에 가서 함께 즐겼을 것이옵니다. 다만 돈이 없어 문을 나서지 못했던 것이옵니다."

그러나 황제는 그의 진실성을 더욱 칭찬하였고, 그에 대한 신임도 나날이 깊어갔다. 인종仁宗 때에 안수는 결국 크게 중용重用되었다. ✿

보원寶元 중에 이부장관吏部長官 왕종王礭은 추밀사를 맡았다. 당시 하서河西[70]의 수령이었던 조원호趙元昊[71]가 반란을 일으켰는데, 황제가 변경의 군사 사정에 대해 물었을 때, 몇 명의 집정대신들은 모두 답변을 하지 못하였다. 다음 날, 추밀원에 있던 네 명의 장관들이 모두 관직을 박탈당했는데, 왕종은 괵주虢州로 좌천당하였다. 한림학사였던 소공의蘇公儀와 왕종은 좋은 친구사이였는데, 소공의가 그를 성문 밖까지 전송하였다. 왕종이 소공의에게 말하였다.

"내가 이번에 멀리 좌천당할 것에 대해 이미 십 년 전에 누군가가 말한 적이 있소이다."

그 말에 소공의가 말하였다.

"그 사람은 아마 점을 치는 사람이었던 모양이지요?"

이에 왕종은 다음과 같은 말을 하였다.

"아니오. 당시 나는 삼사염철부사三司鹽鐵副使를 맡고 있었는데, 적체積滯된 범죄안을 정리하기 위해 하북河北으로 왔었소. 당시에 조위曹

---

70) 황하 서쪽으로 지금의 영하寧夏 회족回族 자치구와 감숙성 일대였다.
71) 본 성은 이씨李氏였지만, 송에서 조씨로 사성賜姓 받았다. 조덕명趙德明의 아들로 인종 때에 송에 반기를 들어 서하국西夏國을 세우고, 재위 17년에 죽었다. 시호는 무열황제武烈皇帝였다.

瑋[72]는 섬서陝西에서 좌천을 당한 후에 이제 막 정수定帥[73]로 발탁이 되었오. 내가 정주定州[74]에 도착하여 공무처리를 끝낸 후에 조위가 나에게 '공무가 이미 끝났으니 이제는 돌아가시겠군요. 바라건대 내일 하루만 더 묵어주십시오. 긴히 드릴 말씀이 있습니다' 라고 말하였소. 나는 그의 탁월한 업무능력을 믿었고, 또 그가 나에게 말하고자 하는 것이 궁금해 하루를 더 묵게 되었지요. 다음 날, 그는 매우 소박한 음식을 차려놓고 나를 접대하였는데, 식사가 끝나자 그는 좌우에 있던 시종들을 모두 물리고 나에게 '나리의 광대뼈 나온 얼굴을 보니 장차 추밀사가 아니면 변경장수邊境將帥가 될 것입니다. 어떤 자는 나리가 재상이 될 것이라고 하지만, 틀린 말이오. 하지만 십 년이 못 되어 반드시 추밀원의 대권을 쥐게 될 것이오. 그 때가 되면 서부변경에 위급한 상황이 닥칠 테인데, 그 전에 반드시 변방군비를 상의하고 인재도 모아두어야 합니다. 그렇지 않으면, 결말이 걷잡을 수 없을 것입니다' 라고 말하였소. 당시 나는 '변경지구의 군사 사정은 오직 당신만이 알고 있는데, 저에게 좀 가르쳐 주시기 바랍니다' 라며 말하였습니다. 그러자 조위는 말하기를, '제가 확실히 좀 알고 있는 것이 있는데, 지금 말씀드려야 할 것 같군요. 제가 섬서에 있을 적에 하서의 조덕명趙德明이 사람들에게 대량의 말을 보내 중원의 물자들과 교환하는 것을 보았오. 그는 또 자신이 번 돈이 적은 것에 화를 내면서 변경에서 장사하는 사람들을 죽이려고도 하였지만 그 누구도 저지하지를 못하였다오. 조덕명에게는 아들이 하나 있었는데, 막 열 몇 살이었오. 그 아이가 극력으

72) 조남원曹南院으로도 불리며, 자는 보신寶臣이었다. 송 진종 때의 하북인河北人으로, 여러 차례 강족羌族을 물리쳤으며, 용맹과 지모를 겸비하였다.
73) 정주로定州路의 최고 장관이었다.
74) 지금의 하북성 정현定縣이다.

로 부친을 간諫하는데, 전마를 인근의 나라에 파는 것은 실책이며, 또 재물을 위해 변경의 사람들을 죽인다면 아무도 그들을 위해 목숨을 바치지 않을 것이라는 말을 하였소. 저는 그 아이가 그런 말을 했다는 것을 듣고는 내심으로 이 아이가 남을 이용하여 자신들에게 충성을 하도록 생각한 것은 반드시 무엇인가 옳지 않은 일을 도모하고 있음을 틀림없으며, 듣자니 이 아이가 늘 시장에 잘 나타난다고 하니 한번 만나보아야겠다고 생각하였지요. 그러나 여러 번이나 사람을 시켜 그 아이를 유인하여 나타나도록 하였지만 끝내 실패하였습니다. 그리하여 저는 초상화를 잘 그리는 사람에게 시켜 그 아이의 모습을 그려오도록 하였는데, 그 얼굴을 보니 과연 걸출한 인물이었습니다. 이 아이는 틀림없이 변경을 도맡게 될 것이고, 그 시기를 계산해 보니 마침 나리가 집정하게 될 그 시기입니다. 정말 각별히 유의하셔야 됩니다' 라고 말하였지요. 당시 저는 조위의 말을 듣고 대수롭지 않게 생각했습니다. 지금에야 비로소 그가 사람을 시켜 그려오게 한 초상화의 주인공이 조원호임을 알게 되었오. 모두가 조위가 말한 대로 돌아간 것입니다." ❀

　석만경石曼卿은 술을 즐겨 많이 마셨다. 평민인 유잠劉潛과 좋은 친구 사이였을 때, 그는 해주海州에서 통판通判직을 맡고 있었다. 유잠이 석만경의 거처로 찾아오면, 그는 석달언石闥堰에서 그를 맞이하였으며 바로 술을 대량으로 마셔댔다. 자정까지 마시자 술은 거의 바닥이 났다. 그런데 앞에 배가 한 척 보였고, 그 위에 한 말의 식초가 놓여 있었다. 그들은 그것을 가져다가 술에 부어 같이 마셨다. 그리고 다음 날이 되어 술과 초가 모두 마셔 없어졌다. 석만경은 매번 손님들과 마음껏 술을 마신 후면 머리를 산발하고 신발을 벗은 채 목가木枷[75]를 쓰고 앉았는데, 이러한 술버릇을 '수음囚飮'이라고 하였으며, 나뭇가지 위에서 마시는 것을 '소음巢飮'이라고 하였다. 또한 곡물의 뿌리로 자신을 묶고 머리를 빼서 술을 마시고 다 마신 연후에 다시 목을 넣는 것을 '별음鱉飮'이라고 하였으며, 야밤에 텅 빈 방에서 술을 놓고 마시는 것을 '도음徒飮'이라고 불렀다. 또 어떤 때에는 구석에 숨었다가 나와 술을 마시고는 다시 들어가 숨어 버렸는데 이를 '귀음鬼飮'이라고 하였다. 그의 광방함과 자유분방함은 이와 같았다. 관서 뒤에는 초당이 하나 있었는데, 그는 그것을 '문슬암捫虱庵'이라고 불렀다. 거기에서 거의 매일 술을 마셨다.

인종 황제는 석만경의 재주를 사랑하였기에 가까이 있는 대신을 불러 석만경을 설득하여 술을 끊도록 하였다. 석만경은 이 말을 듣고 다시는 술을 마시지 않았다. 그러나 이로부터 병을 얻어 죽고 말았다.🏵

공부시랑工部侍郎 호칙胡則이 지현知縣으로 있을 때, 정위丁謂는 아직도 사방으로 떠돌아다니는 평민이었다. 그가 호칙을 찾아갔을 때, 호칙은 그를 매우 잘 접대하였다. 그리하여 정위는 자신의 시작詩作을 주고 양식을 좀 얻었다. 다음 날 호칙은 정위를 위해 연회상을 차렸는데, 평상시 사용하던 주기酒器를 모두 치우고 오로지 흙으로 빚은 도기 그릇만을 올렸다. 정위는 매우 실망하며 호칙이 자기를 미워하는 것이라 여겨 얼른 일어나 떠났다. 호칙은 정위가 묵고 있는 곳으로 와 은그릇이 든 상자를 그에게 주며 말했다.

"집안의 형편이 부유하지가 못해 은그릇이 그리 많지 않소. 이것을 먼 길 떠나는 비용으로 삼으시오."

정위는 그때서야 그가 도기만으로 술상을 차린 이유를 알게 되었고,

---

75) 목에 걸던 나무로 된 형구形具를 말한다.

그에 대한 호칙의 후한 은혜에 매우 부끄럽게 생각하였다. 나중에 정위는 곧 고관이 되었고, 극력 호칙을 추천하여 그로 하여금 높은 자리에 오르게 하였다.

경력慶歷 중에 이경李竟이라는 간관諫官이 간언諫言으로 인해 죄를 얻어 호남湖南으로 좌천당한 적이 있다. 당시 내전승제內殿承制[76]였던 범항范亢은 황주黃州와 채주蔡州 사이에서 도감都監을 맡았는데, 간언으로 인해 죄를 얻어 좌천당하면 나중에 대부분 다시 높은 자리에 오른다고 생각하여 자신의 전주 재산을 털어 그를 위해 전별餞別하였다. 그러나 이경은 호남에 도착하여 오래지 않아 죽어 버렸다.

옛날 사람들이 말하기를, '사람이 무슨 일을 할 때에는 다른 의도를 가져서는 안 되며, 만약 또 다른 의도를 품게 되면 일을 그르친다' 라고 하였다. 왜냐하면 일은 원래 예측을 할 수 없기 때문이다. ❀

주수창朱壽昌[77]은 형부시랑인 주손朱巽의 아들이었는데, 그 생모의 출신은 매우 미천하였다. 주수창은 태어나자마자 빈곤한 집에서 자라다가 열 몇 살이 되어서야 비로소 부친의 곁으로 돌아오게 되었다. 이로 인해 그는 생모와 연락을 끊게 되었으며, 그것은 그를 매우 슬프고도 그리워하는 마음을 낳게 하였다. 주수창은 성인이 된 후에 관직을 사직하고 그의 생모를 찾아 나섰다. 그는 각 지방을 모두 전전하며 갖은 고난과 시련을 겪었는데, 그를 본 사람들은 그 누구도 연민의 마음을 가지지 않는 자가 없었다. 그는 불경책에 수참水懺의 이야기가 있는

---

76) 무신의 관직명이었다.
77) 자는 강숙康叔이며, 송대인으로 지금의 안휘성 회사淮泗 부근의 사람이었다. 그의 모친인 유씨劉氏는 부친의 첩으로 그를 임신하자마자 민간으로 다시 시집을 갔다. 그 모자가 서로 떨어져 있었던 것이 50년이나 되었다고 한다. 효자로서 유명하며, 많은 시인들이 그를 칭송하였다.

것을 들었는데, 부모를 보고 싶어하는 사람이 그 내용을 암송하기만 하면 그 소원을 이룰 수 있다는 것을 알았다. 주수창은 밤낮없이 그것을 읽었고, 심지어 손에 피를 내어 혈서로 경전을 적었으며, 또 그것을 출판하여 다른 사람에게 나누어줌으로써 모친을 찾으려는 자신의 의지를 표시하기도 하였다. 그러던 중 몇 해가 흘렀다. 어느 날, 그는 하중부河中府[78]에서 결국 생모를 만나게 되었다. 두 사람은 서로 얼싸안고 통곡을 하였으며, 주위의 행인들이 모두 감격하였다. 그는 모친을 집으로 모셔 극진하게 보살폈다. 그 후 주수창은 다시 벼슬을 맡았는데, 현재 사농소경司農少卿으로 재직중이다.

사대부 가운데에는 주수창을 위해 글을 지은 자가 매우 많았다. 승상인 왕안석을 비롯하여 그 아래 대신들까지 모두 〈주효자시朱孝子詩〉를 지었는데, 이러한 시들은 수백 편은 될 것이다. ❀

조사朝士[79]였던 유정식劉廷式[80]은 원래 농가의 자제였다. 이웃에 아주 가난한 노인이 살았는데, 그 노인의 딸과 유정식은 약혼한 처지였다. 유정식이 공부를 하여 과거에 등과한 후에 고향에 돌아와 그 이웃 노인을 찾으니, 그는 이미 세상을 떠나고 말았다. 그리고 그 딸도 병으로 두 눈을 잃고 말았으며, 가정형편이 형편없이 궁핍하였다. 유정식은 사람을 보내 결혼예식을 올릴 것을 제의하였다. 하지만 그 여자의 집안에서는 딸이 병이 들었다는 이유로 혼인을 거절하였다. 그들의 생활은 남의 밭을 경작해 주며 살아가고 있었는데, 감히 벼슬하는 사위집

---

78) 지금의 산서성 영제현永濟縣 부근이다.
79) 중앙관리에 대한 총칭이었다.
80) 자는 득지得之이다. 송대인으로 지금의 산동성 역성歷城 사람이었다. 벼슬은 감태평관監太平觀에 이르렀다.

안과 사돈을 맺을 수가 없다고 여긴 것이다. 유정식은 이에 강하게 반대하였다. 그는 '저는 댁의 어른과 이미 약속을 하였습니다. 어찌 그 어른이 작고하고 그 딸이 눈이 멀었다고 약속을 어길 수가 있겠습니까?'라고 말하였다. 결국 그는 그 여자와 결혼하였다. 그들은 매우 화목하게 지냈으며, 그의 처는 유정식의 부축을 받아야만 행동할 수가 있었다. 그녀도 그를 위해 자식을 많이 낳았다.

유정식은 일찍이 경미한 과실을 범한 적이 있었는데, 감사監司는 그를 내쫓으려고 하였지만, 그의 덕행이 아름다워 너그러이 용서하였다. 나중에 유정식이 강주江州 태평궁太平宮을 맡고 있을 때, 그의 부인은 세상을 떠났는데, 그는 매우 슬피 울었다.

소자첨蘇子瞻[81]은 유정식의 의리 있는 인품을 사랑하여 문장을 지어 그를 칭송하였다. 🌸

유개柳開[82]는 젊었을 때, 그 성격이 매우 자유분방하였고 자신의 감정대로 행동하기를 좋아하였다. 또 늘 큰소리치기를 즐겨하며, 자신이 남보다 한 수 위임을 과시하였다. 시험을 치르던 날, 그는 자신의 문장을 발 앞에서 시험관에게 주려고 하였는데, 모두 1천 개나 되는 족자를 외바퀴 수레에 싣고 난삼襴衫[83] 차림으로 직접 그 수레를 밀고 들어왔다. 그는 이러한 기세로 다른 시험생들을 압도하여 과거에서 급제하려고 한 것이었다.

당시 장경張景[84]은 문장으로 이름이 나있었는데, 그는 오로지 한 편

---

81) 소식을 말한다. 자첨은 그의 자이고 동파東坡는 그의 호이다. 송대의 대문호로 지금의 사천성 사람이었다. 왕안석의 신법에 반발하여 황주단련부사黃州團練副使로 좌천당한 적이 있었다. 문장이 호방종횡하여 이백의 기질을 지녔다고 볼 수 있으며, 당송팔대가의 한 사람이다.

의 문장만 소매 속에 넣어 와 발 앞에서 시험관에게 바쳤다. 시험관은
장경의 문장을 읽어보고는 매우 감탄하며 그를 급제시켰다. 당시의 사
람들은 이 사건을 두고, '유개의 천 개나 되는 족자가 장경의 한 편의
문장만 못하더라' 며 이야기하였다.

---

82) 자는 중도仲途이며, 송대 하북성 사람이었다. 한유와 유종원의 문장을 흠모하였으
며, 벼슬은 전중시어사殿中侍御使를 지냈다. 송대 고문운동의 개척자라고도 말할 수
있다.
83) 고대 선비들이 입던 옷으로 희고 가는 포布로 만들어졌는데, 소매는 넓고 치마는 길
었다.
84) 자는 회지晦之로 송대 공안인公安人이었다.

　　장당蔣堂[1] 시랑侍郎이 회남전운사淮南轉運使를 맡고 있을 때, 하속下
屬 각현各縣은 관례적으로 동지절冬至節을 축하하는 서신을 보내왔다.
그리고 서신을 전달하는 사람들은 모두 그 편지를 전달하고는 바로 돌
아갔는데, 유독 한 현에서 파견된 자만이 돌아가지 않고, 기어이 회신
을 받아가려고 하였다. 장당의 부하 직원들이 가라고 하였지만, 그는
말을 듣지 않았다. 그리하여 고함을 지르고 욕을 하면서 내쫓았지만
순순히 나가려고 들지 않았다. 그는 '저는 차라리 대인大人의 명령을
거역할지언정 회신을 얻지 못하면 돌아갈 수가 없습니다' 라고 말하였
다. 당시에 소순흠蘇舜欽[2]도 옆에 있었는데, 매우 놀라며 말했다.

---

1) 자는 희로希魯로 송대인이며, 지금의 강소성 사람이었다. 추밀직학사를 여러 번 역임
　하였다.
2) 자가 자미子美로 송대인이며, 지금의 사천성 면양綿陽 부근의 사람이었다. 정치 개혁
　에 앞장선 인물로 문장에서도 구양수歐陽修 · 매요신梅堯臣과 더불어 유명하였다.

"사역하는 자도 저렇게 무례한데, 그 현령은 어떠한지 알만 하겠군."

그 말에 장당이 대답하였다.

"그렇지 않습니다. 제가 보기에는 그 현령이 매우 능력 있는 자인 것 같습니다. 그 심부름꾼이 저리도 그 현령의 명령을 지키려는 것을 보면 알 수 있지요."

그리하여 장당이 회신을 써서 그에게 건네주자 그는 비로소 문을 나섰다.

소순흠이 오吳 지역에 돌아온 지 한 달이 넘어 장당의 편지를 받았다. 그 편지에서는 말하기를, '그 현령은 과연 능력이 있는 자였습니다'라고 하였다. 그리하여 현령은 이들의 칭찬을 얻었으며, 결국에는 유명한 대신이 되었다. 누군가는 그가 바로 천장각天章閣 대제待制인 두기杜杞[3]라고도 말하였다. 🌸

국자박사國子博士[4] 이여경李餘慶[5]은 상주지주常州知州를 맡고 있었을 때, 정령사무를 처리하는 데 있어 매우 완강하고 사악한 일을 과감하게 뿌리뽑아 흉악하고 부패한 관리들은 그를 마치 신령 대하듯 두려워하였다. 이여경은 말년에 병을 모질게 앓았다. 당시 상주에는 의관醫官이 하나 있었는데, 많은 과실과 불의를 행하였기에 늘 이여경에게 발각될까 두려워하였다. 그는 이여경이 모진 병으로 누워있을 때, 아주 독한 약을 보내 그를 독사시키기로 작정하였다. 이여경은 그가 보낸 약을 먹고 매일 설사를 하였으며, 생명이 위태로운 상황에 직면하였

---

3) 자는 위장偉長이며, 강소성 사람이었다.
4) 양송兩宋 때의 가장 높은 학부學府였던 국자감의 관원을 말한다.
5) 자는 창종昌宗으로 지금의 하남성 사람이었다. 그가 상주지주를 맡았을 때에는 40살 남짓 되었다. 왕안석이 그를 위해 묘지명을 적었다.

다. 이여경은 그 의원이 자신을 독살시키려고 한 것임을 눈치채고 사람을 불러 자신을 공당에 앉게 하고는 그 의원을 불러들였다. 그리고 부하에게 명령하여 그를 곤장으로 마구 때려죽이게 했다. 그리고 그는 자신을 다시 자리에 눕히게 하였는데, 자리에 눕자마자 바로 세상을 떠나고 말았다. 죽은 후에 그는 횡산橫山에 매장되었는데, 그곳의 사람들은 아직도 그를 매우 두려워하고 있어 거기를 지날 때면 모두 말에서 내렸다. 또 학질을 앓는 사람들은 그의 무덤의 흙을 좀 가져다가 침상 머리맡에 두면 병이 나았다고도 했다. 그에 대한 경외심이 이러한 정도였다. 🏵

성도盛度[6]는 상서우승尙書右丞의 직책으로 양주지주揚州知州로 임명되었다. 그는 사람됨이 다소 오만하고 엄격하였으며, 거의 다른 사람을 믿거나 허락하지 않았다. 당시 하유장夏有章이 건주사호참군建州司戶參軍에서 정주추관鄭州推官으로 승진되어 양주를 지나갔는데, 성문숙은 갑자기 그를 재능 있는 자라고 추켜세우며 다음 날 연회를 열어 그를 접대하였다. 누군가가 하유장에게 말하였다.

"성공盛公은 지나가는 손님을 위해 연회를 베푼 적이 없는 사람입니다. 그가 매우 중히 여기는 사람도 식사 한끼를 대접하였을 뿐입니다."

하유장은 그 말뜻을 알고 하루를 여관에서 묵으며 한 수의 시를 지어 그에게 사례를 하였다. 그는 우선 사람을 시켜 그 시를 성도에게 전하도록 하였다. 그러나 성도는 그 시 봉투를 열어보지도 않고 도로 주면서 하유장에게 '나는 이미 쇠약한 노인이라 이런 시들을 보지 않아도 됩니다'라고 전하게 하였다. 그리고는 다시 그를 보지 않았다. 하유장

---

6) 시호가 문숙이라 성문숙盛文肅이라고 불리우며, 자가 공량公量이었다. 송대인으로 지금의 절강성 항주 부근의 사람이었다.

은 뜻밖의 일을 당하여 통판이었던 조역기繹을 찾아가 그 상황을 얘기해 주었다. 조역도 그 이유를 알지 못하고 물었다.

"지주대인知州大人의 성격은 그리 너그럽지가 못하오. 자네의 시 가운데 그를 화나게 하거나 자극하는 부분은 없었소?"

"편지 봉투조차 뜯지를 않았소이다."

하유장의 대답에 조만은 또 물었다.

"혹 편지 봉투에 글씨를 정성스럽게 쓰지 않았던 것은 아니오?"

"제가 친필로 적었는데, 정자正字로 조심스럽게 썼습니다."

"만약 그렇다면 틀림없이 편지를 전달한 사람이 그를 불쾌하게 만든 것일 겁니다."

조만은 급기야 자신이 직접 성도를 찾아가 물었다.

"하유장이 오늘 드린 시는 어떠하였는지요?"

이에 성도가 말하였다.

"읽지 않고 돌려주었소."

"나리께 처음에는 하유장을 매우 극진히 대접하셨는데, 지금은 그의 시조차 보시려 하지 않는 이유가 무엇인지요?"

그 말에 성도가 답하였다.

"처음에 그 사람의 외모를 보니 풍도가 속되지 않아 전도가 보이는 큰 일을 맡을 사람이라고 생각하였소. 그런데 오늘 편지 봉투를 보니 스스로 '신포전종사新圃田從事'라고 칭하였으니, 그는 마땅히 막료나 되어야 하기에 이렇게도 경박스러운 것이오. 두고 보시오, 그의 관직은 반드시 여기서 그칠 것이오. 왜냐하면 그의 뜻이 이미 다했기 때문이오. 절대 내 말을 잊지 마시오, 반드시 확인하게 될 테니까."

가창조賈昌朝는 당시에 참지정사參知政事를 맡고 있었는데, 하유장과 옛날의 정이 있어 그를 관직에 추천하여 맡게 하였다. 규정에 의하면,

임명된 지 일 년이 지나면 시험에 참가해야 했다. 그런데 이듬해에 하유장에게 관각교감館閣校勘이라는 벼슬을 주려고 하였을 때, 어사御使가 그의 과거 과실을 발견하여 그 관직을 회수하였다. 그리고 그를 다시 국자감의 주부主簿로 임명하였다. 그러나 정주추관의 직책은 지니도록 허락하였다. 그리고 오래지 않아 하유장은 경성에서 세상을 떠났다.

성도가 사람을 보는 눈이 이러하였기에 그 어느 사람도 잘 믿지를 않은 것이다. ❀

임포林逋[7]는 항주의 고산孤山에서 은거하였다. 그는 한 쌍의 학을 기르고 있었는데, 그들을 놓아주면 멀리 하늘 끝까지 올라가 공중을 오랫동안 빙빙 돈 후에 다시 조롱 안으로 들어왔다. 임포는 늘 작은 배를 타고 서호西湖 주위의 많은 절들을 유람하였다. 만약 어느 손님이 그의 처소로 찾아오면 한 동자가 문을 열고 나와 그를 안으로 맞이한 후에 조롱을 열어 학을 내보내면 조금 지나 임포는 으레 작은 배를 저으면서 집으로 돌아왔다. 이는 모두 학이 공중에서 나는 것을 보고 안 것이었다.

임포의 성격은 고아하고 초탈하였으며 오만하기도 하였다. 많은 것들을 배워 익혔지만 바둑을 둘 줄 몰랐다. 그는 언제나 사람들에게 다음과 같이 말하였다.

"나는 세상의 모든 일을 할 수 있지만, 다만 똥을 지는 일과 바둑을 두는 것은 할 줄 모릅니다." ❀

---

7) 자는 군복君復으로 송대의 절강성 항주인이었다. 인종仁宗 때에 화정선생和靖先生이라는 시호를 얻었다. 평생을 독신으로 살며 '매처학자梅妻鶴子'라는 고사를 남겼다.
8) 몸 가까이에서 시중을 드는 사람을 말한다.
9) 범중엄范仲淹을 말한다.

경력慶歷 중에 어느 한 근시近侍⁸⁾가 법을 어기었다. 그러나 사실 죽을 죄는 아니었다. 집정대신은 그의 죄상이 엄중하여 마땅히 사형을 내려야 한다고 요청하였다. 그러나 유독 범희문范希文⁹⁾범은 입을 열지 않았다. 퇴조 때에 범희문은 그의 동료들에게 말하였다.

"자네들이 황제를 설득하여 법령의 규정에 의하지 않고 근신을 죽이도록 하면 일시적으로는 통쾌할지 모르지만 군왕으로 하여금 함부로 사람을 죽이게 해서는 안 되네."

동료들은 그 말을 듣고 아무 말도 하지 못했다. ✿

경우景祐 연간에 심형원審刑院¹⁰⁾의 판결에 사신使臣인 하차공何次公의 모든 죄목이 적힌 판결문을 주판관으로부터 황제에게 진상되었는데, 황제께서는 그 판결문을 보고 갑자기 이 자의 이름이 '차공'인 것은 무슨 까닭인지 하문하였다. 주판관은 갑작스러운 질문에 대답을 하지 못하였다. 당시 전중승殿中丞 심형원상의관審刑院詳議官¹¹⁾을 맡고 있었던 방적龐籍¹²⁾이라는 자는 상사上司를 따라 궁중에 오게 되었는데, 그는 자신의 지위를 뛰어넘어 응답하기를,

"신은 일찍이 《전한서前漢書》를 읽은 적이 있사온데, 황패黃覇의 자가 차공인 줄로 압니다. 아마도 그것은 '패覇'가 '왕王'에 버금가는 것이기 때문일 것입니다. 이 자는 반드시 황패란 위인을 흠모한 줄로 사료됩니다."

---

10) 모든 안건案件은 대리사大理寺에서 재판한 후에 심형원에 보고하여 재심을 하며, 다시 황제에게 아뢰어 결정짓도록 되어 있다.
11) 관직명으로 지원知院과 함께 대리사의 판안判案을 재심하고 문서를 작성하여 중서中書에 보고하는 일을 맡았다.
12) 시호가 장민莊敏이며, 자는 순지醇之였다. 지금의 산동성 사람으로 나중에 영국공潁國公으로 봉해졌다.

라고 말하였다. 황제는 머리를 끄떡였다.

다른 날에 또 판결을 진상하였을 때, 황제는 지원관知院官을 보며 물었다.

"전에 본 방씨 성을 가진 상의관이 어찌 오지 않았는가?"

지원知院은 응답하길, 그의 임기가 다하여 경성을 떠나 외직을 맡고 있다고 말하였다. 황제는 급히 중서성에 명을 내려 그가 경성에서 일을 하도록 하였으며, 삼사검법관三司檢法官을 명하였다. 오래지 않아 그는 다시 삼사판관三司判官으로 발탁이 되었으며, 경력 연간에는 궁에 들어와 재상이 되었다.

沈 括 存中

官政一

世稱陳恕爲三司使改茶法歲計幾增十倍子
爲三司使時考其籍盡自景德中此戎入
冠之後河北糴便之法寖盛此後茶利十
喪其九恕在任值比虜講解商人頓復歲
課遂增雖云十倍之多考之尚未盈舊額
至今稱道雖不虞之譽也

世傳筭茶有三說法最便三說者皆謂見錢爲
一說犀牙香藥爲一說茶爲一說深不然
也此乃三分法其謂緣邊入納粮草其價

제11권
관정官政①

세상 사람들은 진서陳恕[1]가 삼사사三司使로 있을 당시, 차법茶法을 개진하여 매년의 세수稅收가 열 배로 증가한 것을 칭송하였다.

내가 삼사사로 있을 때, 그에 관한 장부를 고찰한 적이 있다. 경덕景 德 연간에 요군이 대거 남침한 후로부터 하북 지방에 실행했던 변적법 便糴法[2]은 완전히 무너졌고, 그 이후 차에 대한 세리稅利는 형편없이 줄어들었다. 진서가 그 임무를 맡았을 당시, 마침 요군과 강화를 맺 어 상인들은 다시 활동을 재기하였으며 매년 징수하는 세금도 증가 되었다. 비록 증가한 것이 열 배에 달한다고 하지만 자세히 검사해 보면, 총액은 원래의 수치보다 많지 않았다. 지금까지도 세인들은 그

---

1) 자는 중언仲言이며, 송대 강서성 사람이었다. 염철사鹽鐵使로 있을 당시에 구폐舊弊 를 개혁하여 송태종宋太宗으로부터 '진염철眞鹽鐵'으로 불리었다.
2) 다음 문장을 참조.
3) 여기서의 박博은 바꾼다는 의미인데, 돈 이외의 화물로써 양식을 사들이는 것을 말 하였다. 송초에는 대개 베나 비단, 금은 등으로 교역을 진행하였다.

를 칭찬하고 있는데, 이것은 그야말로 그 자신도 예기치 못한 칭송일 것이다. 🏵

세간에 널리 전하는 차세茶稅에 대한 계산법 가운데 '삼설법三說法' 이 가장 간편하다. '삼설'에 대해 사람들은 모두 말하기를, 현금으로 바꾸는 것과 코뿔소나 상아 혹은 향약香藥으로 바꾸는 것 그리고 차로 바꾸는 것이라고 하는데, 이는 절대 그렇지 않다. 그것은 '삼분법三分 法'일 뿐이다.

변방 지역에서 양초糧草를 납부하는 것은 시가로 세 가지로써 계산 하였는데, 그 하나는 현금으로 지급하는 것이었고, 또 하나는 코뿔소 나 상아뿔과 같은 잡화물이었으며, 마지막으로는 차로써 계산하는 것 이었다. 나중에는 소금으로 계산하기도 하였는데, 그리하여 '사분법四 分法'이 되었다.

내가 삼사에 있었을 때, '삼설'이라고 하는 과거의 이름을 고증한 적 이 있었다. '삼설'은 사실 세 가지의 일을 말하였다. 즉 박적博糴[3]과 변 적便糴[4] 그리고 직변直便[5]을 말한다. 그 가운데에서 '박적'이란 가장 먼 지역의 양초를 말한다. 일 년의 수매는 반드시 일정량을 채워야 하 는데, 매년 삼사三司로부터 고무사庫務司에 하달되어 우선 현찰과 긴변 전緊便錢(수로水路를 이용하는 상인들이 교환하기에 편하도록 만든 어음)·
긴차초緊茶鈔(상산산장上三山場에서 차를 수령할 수 있는 일종의 증서)들을 한 묶음 한 묶음씩 봉하여 보존하였다. 그리고 그 후에는 다시 사람을

---

4) 관청에서 초인鈔引, 송대에 사용되던 어음이나 수표를 말함으로 양초糧草, 사람이 먹
는 양식과 말들이 먹는 사료를 일컫는다를 사들이는 것을 말한다. 양초를 파는 사람
은 관청에서 발행한 초인을 가지고 관청으로부터 차茶·염鹽·향약香藥·상아象牙·
코뿔소뿔·전폐錢幣 등을 수령하였다.
5) 금전으로 초인鈔引을 바꾸는 것을 말하는데, 여기서 직直이란 말은 치값의 의미이다.

불러 입중入中[6]하게 하였다. '변적'은 차등次等의 변방 지역의 양초를 사들이는 것을 말한다. 상인들은 먼저 양초를 입중하고 연후에 경성으로 가서 만변전慢便錢(도로가 막혀 화물을 교환하는 데 불편을 초래하여 사용되는 일종의 증서)과 만차초慢茶鈔(삼산장三山場에 내려가 차를 수령하는 증서), 그리고 잡화 등을 계산하여 수령하였다. 그리고 '직변'은 상인들이 연변沿邊 지역에서 현금을 직접 납부하고 다시 경성에서 화물을 수령하는 것을 말하였다. '삼설' 가운데에서 먼저 '박적'의 액수가 이루어진 연후에 '변적'과 '직변'을 진행하였다. 그러므로 상인들은 다투어 먼저 가장 먼 지역으로 가서 '박적'을 하려고 하였으므로 그곳의 양식은 언제나 지정된 액수를 달성하였으니, 각 주州로 분할될 여지가 없었다. 따라서 양초의 가격도 갑자기 올라가지 않았으며, 많은 길에서 납부하는 세금의 수확도 여액이 남아돌았으니, 이는 좋은 방법이었다. 내가 삼사에 있을 때 마침 이 제도를 추진하려다가 강직降職의 처분을 받은 적이 있다. 따라서 이 건의는 실행되지 않았다. 🏵

연주延州에 원래 있는 풍림豊林[7] 현성縣城은 학연륵륵赫連勃勃[8]이 있을 때 건축한 것인데, 현재까지도 혁련성이라 불리고 있다. 성벽은 돌과 같이 견고한데, 그곳을 칼로 내리치면 불꽃이 튀었다. 이 성은 벽이 그리 두껍지 않지만 성벽의 마면馬面은 매우 길고 빽빽하게 분포되어 있다. 나는 일찍이 직접 사람을 보내 그것을 측량하도록 하였는데, 마면은 일률적으로 4장이었으며, 그들간의 상호거리는 단지 6-7장밖

---

6) 송대에 관청에서 양식을 구매하는 한 방법이었다. 정부가 곳곳의 상인들을 모집하여 양초를 사들였다가 지역의 멀고 가까운 것에 따라 그 가치를 매겨 증서를 발부하면 상인들은 그 증서를 가지고 경성의 각화무榷貨務로 가서 현금을 받든지 아니면 동남 주군東南州軍으로 가서 거기에서 차·염·향약·보화寶貨 등을 수령하는 방법이었다.
7) 옛날의 현이름으로 지금의 섬서성 연안延安의 동남쪽에 위치하고 있다.

에 되지 않았다. 마면이 조밀하게 만들어졌기에 성벽은 두꺼울 필요가 없었으며, 적들의 힘으로도 공략될 수가 없었다. 나는 예전에 직접 성을 공격하는 장면을 본 적이 있는데, 마면이 길면 마면 위에서 화살로 성벽 아래의 적을 쏠 수가 있었으며, 마면이 많고 조밀하면 화살이나 돌멩이들을 상호 지원할 수가 있었다. 그리하여 만약 적이 성 아래에 몰려들면 사방에서 화살과 돌멩이의 공격을 받게 되는 것이었다. 적들을 성벽 아래로 공격해오지 못하도록 하는 것이 가장 좋은 방법인 것이다. 지금의 변방 지역의 성지城池는 성벽이 매우 두터우나 마면은 매우 짧을 뿐만 아니라 분포된 것이 조밀하지 못하여 만약에 적이 성벽 아래로 몰려든다면 성벽이 아무리 두꺼워도 위험한 것은 마찬가지인 것이다. 이러한 성들은 모두 '단적團敵'이라고 하여 성벽의 모서리를 원형으로 만들었는데, 그것도 매우 좋지 않은 것이다. 왜냐하면 병사들은 모두 성곽의 모서리에 붙어 활을 쏘고 돌멩이들을 던지면서 성벽 아래를 지키는데, 성벽 아래로 다가온 적들을 여러 방면으로 막을 수 없도록 하면 그들은 자연히 실패하는 것이기 때문이다. 따라서 혁련성과 같은 축성방법은 우리들이 배워야 할 점인 것이다. 🏵

유안劉晏[9]이 국가재정을 맡고 있을 때, 그는 몇백 리 밖 지역의 물가가 오르고 내리는 것도 당일에 바로 알았다. 누군가가 유안의 조치를 이해하였는데, 내가 삼사에서 업무를 맡고 있을 때 일찍이 동남지구에

---

8) 동진東晉 시기 흉노족匈奴族의 추장이었다. 원래는 후진後秦에서 벼슬을 하였으나, 407년에 군대를 이끌고 자립하여 자칭 '대하천왕大夏天王'이라고 하며, 십육국十六國의 하나인 하나라의 건립자가 되었다. 그 사람됨이 매우 잔혹하였으며, 뜨거운 토축성을 잘 쌓았는데, 그 견고함이 칼과 창을 능히 갈 수 있을 정도였다고 한다.

9) 자는 사안士安이며 당대唐代 조주曹州 남화南華 사람으로 중당中唐 시기에 재정을 잘 맡아 본 유명한 재상이었다.

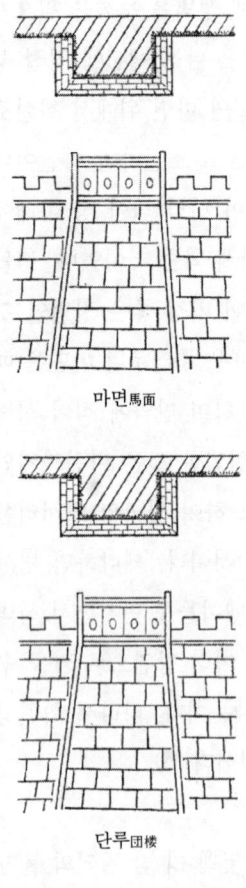

마면馬面

단루団楼

서 그것을 진행한 적이 있었다. 원래 발운 사發運司에서는 매년 각 주현州縣에서 양식을 수매할 시에 사전에 그 양식의 가격을 알지 못하였고 반드시 각 지역으로 하여금 현지의 양식 가격표를 보고하여 올리도록 하였다. 그런 연후에는 각 지역의 양식 가격의 고저高低에 근거하여 비싼 곳은 적게 사고 싼 곳은 많이 사들였다. 각지의 양식 가격을 모두 모은 후에 사야할 숫자를 결정하여 집행하면 왕왕 공문이 도달할 쯤에는 해당 지역의 양식 가격이 이미 올라가 있었기에 늘 높은 가격으로 양식을 구매하게 되었던 것이다. 유안의 방법은 산량이 많고 교통이 편리한 주현에 지령指令하여 몇십 년 간의 양식 가격의 높낮이와 수매수량의 분량을 다섯 등급으로 나누어 명단으로 작성하여 해당 기관[10]에다 교부하도록 하였다. 양식 가격이 바로 확정되기만 하면 다시 보고하지 않음으로써 즉시에 양식을 수매하여 창고에 저장할 수 있었다. 그리하여 제일 비싼 가격의 양식은 다섯 번째 수량으로 수매하고, 두 번째 가격의 양식은 네 번째 수량으로 수매하였으며, 네 번째 가격의 것은 두 번째 수량으로 수매한 것이

10) 지금은 발운사에서 주관하고 있다.
11) 관명으로 위진魏晉과 수당隋唐 그리고 송대에 이르기까지 모두 비서교서랑秘書校書郞을 설치하였다. 그들은 각종 서적들을 관리하며 문장과 문자의 교정을 책임졌다.

었다. 그와 동시에 사람을 파견하여 수매상황을 신속하게 발운사에 보고하도록 하였다. 이렇게 되면 양식 가격이 낮은 지역은 자연히 가장 많은 양식을 수매하게 되었으며, 기타 각지의 것들도 등급에 따라 적당한 수량의 양식을 구입하게 됨으로써 불합리한 수매를 막게 되었다. 발운사는 또 각지에서 수매한 양식의 수량을 종합적으로 통계를 내어 만약에 수매량이 많으면 양식가격이 비싸고 먼 지역의 수매량을 감소시켰으며, 만약에 수량이 모자라면 양식 가격이 싸고 길이 가까운 지역의 수매량을 늘렸다. 이로부터 정해진 양식 가격은 다시 그 시기를 그르치지 않게 되었으며, 스스로 해당 지역의 양식 수확의 좋고 나쁨의 상황에 따라 당일에 바로 그 가격을 알 수 있었던 것이다. 이는 실로 매우 좋은 조치였다고 하겠다. 🏵

과거의 교서관校書官[11]은 대부분 일을 성실히 수행하지 않았다. 오로지 옛날 서적을 가져다가 붓으로 마음대로 한 글자를 지우고 다시 그 글자를 지운 글 옆에다가 씀으로써 하루의 업무를 마감하였다. 편교국編校局을 설치한 이후부터는 붉은 붓으로만 동그라미를 치도록 규정하였으며, 또 서적의 권말에도 교서관의 성명을 써넣도록 하였다. 🏵

오대五代[12] 시기에는 방진方鎭[13] 들이 할거하여 왕왕 원래의 조세 이외에 다시 백성들로부터 조세를 수납하였다. 본조가 설립되는 초기에는 이러한 중복조세를 모두 면제시켰으며, 조세의 액수도 확정적인 숫

---

12) 서기 907년에 주온朱溫이 당唐을 멸하고 황제로 자칭하면서 국호를 양梁으로 하는 중국 북방의 대부분을 차지하는 나라를 세웠는데, 사가史家들은 후량後梁으로 불렀다. 이로부터 후당後唐 · 후진後晉 · 후한後漢 · 후주後周의 나라들이 뒤를 이었는데, 중국역사에서는 이를 오대五代라고 불렀다.
13) 한 지역의 군사 구역과 군사 장관을 차지하는 것을 말하였다.

자화 되었다. 그 사이에는 경중이 불균형한 지역도 나타나게 되었지만 구체적인 상황에 근거하여 그것들을 균형화시켰다. 그 가운데에서 복주福州와 흡주歙州의 조세는 너무 높았다. 복주는 2관貫 5백 문文의 돈을 한 필의 견絹으로 환산하여 납부하게 하였으며, 흡주가 관부에 납부하는 비단은 단지 몇 냥兩뿐이었다. 그리고 태원부太原府가 납부하는 부세는 전액이 면제되었으며, 염가로 양식을 매매하여 보충하였다. 그러나 후세 사람들은 복주와 흡주에서 조세로 충당하는 비단이 너무 비싸다고 생각하였으며, 태원부의 쌀은 너무 싸다고 여기는데 이는 일부러 부세의 균형을 맞추기 위한 당시의 상황을 이해하지 못한 연유이다. ✿

여름과 가을 두 계절의 세수는 예전의 습관대로 현금과 물품을 납부하였는데, 이를테면 소금이나 곡물 혹은 현금과 같은 것으로 그 종류가 매우 다양하고 번잡하였다. 경력 연간에는 유관 기관에서 그 번잡한 명목들을 합쳐서 하나로 만들었으며, 그로써 장부기록도 간편하게 하였다. 정림程琳[14]은 당시에 삼사사를 맡고 있었는데, 유독 그는 예전의 방식대로 하는 것이 간편하다고 주장하였다. 만약에 예전의 명목들을 없애버린다면 나중에는 그것을 전혀 이해하지 못할 것이며, 누군가가 소금이나 곡물 등의 명목들을 다시 설치한다면 중복을 야기할 것이라고 생각한 것이었다. 이 또한 그의 면밀한 성격을 잘 반영한 것이라고 할 수 있다. ✿

근년에 와서 형주刑州[15]와 수주壽州[16] 두 곳에서 각각 사건을 하나 판

---

14) 정문간程文簡을 말하며, 인종仁宗 때에 참지정사參知政事를 맡았다.
15) 지금의 하북성 형대시刑臺市이다.
16) 지금의 안휘성 수현壽縣이다.

결하였는데, 법령을 잘못 사용하여 형조刑曹[17]로부터 승인을 얻지 못한 적이 있었다.

수주에서 어느 한 사람이 처의 부모와 형제 몇 명을 죽였는데, 그 주의 관아에서는 그 사건을 대역부도大逆不道한 일이라고 여겨 그자의 부인까지도 처벌하려고 하였다. 그러나 형조에서는 그 판결을 승인하지 않았는데, 처의 부모를 때린다는 것은 이미 부부간의 의리를 단절한 것이며, 하물며 그들을 모살하였음에랴! 그 자의 부인까지도 벌을 내려서는 안 된다' 라며 그 이유를 적어 보냈다.

형주에서는 한 강도가 어느 집에서 도둑질을 하면서 그 가족을 죽였는데, 그 집의 부부는 현장에서 죽었고, 오직 아들 하나는 이튿날 숨이 끊어졌다. 형주 관부에서는 그 가족에게 남겨진 재산을 '호절법戶絶法' 에 의거하여 모두 출가한 친딸에게 주어야 한다고 판결하였다. 그러나 형조의 판결은 '그 집의 부모가 죽었을 때에 그들의 아들은 아직 살아 있었으니, 그 때에 그 집의 유산은 아들의 것이 되었다. 따라서 이미 출가한 친딸은 그 아들의 누나이니 한 푼도 받을 수 없다' 라고 하였다.

이 두 사건은 대체적으로 매우 유사하다. 다만 하나는 살아 있는 사람에게 잘못이 있었고, 다른 하나는 죽은 사람에게 잘못이 있는 차이일 뿐이다. ❀

심주深州[18]의 원래 주성州城은 정안靖安[19]에 있었는데, 그곳의 땅은 염분이 너무 많아 작물을 심을 수가 없었으며, 우물물까지도 모두 소

---

17) 형부관서 刑部官署를 말한다.
18) 지금의 하북성 심현深縣과 안평安平 등에 해당하는 지역이었다.
19) 정안靜安을 말하며, 지금의 심현 남쪽이었다.

금기가 있는 쓴맛의 물이었다. 경덕景德 연간에는 주성을 옮기자는 의견이 나왔는데, 당시 부잠傅潛[20]의 집은 이안李晏[21]에 있었기에 그는 황제에게 상소하여 심주의 주성을 이안으로 옮기자고 하였는데, 현재의 심주성이 바로 여기이다. 이 지역의 땅도 작물이 자라지 않았으며, 원래의 정안 주성과 별 차이가 없었다. 땅의 절반은 소금층으로 이루어졌다고 할 수 있었다. 성벽을 아침에 보수를 하면 저녁이 되어 그것은 다시 무너졌다. 심지어 백성들이 사용하는 땔감조차도 다른 현에서 조달하였다. 단지 호로수胡盧水[22]의 물은 그래도 억지로 주민들이 식용할 수 있었지만 그것도 바깥에서 온 것이다. 그리고 이 지역은 방어하는 성으로서도 매우 불리하였다. 원래 지역의 주성의 북쪽에는 안평과 요양饒陽이라는 두 현이 있었는데 모두 땅이 비옥하였으며, 인구도 많아 산물이 풍부하였을 뿐만 아니라 마침 서촌徐村이라고 하는 요새를 마주하고 있으며 게다가 기주祁州[23]와 영녕永寧[24]과도 서로 이어져 개의 이빨과 같은 형세를 이루고 있었던 것이다. 주성을 여기에 두지 않고 자신의 사리를 위해 주성을 황급히 이안으로 옮긴 것은 부잠의 죄과이다. 🌸

유관 규정에 의하면 관직을 면제 당한 자는 삼 년이 지난 후에 그의 원래 관직 품급에서 두 등급 내려간 등급으로 임용토록 하였다. 자신의 실제 관직을 면제 당한 사람이나 관직으로 죄를 면한 사람들은 일 년이 지난 다음에 원래 관직에서 한 등급 강하하여 임용토록 하였다.

---

20) 북송의 장군으로 거란족이 침략하였을 때에 위축되어 항전하지 않았던 자이다.
21) 지금의 하북성 심현의 동남에 있었다.
22) 호로하胡盧河를 말하는데, 지금은 습지로 변했지만 옛날에는 하북의 녕보현寧普縣에서 심현深縣으로 흘렀다.

원래 관직의 품급을 강하하는 것은 관직을 면제하는 것이 두 관직을 모두 면제시키는 것임을 말하는 것이다. 그렇다면 그가 이전의 품급에서 강하된 것으로부터 두 등급을 낮춰 임용한다는 의미이다. 또 자신의 실제 관직을 면제당한 사람이나 관직으로 죄를 면한 사람들은 오직 한 관직만을 면제되므로 그가 이전의 품급에서 강하된 것으로부터 한 등급을 강하하여 임용하는 것이다. 지금의 관원들이 현재의 관직에서 다시 한 등급을 강하하는 것은 규정의 내용을 잘못 이해한 것이다. 🌸

연이은 강직降職의 규정은 그 사례가 많아도 각각 네 등급을 초과할 수는 없다. 이와 같이 강급降級에 그 한도를 두는 규정은 아무 이유가 없이 그렇게 정한 것이 아니라 불가피한 사유가 있어 그 한도를 규정하지 않을 수 없었기 때문이다. 규정에 의하면, '재범으로 아직 역임하는 관직이 있는 사람은 여전히 그의 품급을 연이어 강급시킨다. 품급을 강급시키는 것은 비록 많으나 각각 네 등급을 초과하지 못한다' 라는 말이 있는데, 그 주注에 따르면, '각각이라는 말은 두 관직이 각각 강급하여 합계의 한계 속에 두지 않음을 말하는 것이다' 라고 하였다. 두 관직이란 직사관職事官과 산관散官, 그리고 위관衛官을 하나의 관직으로 보고, 훈관勳官을 한 관직으로 보는 것이다. 두 관직을 각각 네 등급을 하강시켜 합병하여 계산하지 못하게 하는 것은 바로 여덟 등급을 한도로 하여 모두 강급함을 말한다. 나는 이 부분을 고찰한 결과 바로 제명서법除名敍法임을 알았다. 즉 정사품正四品은 정칠품 하下로 임명되고, 종사품從四品은 정팔품 상上으로 임명되니 바로 원 품급의 아홉 등급으로 강급시키는 것이었다. 면직시키거나 관을 다섯 등급으로 강

급시키면 오히려 처벌이 제명보다도 더 무겁게 되니 이것이 바로 강급의 한도를 규정하지 않을 수 없었던 원인이었다. 이 규정은 현재 전혀 사용되지 않으나 지금 법을 집행하는 자들은 당시 이러한 입법의 의도를 반드시 알고 있어야 한다. 그래야만 새로운 규정에 대해 모순되는 부분이 생기지 않는 것이다. 내가 검정형방공사檢正刑房公事를 역임하고 있을 때에 일찍이 도처에 있는 나이 많은 집법관원들에게 이것에 대해 물은 적이 있었다. 그러나 그 누구도 이 규정의 의도를 아는 자가 없었다. ✿

변방에서 성을 지키는 장비 가운데에 전붕戰棚[25]이라는 것이 있다. 긴 각목을 성벽 위에다 쌓아 적루敵樓[26]와도 같았는데, 그것을 수시로 철거할 수도 또 매우 빠르게 안착시킬 수도 있었다. 그것은 성루가 갑자기 파손되거나 혹은 성루가 없는 지역에서 공격을 당할 때에 곧바로 부착시켜서 전투에 임하기 위해 만들어진 것이다.

양대梁代의 후경侯景[27]은 대성臺城[28]을 공격할 적에 높은 누각을 쌓아 성을 공격하였으며, 성 위에도 고루高樓를 세워 대항하며 사병들로 하여금 긴 창을 사용하여 누각 위에서 전투하도록 하였는데, 이러한 설비는 전붕과 유사하다고 할 수 있다. 적의 공격을 방어하기 위해 이러한 설비를 미리 만드는 것은 다급한 가운데에서 준비되는 것이 아니다.

근년에 와서 변방의 관리들 중에는 이미 성루가 있으면 전붕은 없애도 된다고 생각하는 자들이 있는데, 이는 생각이 모자란 데서 나온 것이다. ✿

---

25) 고대 중국에서 성을 수비하기 위해 임시적으로 하던 공사이다.
26) 성벽 위에 적을 막기 위해 지은 성루城樓를 말한다.
27) 원래 북조北朝 동위東魏의 장군이었는데, 양梁에 투항한 이후에 다시 양에 반항하여 양의 수도 건강建康, 지금의 남경시를 공격하여 점령하였다.
28) 지금의 남경시 계명산鷄鳴山 부근으로 남조南朝의 궁전과 관부가 밀집된 지역이었다.

국진경鞠眞卿이 윤주潤州[29] 지주知州를 맡고 있을 시에 민중 가운데에서 상호 구타하는 사건을 접하게 되었다. 그는 그들에게 다툰 행위에 대한 죄를 내린 것 외에도 먼저 때린 사람이 나중에 때린 사람에게 돈을 지불하도록 지시하였다. 비열한 인품을 지닌 자들은 자신들의 돈을 상대방에게 주는 것이 아까워 하루종일 말싸움만 하며 서로 노려만 보았지 그 누구도 감히 주먹질을 하지 못하였다. 대개 무뢰한들은 관아에 끌려가 곤장을 맞는 것을 그리 두려워하지 않기 때문에 이러한 제도를 만들어 그들을 제어하려고 한 것이었다. 이것은 왕경칙王敬則이 사건을 판결한 방법[30]과도 같다고 하겠다. ❀

조주曹州 사람인 조간趙諫은 하급관리를 맡은 적이 있었는데 과실로 인하여 제명된 자였다. 그는 다른 사람의 지위를 몰래 사용하여 향리의 일을 지휘 관장하였지만 아무도 그에게 맞서지 못하였다. 사람들이 그를 두려워하는 것은 강도를 두려워하는 것 이상이었다. 심지어 관부에서도 그에게 제압 당하여 그의 눈치를 보며 일을 처리하였다.

병부원외랑兵部員外郎인 사도謝濤[31]가 조주지주曹州知州를 맡고 있을 때에 그의 악랄한 죄행을 완벽하게 포착하여 그를 체포해 관부에 가두었다. 그는 이 악인이 지금까지 행한 나쁜 일들을 전부 명시하여 상부에 보고하였다. 그 보고서는 어사부御史府에 내려가 면밀히 조사하여졌고 조간의 죄행은 하나하나 드러나게 되었으며, 결국 모두 그를 저자에서 사형을 집행하는 것에 합의하였다. 조주의 사람들은 모두 서로

---

29) 지금의 강소성 진강시鎭江市이다.
30) 국진경이 윤주를 맡고 있을 때는 가우嘉祐 초년인 1056년이었는데, 구타 사건을 처리함에 있어 법률적인 처벌 외에도 경제적인 처벌을 내려 구타 사건을 유효하게 제지한 바 있었다.
31) 자는 제지濟之이며, 송의 부양인富陽人으로 문학으로 유명하였다.

경축을 하였다. 이 사건 때문에 비로소 '고불간기사법告不干己事法'이 법률 조문으로 들어가게 되었다. 🏵

옛날의 역전驛傳[32]에는 세 가지의 등급이 있었으니, 보체步遞와 마체馬遞 그리고 급각체急脚遞가 바로 그것이었다. 그 가운데에서 급각체가 가장 급한 것이었는데, 매일 4백여 리를 달려야 하였는데, 전쟁이 발생하였을 때에만 그것을 사용하였다. 희녕 연간에는 또 금자패金字牌의 급각체가 출현하였는데, 고대의 우서羽書[33]와도 같았다. 목패木牌에 홍칠紅漆을 한 황금의 글씨는 너무도 찬란하여 사람의 눈을 어지럽게 하였으며, 그것이 지나갈 때에는 날아가는 번개와도 같았다. 그것을 본 사람들은 길옆으로 비켜 양보하지 않는 자가 없었으며, 매일 5백여 리를 달려야 하였다. 전쟁이 일어나기 전 연기밀沿機密에서 급히 처리해야 할 일이 있을 때에 황제처皇帝處에서 직접 그것을 발송하게 되는데, 삼성三省이나 추밀원이라 할지라도 그 일에 관여하지 못하였다. 🏵

황우皇祐 2년에 오중吳中 일대는 기황이 매우 심각하였다. 죽은 사람들이 길을 메웠다. 당시 범중엄范仲淹이 양절서로兩浙西路를 맡고 있었는데, 양식을 풀었으며, 민중들에게 권하여 음식들을 나누며 농민들을 위로하도록 하였다. 당시 채택한 각종 방법들은 매우 효과가 있었다. 오의 사람들은 경주競舟시합을 좋아할 뿐만 아니라 불사佛事를 하기도 좋아하였다. 범중엄은 민중들에게 경주시합을 열도록 격려하였으며, 그는 매일 호수 가로 가서 잔치상을 준비하였는데, 봄에서 여름에 이르기까지 백성들이 모두 집을 나와 놀이에 몰두하였다. 그는 또 여러

---

32) 수레나 말로써 관부의 문서를 전하는 것을 말한다.

절에 있는 주지들을 소집하여 그들에게 '기황의 해이니 임금이 쌉니다. 사원을 크게 지으십시오'라며 분부하였다. 그리하여 수많은 불사佛舍의 건립이 이루어졌다. 그리고 양곡창과 관원들의 저택을 수리도 하였으며, 매일 수천 명의 노동력을 사용하였다. 감사監司에서는 항주抗州의 장관이 정무를 전폐하고 쾌락에 열중하며 관부든 사택이든 무조건 크게 짓는 열풍이 나서 노동력을 손상시킨다고 고발하였다. 범중엄은 친히 주장奏章을 지어 연회를 베풀고 건물을 증축하는 일의 목적이 모두 남아 있는 재력을 발굴하여 빈궁한 사람들을 돕기 위한 때문이라고 하나하나 설명을 하였다. 상업과 음식업 그리고 건축업에 종사하는 사람들이 공사연회公私宴會와 토목건축에 의하여 입에 풀칠을 하게 된 것이 매일 적어도 몇만 명이나 되었다. 기황의 해에 내려진 조치가 이보다 효력을 발생한 것이 없었다. 이 해 양절로의 재해 지역에서 오직 항주만이 무사 평안하였으니, 백성 가운데에는 그 누구도 집을 떠나 유랑하는 자들이 없었으니, 이는 모두 범중엄의 은덕이었다. ✿

전쟁시에 작전을 써서 적으로부터 양식을 얻는 일은 가장 중요한 일이다. 스스로 양식을 운반하면 부담이 클 뿐 아니라 군대도 그 때문에 멀리 진군하기 어렵기 때문이다.

나는 이에 대해 계산한 적이 있다. 만약 매 인부마다 여섯 말의 쌀을 지게하고, 또 매 사병마다 스스로 닷 세의 건량을 지니게 하면서 한 인부가 한 사람의 사병을 책임진다면 갈 때만 치면 18일을 진군할 수가 있다.(여섯 말의 쌀은 매일 한 사람이 두 되를 먹고, 건량까지 합치면 두 사람이 오직 18일을 먹을 수 있을 뿐이다.) 만약에 돌아오는 것까지도 생각한

---

33) 우격羽檄이라고도 하며 군사문서를 말한다. 새의 깃털을 꼽아서 긴급함을 나타내었다.

다면 단지 구일만 진군할 수가 있다. 만약에 두 인부가 한 사병만을 책임진다면 갈 때만 치면 26일을 진군할 수가 있다.(두 인부가 한 석 두 말 반을 지고 세 사람이 같이 먹는다면 매일 여섯 되를 먹으니 8일 간을 진군할 수 있으며 그렇다면 인부 한 사람이 진 양식이 바닥나면 그에게 6일의 양식을 주어 돌아가게 만든다. 그 후의 18일은 두 사람이 같이 먹는다면 매일 네 되를 먹게 되고 거기다가 건량을 더하면 계속하여 진군이 가능한 것이다.) 그러나 만약에 돌아오는 것까지도 계산하면 13일을 진군할 수 있다.(처음 8일은 매일 여섯 되를 먹고, 나중의 5일의 진군과 13일의 돌아오는 것을 더하고, 매일의 건량을 더하면 합계 네 되가 된다.) 만약 세 명의 인부가 한 사병을 책임진다면 갈 때만 치면 31일을 진군할 수 있다. (세 명의 인부가 한 석 여덟 말의 쌀을 지고, 앞의 6일 반은 네 명이 먹는데 매일 여덟 되를 먹는다. 그리고 이때 한 인부를 돌려보내며 그에게 4일의 양식을 준다. 중간의 7일은 세 사람이 먹는데, 매일 여섯 되를 먹는다. 다시 한 인부를 돌려보내며 그에게 9일의 양식을 준다. 뒤의 18일은 두 사람이 먹게 되며 매일 건량을 합치면 합계 네 되를 먹는다.) 만약에 돌아가는 것까지도 생각한다면 16일만을 진군할 수가 있다.(앞의 6일 반은 매일 여덟 되를 먹고, 중간의 7일은 매일 여섯 되이다. 그리고 나중의 이틀 반과 돌아가는 것은 매일 건량을 합쳐 모두 네 되가 된다.) 세 명의 인부가 사병 한 사람을 책임지면 이미 정점에 도달한 것이다. 만약에 십만의 용병用兵을 생각한다면 군장비를 운반하는 사병은 삼분의 일에 달하며, 주둔하여 점령한 곳과 전투하는 사병은 오직 7만 명이니, 그렇다면 30만 명의 인부가 양식을 날라야 한다. 따라서 전투병력을 더 늘리기는 매우 어려운 것이다.(인부를 돌려보내는 데에도 그를 보호하는 지원병이 필요하다. 행군하고 전투를 할 때에 병들고

---

34) 지금의 사천성 충현忠縣

죽는 자가 있기에 부대 내에는 병사들의 숫자가 줄게 되는데 이렇게 되어 남겨진 약간의 양식은 그 지원병들의 양식으로 충당될 수가 있다.)

민부가 양식을 나르는 규정은 매 사람마다 여섯 말을 지는데 이는 총숫자의 평균으로 계산한 것이다. 그 가운데에는 대장隊長은 지지 않고, 화부伙夫는 그 반만을 지게 되며, 남은 것을 나누어서 인부들이 고르게 지게 되는 것이다. 거기다가 죽는 자와 질병이 든 자가 생기니 그들의 짐을 다시 다른 사람들이 분담해야 한다. 이렇게 되면 매 인부마다 지는 짐이 여섯 말에 그치지 않는다. 그러므로 군대 내에서는 놀고먹는 사람이 있어서는 안 되는 것이다. 만약에 한 사람이 놀고먹으면 두세 명의 인부도 그를 충당하지 못하는 것이다.

만약에 짐승을 이용하여 양식을 운반하면 낙타는 세 석을 지고 말과 노새는 한 석 다섯 말을 지며, 당나귀는 한 석을 지게 된다. 사람들이 지는 것과 비교하면 비록 지는 것은 많고 소비는 적지만 행군 중에 때에 맞춰 그들에게 풀을 먹이며 방목할 수가 없어 왕왕 야위어가면서 죽게 되는 경우가 많다. 그들이 죽게 되면 그것들이 지고 있던 양식도 함께 버려야 된다. 그러므로 사람이 운반하는 것과 서로 비교하여 그다지 크게 도움이 되는 것은 아니다. ❀

충주忠州[34]와 만주萬州[35] 일대의 소수민족은 상부祥符[36] 연간에 일찍이 변방의 백성들을 공격하여 약탈한 적이 있다. 그러나 수비하는 변방 관원들은 안일하게도 그들을 회유하는 수단으로 일을 잠재우는 데에만 만족하였다. 그리하여 사람을 보내 그들의 두목을 불러오게 하여 양식을 수령할 수 있는 관권官券을 나누어주었다. 이로부터 백성들을

---

35) 지금의 사천성 만현萬縣
36) 송 진종眞宗 조항趙恒의 연호이다.(1008~1016)

마음대로 약탈한 후에 관권을 받는 일들이 종종 발생하게 되었다. 이런 사건은 그들 가운데에서도 분쟁의 대상이 되어 심지어 누군가는 말하기를, '어떤 자는 몇 사람만을 죽였는데도 관권을 한 장 얻었고, 내가 죽인 사병과 백성들은 그의 몇 배나 되지만 겨우 한 장의 관권만 얻었으니, 이게 말이나 되는가!' 라고 하였다. 이렇게 서로 비교하면서 악랄하게 약탈한 자들은 관권을 많이 얻기도 하였다. 희녕 연간에 통계를 내어 보니 그때까지 4백 장이 넘는 관권이 지급되었으며, 그 증권을 가진 자들은 대대손손 계승되어 물려졌다. 나중에 조정에서는 그들이 약탈과 살인을 행할 당시에 그들을 진압하여 그들이 예전에 받은 관권도 무효화시키며 아무것도 주지를 않았다. 그로부터 그 오랑캐 소수민족은 두려움을 느끼며 다시는 변방을 약탈하지 않았다. ✿

경력慶歷[37] 연간에 황하의 대명부大名府 상호商胡[38]에서는 둑이 터져 오랜 시간 동안 그것을 막지 못했다. 삼사도지三司度支[39] 부사副使였던 곽신석郭申錫은 친히 그 공사를 감독하였다. 대개 강의 제방의 구멍을 막을 때에는 그것을 막을 때에 중간에 소埽[40]를 하나 놓는데 이를 '합룡문合龍門' 이라고 불렀다. 그리고 그것은 그 구멍을 막는 관건이 되기도 하였다. 당시 여러 번이나 둑을 막았지만 그것을 봉할 수 없었다. 그 때 합룡문에 사용된 소는 60보步[41]나 되었다. 당시 고초高超라고 불리던 수공水工 한 사람이 건의하길, 소가 너무 길어 인력으로는 그것을 물밑 바닥까지 누를 수가 없었기에 물길을 막을 수가 없으며 오히려

---

37) 송 인종仁宗 조정趙禎의 연호이다.(1041~1048)
38) 지명이다. 상호는 지금의 하남성 복현濮縣 동쪽에 위치하였다. 대명부는 북송의 북쪽 수도였기에 북도北都라고도 칭했는데, 지금의 하북성 대명현大名縣 남쪽에 위치하였다.
39) 도지度支는 재정수지를 전적으로 장관하던 기구였다.

소를 묶은 새끼줄만 끊어졌다고 하였다. 지금은 마땅히 60보의 소를 세 마디로 나누어 20보가 되는 마디들을 새끼줄로 연결시키고 있다. 먼저 처음의 마디를 눌러 그것이 물밑까지 내려가게 되면 다시 두 번째와 세 번째의 마디를 눌러 안착한다. 당시 늙은 수공들은 그와 다투며 그 방법이 안 된다고 하였다. 그들은 '20보 길이의 소는 물을 막을 수가 없으며, 마디 세 개의 소만 낭비하게 되고 그 터진 제방은 막을 수가 없다' 라며 말하였다. 그러나 고초는 그들에게 '처음의 마디는 확실히 물길을 막을 수가 없지만 물의 힘은 반드시 반으로 줄어들게 되며, 두 번째 소를 깔게 될 때에는 그 반의 힘만 있으면 됩니다. 설령 물길을 완전히 막지는 못한다 할지라도 남은 것은 다만 작은 구멍일 뿐입니다. 세 번째 소를 깔 때에는 평지에서 공사를 하게 되어 인력을 충분히 사용할 수가 있게 되며, 세 번째 소를 장치한 이후부터는 앞의 두 마디가 자연히 진흙들에 막히게 되어 인력을 그리 많이 사용하지 않아도 됩니다' 라며 말했다. 곽신석은 예전의 방법대로 일을 하려고 하면서 고초의 건의를 받아들이지 않았다. 당시 가창조賈昌朝는 대명부의 최고 관리였는데 유독 고초의 건의가 옳다고 생각하여 몰래 몇천 명을 하류로 보내어 물에 떠내려간 소를 건지도록 하였다. 예전의 방법으로 일을 하면 소는 의례 물길에 씻겨가게 되며, 황하의 터진 제방의 구멍은 더 크게 되는 것이다. 곽신석은 이로 인해 죄를 얻어 좌천을 당하였다. 나중에는 결국 고초의 건의를 채택하여 상호의 터진 제방을 막을 수가 있었다. 🌸

---

40) 고대의 치하治河 공사에서 볏짚이나 나뭇가지 등을 모아 대나무 끈으로 묶고 그 중앙에 토석을 넣어 제방의 터진 부분을 막을 수 있도록 만든 것을 소라고 불렀다. 또 단순히 흙담을 쌓아 만든 제방도 소라고 불렀다.
41) 송대의 1보步는 5척尺이었으며, 지금의 153.6센티미터이다. 따라서 60보는 92미터가 된다.

北宋販塩区域図

〔遼〕

〔西夏〕

〔青唐〕

河北路

大原

河東路

陝西

解池×

京兆

河南

開封

京畿路

京西路

成都

四川

江陵

揚

潭

杭

洪

〔大理〕

福

广

解塩
長蘆塩自由販売
井塩
河東塩
海塩

북송 때 소금 판로의 구역도

소금의 종류는 매우 많다. 옛날의 사서의 기록에 의하면 변방의 소수 민족들이 사는 지역에도 십여 종이 있었으며, 내륙에서 생산되는 것도 몇 십 종이 되었다. 현재 관영과 사영의 식염은 일반적으로 네 가지 종류가 있다. 첫번째는 말염末鹽으로 해염海鹽이라는 것이 있다. 하북河北·경동京東[42]·회남淮南·양절兩浙·강남동서江南東西·형호남북荊湖南北·복건福建·광남동서廣南東西 등의 11곳의 백성들은 이러한 소금을 먹는다. 두 번째는 과염課鹽[43]이다. 그것은 해주解州의 염지鹽池와 진晉·강강絳[44]·로로潞[45]·택澤[46]·공경기供京畿·남경南京·경서京西·섬서陝西·하동河東·포주襃州[47]·검주劍州[48] 등지의 백성들이 식용하고

---

42) 지금의 하남성 상구현商丘縣의 남쪽이다.
43) 입자가 매우 굵은 소금을 말한다.
44) 지금의 산서성 신강新絳
45) 지금의 산서성 장치長治
46) 지금의 산서성 진성晉城
47) 지금의 섬서성 포성襃城
48) 지금의 사천성 검각劍閣
49) 익주益州를 말하며, 지금의 사천성 성도成都
50) 지금의 사천성 삼대현三臺縣

있다. 세 번째는 정염井鹽인데, 우물을 파서 얻어내는 것이다. 이는 익주益州[49]·재주梓州[50]·이주利州[51]·기주夔州[52] 등의 네 지역의 백성들이 식용하고 있다. 네 번째는 애염崖鹽인데, 흙언덕 사이에서 얻어진다. 계階[53]·성成[54]·봉鳳[55] 등지의 백성들이 이를 식용하고 있다. 오직 섬서로의 과염은 정해진 세액이 있었는데, 매년 230만 관貫이 되었다. 그 나머지 지역의 염세는 그 액수가 대중이 없었다. 대략 그 세액의 총액이 매년 2천 여만 관이 되었다. 매년 말염에서만도 3백만 관이 추출되어 하북 변방 지역에서의 양식 구입의 비용을 제공하였다. 그리고 다른 지역에서는 해당 지역의 지방 경비로 사용되었다. 각 변방 지역에서 양식을 구매하는 일은 중앙재정 기관의 지급에 의존하였지만 하북에서는 해말염의 세수에 의존하였다. 그리고 하동과 섬서에서는 대부분 과염과 촉차蜀茶[56]의 세수에 의존하였다. 소금을 운반하는 요금의 기준은 육운은 1백 리에 매 근마다 4전四錢을 받으며, 해운에서는 1백 리에 매근 1전을 받았다. ✿

태상박사太常博士[57] 이처후李處厚[58] 여주廬州[58] 신현愼縣[59]의 지현을 맡고 있을 때에 일찍이 사람이 한 명 맞아 죽었는데, 그는 가서 그 상처를 검사한 적이 있다. 그는 소금에 절인 고기와 뿌연 탕과 같은 것을 죽은 사체에다 뿌렸는데, 그러자 상처의 흔적은 사라지고 지문이 드러

---

51) 지금의 섬서성 한중시漢中市
52) 지금의 사천성 봉절현奉節縣
53) 지금의 감숙성 무도현武都縣 부근이다.
54) 지금의 감숙성 성현成縣 부근이다.
55) 지금의 섬서성 봉현鳳縣
56) 사천 지역의 차를 말한다.
57) 고금의 예의제도를 연구책임지던 벼슬이었다.
58) 지금의 안휘성 합비시合肥市
59) 지금의 안휘성 영상현潁上縣

났다. 어느 늙은 사람 하나가 그와 만나기를 청하였는데, 그는 '저는 성에 있는 늙은 서리書吏인데 이번에 시체를 검시하면서 상처가 사라진 것을 알고 있소이다. 제 말대로 하시면 그것이 나타나게 됩니다. 붉은 기름을 새로 칠한 우산을 정오 태양 아래에서 펴서 시체를 덮고 다시 그 시체에 물을 뿌리면 그 상처의 흔적이 반드시 드러날 것입니다' 라고 말하였다. 이처후는 그의 말대로 해 보니, 상흔은 또렷하게 드러났다. 이로부터 강江ㆍ회淮 일대의 관부에서는 이 방법대로 검시를 하였다. ❀

전당강錢塘江[60]은 전씨錢氏[61] 시대에 석제石堤를 지었으며, 제방 바깥에는 또 십여 길이 넘는 물 속에 나무 기둥을 박았는데, 이를 '황주滉柱'라고 불렀다. 보원寶元[62]과 강정康定[63] 연간에 누군가가 건의하길, 황주를 걷어내면 몇십 만 개의 훌륭한 목재를 얻을 수 있다고 하였다. 항주의 군정장관은 그 건의가 옳다고 판단하였다. 옛날의 나무 기둥을 물 속에서 건져내어 보니 전부 썩어서 사용될 수가 없었다. 그리하여 황주가 없어지자 석제는 홍수와 파도의 충격으로 해마다 둑이 무너졌다. 원래 옛사람들이 황주를 묻은 것은 파도의 충격을 완화시키며 석제가 강물의 충격을 직접적으로 받는 것을 피하기 위함이었기에 자연히 아무리 파도가 쳐도 둑은 안전하였던 것이다. 두위장杜偉長[64]이 전운사轉運使[65]를 맡고 있을 때에 누군가가 건의하기를, '절강 세장稅場[66] 이동에서부터 뒤로 몇 리 바깥의 지역에 초승달 모양의 강둑을 개축改築해야 강한 파도를 막아낼 수 있다'고 하였다. 대부분의 수공水工들은

---

60) 옛날의 이름은 절강浙江이었다.
61) 오대五代 시기에 절강 지역을 할거했던 오월왕吳越王 전류錢鏐와 그 자손을 말한다.
62) 송인종宋仁宗 조정趙禎의 연호이다.(1038~1040)
63) 송인종宋仁宗 조정趙禎의 연호이다.(1040~1041)

그 방법이 옳다고 생각하였지만 유독 한 늙은 수공은 그것이 불가하다고 하였다. 그는 몰래 자신의 동료들에게 귀띔하여 말하기를, '만약 강둑을 개축하게 되면 매년 수재가 없어지게 되는데, 그러면 자네들은 뭘 먹고 살아가겠는가?' 하였다. 그들은 그 늙은 선배의 말이 자신들이 당면한 현실적 이익과 부합됨을 알고 그의 건의에 찬동하였다. 두위장은 그들 마음속의 계략을 알아채지 못하여 수만 냥의 거금을 투자하였지만 강둑이 무너지는 재해는 매년 발생하였다. 근년에 이르러 초승달 모양의 제방의 필요성을 인식하게 되고 그것을 짓기 시작하였는데, 이로써 파도의 위험은 약간 감소되었다. 그러나 그래도 옛날 황주의 방법에는 미치지 못하였다. 하지만 지금 황주를 사용하는 것은 예산이 너무 들기 때문에 다시 그 방법을 채택할 수 없었다. ❀

섬서성의 과염顆鹽은 옛날의 제도에 의하면 관부에서 스스로 운송하였으며, 다른 무역 기구를 설치하여 그것을 전매하지 않았다. 병부원외랑兵部員外郎이었던 범상范祥은 염초법鹽鈔法을 최초로 설립한 자이다. 그 규정에 의하면 상인은 변방의 군현에 가서 4관貫 8백 전錢을 납부하여 염표鹽票를 한 장 사야 하였고 표에 의해 해지解池[67]로 가서 2백 근의 소금을 수령하였으며 연후에 스스로 그것을 팔았다. 그리고 관부는 염표를 팔아서 얻은 돈으로 변방 요새의 창고를 충족시켰으며, 또 수십 군郡의 백성들이 그것을 나르는 부담을 덜어 주었다. 과거에는 수레를 끄는 소와 노새들이 소금을 나르느라 죽는 경우가 매년 1만 마리

---

64) 두기杜杞를 말한다. 송대 무석인無錫人이었다.
65) 소금과 양식을 운반하는 일을 맡아보던 지방행정 관원이었다.
66) 세를 받는 염장鹽場을 말한다.
67) 지금의 산서성 해현解縣 부근이었다.

를 웃돌았으며, 사염을 팔아 범법하여 죄를 얻은 자도 부지기수였는데 지금은 이 모든 것을 피할 수가 있었다. 염표를 발행하는 시간이 길어지면 염가가 수시로 높아지고 낮아지기도 하였기에 경성에서는 도염원都鹽院을 설치하여 섬서의 전운사에서 파견된 관리가 주관하도록 하였다. 경성의 식염은 만약 근당에 35전을 받지 못하면 수집하기만 하고 팔지를 않아 염가가 올라가게 만들었다. 그리고 그 가격이 근당 40전을 넘어가면 창고의 소금을 대량으로 발매하여 염가의 가격을 내림으로써 상인들이 폭리를 취하지 못하도록 하였다. 염가의 안정을 위하여 염표의 발행도 정해진 액수가 있었다. 이 방법은 몇십 년 간 행해졌는데 지금까지도 그 편리함을 인정받고 있다. ✿

하북河北의 염법鹽法은 일찍이 태조[68] 황제가 칠필로 써서 하달하였는데, 백성들에게 전적으로 맡겨 매매를 하게 하였으며 관부에서는 세전稅錢만 받고 전매는 금하였다. 나중에 어느 부서 기관에서 민간에서 소금을 판매하는 것을 금지하도록 누차 간청을 하였지만 인종 황제는 '여하간에 나는 하북 지역의 백성들이 언제나 비싼 소금을 사먹게 하지는 않겠다' 라며 받아들이지 않았다. 당시 염법 개정을 건의한 관리들도 모두 관직을 박탈당하였다. 하북 지역의 주민들은 남녀노소 모두 손에 향불을 들고 그것을 피우며 황제가 있는 방향을 향해 절을 하며 감사했다. 희녕 연간에 또 어떤 자가 백성들이 소금을 판매하는 일을 금할 것을 건의한 적이 있다. 나는 당시 삼사 관서에 있었는데, 두 황제가 친필로 작성한 조령詔令을 보고자 했지만 볼 수가 없었다. 그러나 사람마다 모두 그 조령을 암기하고 있었기에 그러한 건의들은 다시 제기되지 않았다.

---

68) 송태조宋太祖인 조광윤을 말한다.

제12권
관정官政②

　회남의 운량수도運糧水道는 방축을 축조하여 그로써 물을 저장하였
는데, 언제부터 그것이 시작되었는지 알 수가 없다. 과거의 전설에 의
하면 소백召伯[1]의 방축은 동진東晉 시기의 사안謝安이 건축한 것이라고
하였다. 그러나 이고李翶[2]의 《내남록來南錄》에 의하면 당나라 시기에는
이곳에 물이 흘렀다고 되어 있으니, 사안의 시기에 이 방축을 축조하
였다는 것은 불가능하다. 천성天聖[3] 연간에 진주眞州[4] 배안사排岸司[5]를
관리하던 우시금右侍禁 도감陶鑒이 비로소 복갑復閘[6]을 설치하여 수위
를 조절함으로써 배를 끌고 방축을 지나는 비용과 노동력을 없앨 것을

---

1) 지금의 양주揚州 소백진召伯鎭이다.
2) 당나라 때의 문학가이다.
3) 송인종宋仁宗 조정趙禎의 연호이다.(1023~1031)
4) 지금의 강소성 의정현儀征縣이다.
5) 하천과 수리水利를 장관하던 관서이다.
6) 두 길의 물문을 말한다.

건의하였다. 당시 공부랑중工部郎中 방중순方仲荀과 문사사文思使[7] 장 륜張綸[8]이 각각 발운사發運使[9]와 발운부사를 맡고 있었는데, 그들은 군 왕에게 갑문을 축조할 것을 건의하여 비준을 얻어 비로소 진주의 갑문 을 전축하였다. 그리하여 해마다 사병 5백여 명과 잡비 125만 냥을 절 감시켰다. 과거의 행선行船 규정은 매 척마다 쌀을 3백 석 이상 실을 수가 없었는데, 진주의 갑문이 건립되자 비로소 4백 석을 싣기 시작하 였다. 그로부터 싣게 되던 쌀도 점점 많아지게 되었다. 관선은 7백 석 을 실을 수가 있었고, 백성들의 배는 쌀을 8백 가마니가 넘게 실었는 데, 한 가마니에는 두 석이 들어갔다. 이로부터 북신태北新埭[10]와 소백태 召伯埭 그리고 용주태龍舟埭와 수유태茱萸埭들이 모두 혁신책으로 복갑 을 설치하여 오늘날에 이르기까지 그 효험을 보고 있다. 원풍元豐 연간 에 나는 진주를 지나다가 강변의 정자 뒤의 진흙에서 쓰러져있는 비석 碑石을 본 적이 있다. 그것은 호무평胡武平[11]이 지은 《진주 수갑기眞州 水閘記》라는 것이었는데, 간략하게 이러한 사실을 기록하였지만 구체 적인 언급은 하지 않았었다. ✽

승상 장고경張杲卿이 윤주지주潤州知州를 맡고 있을 때의 일이다. 한 여자의 남편이 집을 나간 지 며칠이나 되었지만 돌아오지 않았는데, 갑자기 누군가가 전하기를, 채소밭의 우물가에 죽은 시체가 있다고 하 였다. 그 여자는 놀라 밭으로 가서 보고 '바로 저희 남편입니다!'라 며 울고 불고 난리였다. 그리하여 그녀는 관부에 그 일을 신고하였다.

---

7) 궁중의 수공예품을 관리 제조하던 관원이었다.
8) 자는 공신公信으로 송대 여음汝陰 사람이었다. 지략이 뛰어났다.
9) 조운漕運을 맡은 송대의 관원이었다.
10) 태埭는 방축을 말한다.

장고경은 부하에게 명하여 그 여자 집 주위의 이웃사람들을 모두 소환하여 우물가로 모이게 하였다. 그러고는 그 시체가 그 여자의 남편인지를 확인하도록 하였지만 사람들은 우물이 너무 깊어 확인이 어렵다며 그 시체를 우물 밖으로 끄집어내어 달라고 부탁하였다. 장고경은 '모두들 멀어서 알지를 못하는데 왜 유독 그 여자는 그것이 남편인지를 아는가?'라며 그 여자를 잡아다가 관부로 압송하여 심문을 하였다. 그 결과 과연 그 여자와 간통한 남자가 남편을 죽였으며, 그녀도 거기에 가담한 것이었다. ❀

경력[12] 연간에 누군가가 차와 소금의 금령禁令을 해제하고 상세商稅를 감하는 문제를 논의한 적이 있었다. 범중엄은 그렇게 할 수 없다고 하였다. 그는 생각하길, 국가가 차염과 상업세의 수입을 얻는 것은 다만 상인들의 이익을 감축시키는 것 밖에 되지 않으며, 상인들에게 이러한 제도를 실행하는 것은 그리 해가 되지 않는다고 보았다. 현재 국가의 비용은 감소되지 않았고, 이로 인해 매 해의 수입도 감소되어서는 안 된다. 만약에 차염사업과 상인의 세금이익에서 그것을 얻지 못하면 필연적으로 농민에게서 그것을 취할 것이다. 농민의 이익을 침해하는 것은 상인들에게서 그것을 얻는 것보다 못한 것이다. 현재 우리가 해야 할 일은 먼저 국가의 소비를 절약하는 것이 우선이다. 국가비용이 남아돌면 응당 맨 먼저 농민의 부세와 요역徭役을 완화하여야 하고, 그 연후에 상인을 고려해야 한다. 따라서 금령을 해제하는 일은 먼저 해야 할 일이 아닌 것이다. 이리하여 차염의 금령을 해제하고 상인

---

11) 호숙胡宿은 송대의 진릉인晉陵人으로 그가 지은 《진주수갑기眞州水閘記》는 1027년에 지어졌다.

12) 송인종宋仁宗 조정趙禎의 연호이다(1041~1048)

의 세금을 감소시키는 논의는 이로부터 중지되었다. ✿

　진종眞宗[13] 황제가 아직 남아南衙[14]에 있을 시기에 개봉부의 17개의 현은 모두 당시 큰 가뭄 때문에 세수를 줄여 주었다. 그리하여 당장 유언비어가 황제의 귀에까지 들어가게 되었는데, 그를 음해하려고 하는 것이었다. 태종은 매우 기분이 나빴다. 어사御史는 황제의 의도를 알아채고 공개적으로 상소하여 말하기를, '개봉부의 세금완화는 너무 지나치다'고 하였다. 그리하여 황제는 지시하길, '경동京東과 경서京西 두 지역의 각 주州는 신중히 관리를 채택하여 이 사건을 다시 조사토록 하라'고 하였다. 그 가운데에서 호주亳州[15]는 응당 태강太康과 함평咸平 두 현을 다시 조사해야 하였다. 당시 증회曾會[16]는 호주지주를 맡았었고, 왕흠약王欽若[17]은 그의 막료였는데, 증회는 왕흠약의 식견을 높이 평가하였다. 이때 그는 왕흠약을 파견하여 이 일을 맡아보게 하였고 또 그에게 당부하길, '이 사건은 많은 이해관계에 얽혀 있으니, 조금이라도 소홀함이 있어서는 안 되오!' 하였다. 왕흠약은 두 현에 도착하여 매우 상세하게 상황을 조사하였다. 다른 현들을 조사한 사람들은 모두 세금을 완화한 것이 너무 심하니 마땅히 다시 돌려받아야 한다고 말하였다. 그러나 왕흠약은 유독 세금을 전부 감면해야 한다고 말하였다. 사람들은 모두 그것이 매우 위험한 생각이라고 하였다. 이듬해에 진종이 즉위하였고, 맨 처음 한 일이 바로 왕흠약을 우정언右正言[18]으로 발탁한 일이었다. 그리고 또 보좌하고 있는 대신들에게 '이러한 시기에

---

13) 송태종宋太宗의 셋째 아들 조항趙恒을 말한다. 그는 일찍이 개봉윤開封尹을 맡은 적이 있다.
14) 북송 시기 개봉부를 이같이 불렀다.
15) 지금의 안휘성 호현亳縣이다.
16) 자는 종원宗元으로 양절전운사兩浙轉運使를 맡은 적이 있다.

는 나 자신도 위험을 느끼고 두려움이 생기는데, 왕약흠은 작은 직책을 맡은 관리의 몸으로 감히 단독으로 백성들의 편에 서서 그들을 위해 직언을 하였으니, 이는 큰 신하로서 전혀 손색이 없는 행동이오'라며 말하였다. 이로부터 왕약흠은 상규常規를 초월하여 임용되었는데, 결국에는 재상을 차지하였다. 🏵

본조의 초기에 강남을 평정할 때에 매년 전폐를 7만 관이나 주조하였다. 이로부터 수량은 점점 증가하여 천성 연간에는 매년 전폐를 주조하는 것이 백여 만 관이나 되었다. 경력 연간에는 3백 만 관에 달하였고, 희녕 6년 이후부터는 매년 동전과 철전을 6백 만 관 이상 주조하였다. 🏵

전국의 이인吏人[19]은 여태까지 고정된 급여가 없었다. 그들은 오직 뇌물을 받는 것으로 생계를 꾸려나갔는데, 그 가운데 어떤 자는 뇌물로써 횡재를 하는 경우도 종종 있었다. 희녕 3년에는 비로소 전국 이인들에게 급여를 주는 제도를 제정하였으며, 엄한 규정을 만들어 사사로이 뇌물을 받는 일을 두절하고자 하였다. 이 해에 경성에 있는 각 관서에서 한 해 동안 이인들에게 지급한 급여는 3,834관 254전이나 되었으며, 그 이후부터 매년 그 범위를 확대하여 갔다. 희녕 8년에 이르러서는 매년 지불하는 돈이 371,533관 178전이나 되었다. 그 이후부터는 증가하기도 하고 감소되기도 하며 정해진 숫자는 아니었지만 언제나 이

---

17) 왕기공王冀公으로 불리며 자는 정국定國이었다. 간신배였으며, 요나라와의 관계에서도 주화主和를 주장하였다.
18) 간언諫言에 관한 일을 맡던 관직이었다.
19) 관부에서 품급과 봉록이 없이 일하던 하층 관리를 말한다.

액수와 비슷하였다. 경성에서 원래 녹봉을 받고 있던 관원과 전국 각
지의 이인들의 급여는 이 수치에 포함되지 않았으니 얼마나 많은 돈인
지 상상할 수가 있을 것이다. ❀

  본조의 정부가 거둬들이는 차의 수입은 관부의 본전과 기타 비용의
지출을 제하고 관부에서 전매할 때에 일 년의 중간수中間數를 취한 것
을 거두며 합계 1,094,993관 885전인데, 그 가운데에서 649,069관은 차
의 순이익이 되고,(차의 수익은 가우 2년의 수입이 160,431관 527전인데, 원
래의 본전과 기타의 비용을 제외한 순이익은 106,957관 685전이었다. 차상이
전매기구에 납부하는 금액은 가우 3년에는 원래의 본전과 기타 비용을 제외하
고 순수한 이익은 542,111관 524전이었다.) 445,024관 670전은 차세전이었
다.(이 중간수는 가우 원년에 거둬들인 수치이다. 그 가운데에는 또 천차전川
茶錢은 제외되었다.) 상인들에게 자유로이 매매하도록 허가한 이후 한
해의 중간수를 취하면 합계 1,175,104관 919전이었으며, 그 중에서
369,072관 471전은 차조전茶租錢이고(가우 4년부터 상인들에게 자유매매
를 허가하여 제정된 차교인茶交引[20]의 금액은 684,321관 380전이었다. 그 이후
몇 차례의 감축을 통하여 치평治平[21] 2년에는 중간수가 위에서 얘기한 수치에
달하였다.) 806,032관 648전은 차세전이다.(이 중간수는 치평 3년에 거둬들
인 수치이다. 천차川茶의 세전稅錢을 제외한 것이 바로 이 수치이다.) ❀

---

20) 교인交引은 송대에 관부에서 상인들에게 비단이나 곡물 등을 받고 그 가치에 따라
   나누어주던 문서를 말한다. 그러면 그것으로써 현찰을 수령하거나 관부가 전매하는
   물품들을 수령할 수 있었던 일종의 증권이었다. 수령하는 물품에 따라 전교인錢交
   引 · 차교인茶交引 · 염교인鹽交引 등으로 나뉘어졌다.
21) 치평은 송연종宋英宗 조서趙曙의 연호이다.(1064~1067)
22) 건덕은 송태조 조광윤의 연호이다.(963~967)

송대의 차법茶法은 건덕乾德[22] 2년을 시작하여 비로소 조서詔書를 경성과 건주建州·한漢·기구蘄口 등지에 내려 각화무権貨務[23]를 설치하도록 하였다. 그리고 건덕 5년에는 사사로이 차를 매매하는 일을 금지시키기 시작하여 전에 없이 매우 엄격하게 시행하였다. 태평흥국太平興國[24] 2년에는 사적私的 교역을 금지하는 법규조항을 수정하여 분등죄分等罪를 제정하기 시작하였다. 순화淳化 2년에는 상인들에게 생산자의 원호처園戶處로 가서 차를 구입하도록 명령하였으며, 국가는 정부에서 관할하는 차장茶場에서 방방榜을 붙여 첩사貼射[25]하도록 하였으니, 이른바 첩사법이 시작된 것이었다. 순화 4년에는 증권을 교부하는 방법인 교인법交引法을 채택하기 시작하면서 첩사법을 중단하였다. 서북 지역에서 양식을 구입할 때에 교인을 주었던 것은 통리군通利軍이라는 지역에서 비롯되었다.

이 해에는 많은 지역에 있던 각화무를 폐지시켰는데, 오래지 않아 또 예전의 제도를 부활시켰다. 함평 원년에 오면 차세의 수입은 1,392,119관 319전으로 그 한도를 삼았다. 가우 3년에서부터 61년 동안 모두 이 한도를 지켰으며, 관부의 잡비 등도 모두 그 가운데 포함되었다. 또 이 기간 동안에는 그 수입이 들쭉날쭉하여 매년 그 액수가 동일하지는 않았다. 함평 5년에 오면 삼사사의 왕사종王嗣宗이 삼분법三分法을 채택하기 시작하였는데, 차의 가격을 십분十分하여 그 가운데 사분四分은 향약香藥에 부여하고 삼분三分은 서상犀象에 주었고 삼분은 차인茶引에

---

23) 관서명으로 전매 사무를 관장하였다.
24) 태평흥국은 송태종 조광의趙光義의 연호이다.(976~983)
25) 북송시대의 차세법茶稅法에는 관官이 돈을 내지 않고 상인과 원호園戶가 스스로 교역하도록 하여 관에 소식을 보고하도록 하였다. 원호는 차를 반드시 차장茶場까지 운반하여 상인들이 마음껏 선택하도록 하였으며, 관은 그들에게 증서를 줌으로써 사무역私貿易을 방지하였다.

주었다. 이듬해에는 다시 개정하여 육분은 향약과 서상에 주었고, 사분은 차인에 주었다. 경덕景德 2년에는 사람들로 하여금 입중入中[26]하여 돈이나 비단 혹은 금은을 지불하게 하였는데, 이를 '삼설三說'이라고 칭했다. 상부祥符[27] 9년에는 차인이 갈수록 가치를 잃게 되자 진주지주秦州知州 조위曹瑋의 건의를 받아들여 영흥永興과 봉상鳳翔 두 지역에서는 관부의 돈을 사용하여 차인을 수매함으로써 차인의 가치를 회복시켰으니, 그 이전에는 누차에 걸쳐 이자를 증가시켰다. 천희天禧[28] 2년에는 진융군鎭戎軍[29] 지역에서 보리 한 말을 납부하였는데 원래 가격에다 일률적으로 이자를 붙여 도합 일관一貫 254전을 지불하였다. 건흥 원년에는 삼분법을 수정하여 차인에 삼분을 지불하고 동남의 현금에 이분 반, 그리고 향약에 사분 반을 지불하였다. 천성 원년에는 또 첩사법을 시행하였다. 삼 년 간을 시행하니 차무역의 이익이 전부 대상인의 수중으로 떨어졌으며, 정부는 오래되고 시들은 하품의 차만을 얻게 되었다. 그리하여 손석孫奭[30]에게 하조下詔하여 다시 그 방도를 협정하게 하였으며, 첩사법의 시행을 금지하였다. 이듬해에는 그 책임을 추궁하여 성리省吏와 계복관計覆官, 그리고 순헌旬獻 등을 사문도沙門島로 좌천시켰다. 또 추밀부사 장사손張士遜과 참지정사參知政事 여이간呂夷簡과 노종도魯宗道 등에게는 감봉減俸 1개월을 내렸고, 어사중승御史中丞 유균劉筠과 입내내시성부도지入內內侍省副都知 주문질周文質, 그

---

26) 상인이 변방 지역에서 정부에 양곡을 납입하고 그 증서에 의하여 경성으로 가서 현금이나 소금·차 등을 수령하는 것을 말한다.
27) 상부는 대중상부大中祥符의 준말로서 송진종 조항의 연호이다.(1009~1016)
28) 천희는 송진종 조항의 연호이다.(1017~1021)
29) 송대의 행정구역으로 지금의 녕하寧夏 회족回族 자치구自治區 고원현固原縣이다.
30) 자는 종고宗古로 송대의 박평博平 사람이었다. 그 사람됨이 정직하였으며, 송인종 때에 한림시강학사翰林侍講學士를 역임하였다.

리고 서상합문사西上閤門使 설소곽薛昭廓과 삼부부사三部副使들에게 각각 동銅 20근을 벌로 내게 하였다. 그리고 원삼사사原三司使 이자李咨도 추밀직 학사의 직책을 파면당했지만 여전히 홍주지주洪州知州를 맡게 하였다. 황우皇祐[31] 3년에는 차세의 계산을 여전히 현금으로만 사용하게 하였다. 가우 4년 2월 5일에 이르면 비로소 칙령을 내려 차금茶禁을 해지시켰다. 🌸

송대에는 6곳의 각화무와 13곳의 산장山場[32]이 있었는데, 해마다 모두 10,533,747근斤 반半의 차를 팔았다. 그 가운데 대금을 치른 돈은 2,254,047관貫 15전錢이었다. 여섯 곳의 각화무에서 팔았던 차의 중간 수를 취하면 가우 6년에는 포점차抛占茶 5,736,786근 반이었으며, 대금을 치른 돈은 1,964,647관 278전이었다.

형남부荊南府[33]에서 판 것은 315,148관 375전이었는데, 담潭 · 정鼎 · 풍澧 · 악岳 · 귀歸 · 섬陜 등의 각주各州와 형남부荊南府의 편산차片散茶는 875,357근이었다. 한양군漢陽軍[34]에서 대금을 치른 돈은 218,321관 51전이었으며, 악주鄂州[35]의 편차片茶 238,300근 반을 받아들였다. 기주蘄州[36] 기구蘄口에서 대금을 치른 돈은 359,839관 814전이었으며, 담주潭州와 건주建州, 그리고 흥국군興國軍에서 얻은 편차는 50만 근이었다. 무위군無爲軍에서 대금을 치른 돈은 348,620관 430전이었으며, 담

---

31) 황우는 송인종 조정의 연호이다.(1049~1054)
32) 《송사 · 식화지食貨志》에 의하면 산장은 정부가 장소를 정하여 관리들로 하여금 관리하게 하던 장소를 말한다.
33) 지금의 호북성 강릉현江陵縣
34) 지금의 호북성 한양현漢陽縣
35) 지금의 호북성 무창시武昌市
36) 지금의 호북성 기춘현蘄春縣 남쪽

潭[37]·균筠[38]·원袁[39]·지池[40]·요饒[41]·건建[42]·흡歙[43]·강江[44]·홍洪[45] 등의 주州와 남강南康[46]·흥국興國[47] 양군兩軍의 편산차는 842,333근이었다. 진주眞州에서 대금을 치른 돈은 514,022관 932전이었으며, 담潭·원袁·지池·요饒·건建·흡歙·무撫[48]·균筠·선宣·강江·길吉[49]·홍洪 등의 주와 남강군의 편산차는 2,856,206근이었다. 해주海州[50]에서 대금을 치른 돈은 308,703관 676전이었으며, 목睦[51]·호湖·항杭·월越[52]·구衢[53]·온溫[54]·무婺[55]·대臺[56]·상常[57]·명明[58]·요饒·흡歙 등의 주의 편산차는 424,590근이었다. 13곳의 산장이 대금을 치른 돈은 합계 289,399관 732전이었으며, 차를 매입한 것은 모두 4,796,961근이었다. 그 가운데 광주光州[59] 광산장光山場은 차를 307,216근을 사들였고, 판 후의 돈은 12,456관을 얻었으며, 자안장子安場 차를 매입한 것은 228,030근이었는데 판 후의 돈은 13,689관 348전을 얻었다. 또 상성장商城場은 차를 400,553근을 사들였고 판 후에 얻은 돈은 27,079관 446전이었다. 수주壽州[60] 마보장麻步場은 차를 331,833근을 사들였고 판 후에 얻은 돈은 34,811관 350전이었다. 곽산장霍山場이 매입한 차는

---

37) 담주를 말하며, 지금의 호남성 장사시長沙市
38) 균주를 말하며, 지금의 강서성 고안현高安縣
39) 원주를 말하며, 지금의 강서성 의춘현宜春縣
40) 지주를 말하며, 지금의 안휘성 귀지현貴池縣
41) 요주를 말하며, 지금의 강서성 파양현波陽縣
42) 건주를 말하며, 지금의 복건성 건구현建甌縣
43) 흡주를 말하며, 지금의 안휘성 흡현歙縣
44) 강주를 말하며, 지금의 강서성 구강시九江市
45) 홍주를 말하며, 지금의 강서성 남창시南昌市
46) 남강군南康軍을 말하며, 지금의 강서성 자현子縣
47) 지금의 강서성 홍국현興國縣
48) 무주를 말하며, 지금의 강서성 무주시撫州市
49) 길주를 말하며, 지금의 강서성 길안현吉安縣
50) 지금의 강소성 동해현東海縣 동북 지역이다.

532.309근이었는데
판 후에 얻은 돈은
35,595관 489전이
었다. 개순장開順
場이 매입한 차는
269,077근이었는데
판 후에 얻은 돈은
17,130관이었다. 여
주廬州[61] 왕동장王

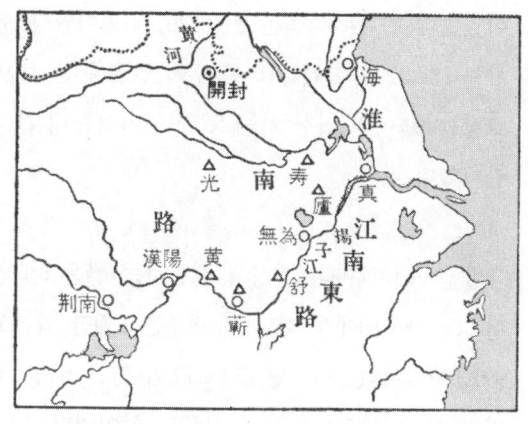

同場이 매입한 차는 297,328근이었는데 판 후에 얻은 돈은 14,357관
642전이었다. 황주黃州[62] 마보장麻步場이 매입한 차는 284,274근이었는
데 판 후에 얻은 돈은 12,540관이었다. 서주舒州[63] 나원장羅源場이 매입
한 차는 185,082근이었는데 판 후에 얻은 돈은 20,269관 785전이었다.
태호장太湖場이 매입한 차는 829,032근이었는데 판 후에 얻은 돈은
36,096관 680전이었다. 기주세마장蘄州洗馬場이 매입한 차는 40만 근

---

51) 목주를 말하며, 지금의 절강성 건덕현建德縣
52) 월주를 말하며, 지금의 절강성 소흥시紹興市
53) 구주를 말하며, 지금의 절강성 구주시衢州市
54) 온주를 말하며, 지금의 절강성 온주시溫州市
55) 무주를 말하며, 지금의 절강성 금화시金華市
56) 대주를 말하며, 지금의 절강성 임해현臨海縣
57) 상주를 말하며, 지금의 강소성 상주시常州市
58) 명주를 말하며, 지금의 절강성 녕파시寧波市
59) 지금의 하남성 황천현潢川縣
60) 지금의 안휘성 수현壽縣
61) 지금의 안휘성 합비시合肥市
62) 지금의 호북성 황강현黃岡縣
63) 지금의 안휘성 안경현安慶縣

이었는데 판 후에 얻은 돈은 26,360관이었다. 왕기장王祺場이 매입한 차는 182,227근이었는데 판 후에 얻은 돈은 11,953관 992전이었다. 석교장石橋場이 매입한 차는 55만 근이었는데 판 후에 얻은 돈은 36,080관이었다. ❀

발운사가 해마다 경성에 제공하는 쌀은 6백만 석을 정액으로 하였다. 그 가운데에서 회남로淮南路는 130만 석이고, 강남동로江南東路는 991,100석이었으며, 형호남로荊湖南路는 65만 석이며, 형호북로는 35만 석이며, 양절로兩浙路는 150만 석이었다. 거기다 남은 부분을 더하면 매년 제공되는 쌀은 620만 석이었다. ❀

희녕 연간에는 전국의 주현州縣 양급兩級 지방의 행정구획을 폐기하고 합병하였다. 희녕 8년에 이르러서는 주州[64] · 군軍[65] · 감監[66] 일급—級의 지방행정구획 31곳을 철소撤消하였다. 그곳은 바로 의주儀州[67] · 활주滑州[68] · 자주慈州 · 정주鄭州 · 집주集州[69] · 만주萬州[70] · 건주乾州 · 담주儋州[71] · 남의주南儀州 · 복주復州 · 몽주蒙州[72] · 춘주春州 · 능주陵

---

64) 지방행정구획명으로 송대에는 로路보다 한 등급 아래였다.
65) 송대의 지방행정구획명으로 두 종류가 있는데, 하나는 부府 · 주州와 동급으로 노路에 예속된 것이고, 하나는 현縣과 동급으로 부와 주에 예속된 것이었다.
66) 송대의 지방행정구획명으로 동전銅錢을 만들거나 소금을 생산하는 곳 등에 설치하였다.
67) 지금의 감숙성 화정현華亭縣
68) 지금의 하남성 활현滑縣
69) 지금의 사천성 남강현南江縣
70) 지금의 사천성 만현시萬縣市
71) 지금의 해남도 담현儋縣
72) 지금의 광서성 몽산현蒙山縣
73) 지금의 산서성 정악현靜樂縣

州·헌주憲州[73]·요주遼州[74]·두주竇州[75]·벽주壁州[76]·해주梅州·한양
군漢陽軍·통리군通利軍[77]·녕화군寧化軍[78]·광화군光化軍[79]·청평군淸
平軍[80]·영강군永康軍[81]·형문군荊門軍·광제군廣濟軍[82]·고우군高郵
軍·강음현江陰軍·부순감富順監[83]·연수군漣水軍[84]·선화군宣化軍[85]이
었다. 현일급의 지방행정구획을 철소한 것은 모두 127곳이나 된다. 그
곳은 각각 진주晉州의 조성현趙城縣·항주杭州의 남신현南新縣·보주普
州의 보강현普康縣·자주磁州의 소덕현昭德縣·화주華州의 위남현渭南
縣·덕주德州의 덕평현德平縣·능주陵州의 귀평현貴平縣과 적현籍縣·
충주忠州의 계계현桂溪縣·곤주袞州의 추현鄒縣·광주廣州의 신안현信
安縣과 사회현四會縣·합부陝府의 호성현湖城縣과 협석현硤石縣·하중
河中의 서하현西河縣과 영락현永樂縣·파주巴州의 칠반현七盤縣과 기장
현其章縣·방주坊州의 승평현升平縣·춘주春州의 동릉현銅陵縣·북경北
京의 대명현大名縣, 원수현洹水縣, 경성현經城縣, 연제현永濟縣·막주莫
州의 막현莫縣과 장풍현長豐縣·오주梧州의 융성현戎城縣·공주邛州의
임계현臨溪縣·재주梓州의 영태현永泰縣·하양河陽의 사수현汜水縣·
창주滄州의 요안현饒安縣과 임률현臨津縣·융주融州의 무양현武陽縣과

---

74) 지금의 산서성 석양현昔陽縣
75) 지금의 광동성 신의현信宜縣 부근
76) 지금의 사천성 통강현通江縣
77) 지금의 하남성 준현浚縣 부근
78) 지금의 산서성 녕무현寧武縣 부근
79) 지금의 호북성 광화현光化縣 부근
80) 지금의 섬서성 주지현周至縣 부근
81) 지금의 사천성 관현灌縣
82) 지금의 산동성 정도현定陶縣 부근
83) 지금의 사천성 부순현富順縣
84) 지금의 강소성 연수현漣水縣
85) 지금의 산동성 고원현高苑縣

나성현羅城縣·상주象州의 무화현武化縣·귀주歸州의 홍산현興山縣·여주汝州의 용흥현龍興縣·회주懷州의 수무현脩武縣과 무척현武陟縣·도주道州의 영도현營道縣·경주慶州의 악반현樂蟠縣과 화지현華池縣·영주瀛州의 속성현束城縣과 경성현景城縣·순안군順安軍의 고양현高陽縣·단주澶州의 둔구현頓邱縣·명주洺州의 곡조현曲周縣과 임명현臨洺縣·단주丹州의 운암현云岩縣과 분천현汾川縣·노주潞州의 여성현黎城縣·경주瓊州의 사성현舍城縣·화산군火山軍의 화산현火山縣·횡주橫州의 영정현永定縣·의주宜州의 고양현高陽縣, 예단현禮丹縣, 금성현金城縣, 술곤현述昆縣·분주汾州의 효의현孝義縣·연주延州의 금명현金明縣, 풍림현豐林縣, 연수현延水縣·태원부太原府의 평진현平晉縣·수주隨州의 광화현光化縣·형주邢州의 요산현堯山縣, 임현任縣, 평향현平鄉縣·진주秦州의 장도현長道縣·달주達州의 삼강현三岡縣과 석고현石鼓縣·양주揚州의 광릉현廣陵縣·월주越州의 융평현隆平縣, 백향현栢鄉縣, 찬황현贊皇縣·아주雅州의 백장현百丈縣과 영경현榮經縣·기주祁州의 심택현深澤縣·동주同州의 하양현夏陽縣·가주嘉州의 평강현平羌縣·하남河南의 낙양현洛陽縣, 복창현福昌縣, 구씨현緱氏縣, 이궐현伊闕縣·빈주濱州의 초안현招安縣·자주慈州의 문성현文城縣과 길향현吉鄉縣·성도부成都府의 서포현犀浦縣·융주戎州의 의빈현宜賓縣·면주綿州의 서창현西昌縣·영주榮州의 공정현公井縣·영화군寧化軍의 영화현寧化縣·건녕군乾寧軍의 건녕현乾寧縣·진정군眞定軍의 영수현靈壽縣과 정형현井陘縣·형남부荊南府의 건녕현建寧縣과 지강현枝江縣·진주辰州의 마양현麻陽縣과 초유현招諭縣·진주陳州의 남둔현南頓縣·계주桂州의 수인현脩仁縣과 영녕현永寧縣·안주安州의 운몽현雲夢縣·흔주忻州의 정양현定襄縣·검문관劍門關의 검문현劍門縣·한양군漢陽軍의 한천현漢川縣·은주恩州의 청양현清陽縣·희주熙州의 적도현狄道縣·하주河州의

외한현桅罕縣·위주衛州의 신향현新鄉縣과 위현衛縣·유주渝州의 남천현南川縣·곡주虢州의 옥성현玉城縣·과주果州의 유계현流溪縣·이주利州의 평촉현平蜀縣·허주許州의 허전현許田縣·가람岢嵐의 남곡현嵐谷縣·봉주蓬州의 봉산현蓬山縣과 양산현良山縣·익주冀州의 신하현新河縣·부주涪州의 온산현溫山縣·낭주閬州의 진안현晉安縣과 기평현岐平縣·복주復州의 옥사현玉沙縣·윤주潤州의 연릉현延陵縣 등이다. 🏵

제13권
권지權智

　능주陵州[1]에는 염정鹽井이 하나 있는데 그 깊이가 5백여 척이나 되며 모두 돌로 되어 있다. 윗면과 아랫면이 모두 넓지만 유독 중간부분이 좁아서 '장고요杖鼓腰(즉 장고 허리)'라고 불려졌다. 과거에는 우물 밑바닥에서부터 잣나무를 우물 입구까지 세워 시렁을 만들고 거기에 밧줄을 매달아 내려 물에 닿게 하였으며, 우물 옆에서 도르래를 사용하여 물을 끌어올렸다. 그러나 시간이 흘러 우물에 걸쳐둔 시렁이 썩어 떨어져나가고 그것을 다시 새 것으로 바꾸려고 하였지만 우물 속에는 사람에게 해로운 독 기운이 있어 그 우물에 들어간 사람은 모두 죽게 되어 그 시공을 할 수가 없었다. 오직 비가 오는 날을 기다려 빗물이 우물 안으로 들어가 유해 기체가 우수雨水와 함께 아래로 침전하게 되면 비로소 공사에 들어갈 수 있었다. 하지만 날이 맑으면 또 작업을 중단해야 했다. 나중에 어떤 사람이 나무쟁반을 만들고 그 아래에 작은 구멍을 뚫은 다음에 물을 가득히 채워 우물 위에 설치하였는데 그러자

---

1) 지금의 사천성 인수현仁壽縣

그 구멍에서 물이 마치 빗방울같이 아래로 떨어졌다. 사람들은 '우반雨盤'이라 불리는 그것에 물을 채워 종일토록 아래로 비가 내리게 하였는데, 그리하여 몇 달이 지난 다음에 결국 전부 새로운 우물받침대로 교체하게 되었다. 이리하여 능주의 염정은 옛날처럼 사용되기 시작하였다.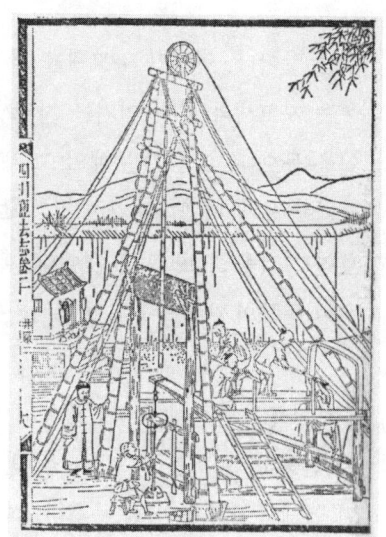

세상에는 대나무와 목재, 그리고 상아나 뼈 등으로 호각을 만들어 사람의 목구멍 속에 넣어 불면 사람의 목소리와 같은 소리를 낼 수 있는 것이 있는데, 이를 '상규자顙叫子(즉 목구멍 호각)'라고 하였다. 누군가가 일찍이 병으로 목이 쉬어 전혀 말을 할 수 없게 되었는데, 그는 당시 남으로부터 억울한 누명을 덮어썼지만 자신의 입으로 변호할 길이 없었다. 사건을 심문하는 사람이 '상규자'를 가져다가 목구멍 입구에 집어넣어 주자 그의 입에서 나오는 소리가 마치 목우희木偶戲[2] 속의 나무인형이 말하는 목소리 같았다. 그리하여 또렷하지는 않지만 그래도 그 뜻을 밝힐 수가 있어 그는 억울한 누명에서 벗어나게 되었다.

《장자》에서는 말하기를, '호랑이를 키우는 사람은 살아 있는 동물이나 동물 전체의 몸을 호랑이에게 먹이지 않는다'라고 하였다. 이 말은

---

2) 중국의 인형극을 말한다.

맞는 말이다. 언젠가 자고새를 잘 길들이는 사람이 있었는데, 그가 키우는 자고새와 싸워 이기는 자고새가 없었다. 누군가가 그에게 그 원인을 물으니 그 주인은 매일 그 새에게 먹이를 줄 때 자고새의 껍질로 고기를 싸서 먹였다는 것이었다. 그리하여 그 새는 살아있는 자고새만 보면 그것을 쪼아 먹은 것이다. 이것은 바로 특별한 먹이 훈련을 이용하여 동물의 생활습성을 변화시키는 방법인 것이다. 🌸

보원寶元 연간에 당항인党項人[3]이 변방을 침략하였다. 당시 막 설립된 만승군萬勝軍은 전투훈련을 받은 적이 없었기에 적과 싸우기만 하면 언제나 패전을 면치 못했다. 적청狄靑이 도독을 맡은 후, 어느 날 만승군의 군기軍旗를 모두 호익군虎翼軍에게 넘겨준 다음에 그들로 하여금 당항족들과 싸우게 하였다. 적군은 만승군의 깃발을 보고는 쉽게 물리칠 수 있을 것이라고 여기며 모두 부대가 앞으로 돌격하였다. 그러나 호익군에 의해 크게 패하였으며, 살아 돌아간 자가 거의 한 사람도 없었다.

또 한번은 적청이 경원涇原에 있을 때에는 적은 병력으로 많은 적들을 상대한 적이 있었는데, 그는 생각한 끝에 매우 기발한 방법으로 그 전투를 승리로 이끌었다. 먼저 그는 부대에 명령하여 궁노弓弩를 모두 한 쪽에 놓아두고 짧은 병기들을 몸에 지니도록 하였다. 또 그는 부대

---

3) 옛날의 부족으로 강족羌族의 일파이다. 북송 시기에 서하西夏라는 나라를 세웠다. 가장 흥성했을 때의 판도는 지금의 영하寧夏 · 섬북陝北 · 감숙서북부甘肅西北部 · 청해동북부青海東北部 · 내몽고일부內蒙古一部에까지 걸쳤다.

4) 송대에 지금의 월남越南 고평성高平省 부근을 점령하고 있던 동족僮族의 수령이었다. 경력慶歷 원년(1401)에는 그 세력이 지금의 광서성까지 확산되어 '대력국大歷國'이라는 나라를 세웠다. 1052년에는 군대를 일으켜 송을 공격하여 옹주邕州, 지금의 남녕南寧를 점령하였다. 그러나 이듬해에 송의 대장군인 적청에게 대패하여 운남성 대리大理 지역으로 사라졌다.

원들에게 명령하여 징소리가 한번 울리면 전진을 멈추다가 다시 한번 징소리가 울리면 삼엄한 경계하에 일부러 퇴각하게 하였다. 그리고 징소리가 멈추면 큰 소리를 지르며 갑자기 적군을 기습하도록 명령하였다. 사병들은 모두 그가 시키는 대로하였다. 막 적군을 대하고 교전을 하기 전에 돌연히 징소리가 울려 퍼졌다. 사병들은 모두 전진을 멈추었다. 징소리가 다시 울리자 사병들은 퇴각하였다. 적은 이 상황을 보고는 크게 웃으며 서로 '누가 적천사狄天使가 용맹하다고 하였던가?'라며 말하였다. 당시 적군은 적청을 '천사天使'라고 불렀던 것이다. 그러자 징소리가 멈추며 돌연히 적청의 군대가 기습적인 맹공을 시작하였다. 적군은 크게 흐트러지며 서로 밟고 밟히며 죽는 자가 그야말로 부지기수였다. 🏵

적청이 추밀부사를 맡고 있을 시에 일찍이 선무사宣撫使의 이름으로 광서廣西 지역을 장관한 적이 있었다. 당시 농지고儂智高[4]는 곤륜관崑崙關[5]을 점거하고 있었다. 적청이 빈주賓州[6]로 왔을 때, 바야흐로 상원절上元節[7]이 시작되었다. 그는 아랫사람에게 명하기를, 대규모로 등롱燈籠을 밝히게 하여 첫날 저녁은 고급관리들을 청해 잔치를 베풀고, 이튿날 밤에는 그 다음 등급의 군관들을 위해 잔치를 벌이며, 또 사흘 째 되는 날의 밤에는 하급 군사들을 불러 술대접을 하도록 하였다. 첫날 밤은 모두 밤을 새워 술 마시고 노래하였다. 둘째 날의 이경 무렵에 적청은 몸이 좀 불편하여 잠시 침소로 들어가 휴식을 취하겠다며 자리를

---

5) 지금의 광서성 남녕시 부근이다.
6) 지금의 광서성 빈양현賓陽縣이다.
7) 원소절元宵節이라고도 하며 음력 정월 15일이다. 중국인들은 이날에 등불놀이를 하는 관습이 있다.

떠났다. 좀 시간이 지난 연후에 그는 사람을 시켜 손원규孫元規[8]에게 말하기를, '잠시동안 술자리를 자신을 대신하여 지켜주면 자신은 약을 먹은 후에 곧 나오겠다'고 하였다. 그리고 그 후에 몇 번 사람을 술자리로 보내어 장수들에게 술을 권하였다. 이윽고 날이 밝아지기 시작하였지만 모두들 자리를 떠나지를 못했는데, 그 때 갑자기 빠른 말을 타고 소식을 전하는 자가 들어와 '오늘 밤 삼경 무렵에 적청 나리가 이미 곤륜관을 탈환하였습니다'라고 보고하였다. ✿

조위曹瑋가 진융군鎭戎軍[9]을 맡고 있을 때의 일이다. 그때 그는 적과 싸워 작은 성과를 거두고 적병을 물리친 적이 있었다. 조위는 당시 적병이 멀리 퇴각한 것을 알고는 추격하여 소와 양 그리고 적군의 전투 보급물자 등을 약탈하였다. 그리고 천천히 수레를 몰고 오느라 군대가 다소 흩어져버리게 되었다. 그의 부하는 이러한 행위에 대해 매우 염려하며 조위에게 말하였다.

"소와 양과 같은 것들은 그리 중요한 것이 아닌데, 헛되이 대오隊伍만 망쳤습니다. 차라리 그것들을 포기하고라도 병사들을 잘 정돈하여 돌아오셨어야 했습니다."

조위는 이에 아무런 답변을 하지 않고, 사람을 파견하여 그것을 정찰하게 하였다. 그런데 적병이 몇십 리를 퇴각한 후에 조위가 소와 양과 같은 작은 이익을 위해 대오가 흐트러진 것을 알고는 돌연히 대오를 돌려 조위의 부대를 공격한 것이었다. 조위의 군대는 오히려 더욱 천천히 이동하여 지형이 유리한 곳으로 와 가지 않고 적군을 기다렸다. 적군이 매우 가까이 다가오자 그는 사람을 적군 장수에게 보내 다음과

---

8) 진사출신으로 당시 적청의 주요 부하였다.

같이 말하였다.

"귀군貴軍께서 멀리 쫓아오시느라 매우 피곤하실 것입니다. 우리는 상대가 피곤한 틈을 타서 공격은 하지 않습니다. 좀 휴식을 취해 병사와 말들을 쉬게 한 연후에 다시 결전을 하시는 것이 어떨런지요?"

적군은 마침 피로함이 극에 달하여 그 말에 매우 기뻐하였다. 그리하여 그들은 대오를 정리한 후에 오랫동안 휴식을 가졌다. 조위는 또 사람을 보내 말하기를,

"휴식을 충분히 취하였으면 진군을 해도 좋습니다."

하였다. 그리하여 쌍방은 북을 울리며 공격을 감행하였다. 조위의 부대는 교전하여 적을 대패시켰고, 그들은 소와 양들을 버리고 달아났다. 조위는 천천히 그의 부하에게 설명하였다.

"나는 적군이 이미 매우 피곤한 것을 알았고, 소와 양과 같은 작은 이익을 탐하는 것처럼 보여 그들이 추격해오도록 유혹하였다. 그들이 다시 우리를 추격해왔을 때에는 거의 백 리를 걸어왔고, 만약 그들의 사기가 왕성한 그 때에 결전을 치르면 전쟁의 승산이 크지 않는 것이다. 그리고 먼 길을 걸어온 군사들이 잠시 휴식을 취하게 되면 다리의 힘이 빠져 오래 서있지 못할 뿐 아니라 사기도 줄어드는 것이다. 나는 이 기회를 틈타 그들과 싸워 이길 수 있었던 것이다." ✤

나의 친구 가운데에는 임기응변이 매우 강한 사람이 하나 있다. 그는 일찍이 연주延州 임진현臨眞縣의 현위를 맡은 적이 있는데, 가족을 이끌고 의추문宜秋門 밖으로 나와야 했다. 당시 조정에서는 차금茶禁을 매우 엄격히 하였는데, 가족 중의 누가 강남 일대의 차를 몇 근 품속에

9) 지금의 감숙성 고원현固原縣이다.

넣고 오다가 사람이 많은 틈에 말이 놀라는 바람에 그 차가 갑자기 말 아래로 떨어졌다. 나의 친구는 그 상황을 보고는 일부러 매우 놀라는 표정을 지으며 몸을 돌려 수중의 채찍으로 성문 누각 위의 치미鴟尾[10] 를 가리켰다. 길에 나와 있는 사람들은 무슨 일이 발생했는지 알지 못하고 다만 그가 가리키는 방향만 쳐다보았는데, 그 사이에 차포대는 말발굽에 채여 진흙 속으로 사라졌다.

또 언젠가 감사監司가 그를 파견하여 토지 소송에 관한 일을 처리하도록 한 적이 있다. 그 지역은 산이 많고 지역이 험준하여 오르기가 매우 힘들었기에 이러한 점 때문에 여러 번이나 소송인에 의해 속임을 당하였다. 내 친구는 소송인들을 불러 그들에게 다음과 같이 말했다.

"내 차마 그대들의 땅을 모두 책정하지는 않겠다. 너희들에게 반을 허용해 주겠다. 너희들 소유의 땅은 2무畝에 대해 1무의 세금만 내도록 해주겠다. 하지만 조심하거라. 다시 또 요령을 피워 관부를 속이려들면 우리가 조사하여 진상을 밝혀 모두 사실대로 세금을 거둘 것이다."

그들은 그의 말을 믿고 전쥰 면적의 반에 대한 세금을 내었다. 시간이 좀 흘러 나의 친구는 한 지역을 지정하여 그것을 다시 고찰한 후에 조문條文을 내세우며 여기에 문제가 있다고 하면서 땅 주인을 꾸짖으며 말하기를,

"내가 너희들에게 관부를 속이지 말라고 주의를 줬는데 왜 그 말을 듣지 않았는가? 이젠 너희들의 땅을 전부 사실대로 계산해야겠다."

하였다. 이리하여 한 무로 계산하여 세금을 내는 사람들이 모두 두 무로 계산하여 세금을 내게 되었고, 다시는 그 땅을 속이는 사람이 없었다. 그의 권술權術은 늘 이러하였다. 그의 사람됨도 강직하고 이해심

---

10) 성문 누각 중앙 양쪽 모서리에 있는 장식으로 외관이 솔개 꼬리와 같아 불러진 이름이다.

이 많았으니 실로 한 시대의 호걸이라고 할 수 있다. ✦

왕원택王元澤[11]이 아직 몇 살 되지 않았을 때, 그의 집을 찾아온 어느 손님 하나가 한 통 속에 노루와 사슴을 같이 넣어놓고는 그에게 물었다.

"어느 것이 노루고, 어느 것이 사슴이지?"

왕원택은 당시 어느 것이 노루이고 어느 것이 사슴인지를 구별하지 못했다. 오랫동안 그것을 보고는 말했다.

"노루 옆에 있는 저것이 사슴이고, 사슴 옆에 있는 저것이 바로 노루예요."

손님은 그 아이의 대답을 듣고 매우 놀랐다. ✦

호주濠州 정원현定遠縣[12]에는 궁수가 하나 있었는데, 긴 창을 매우 잘 사용하여 멀리 있는 사람들도 그의 능력에 감탄하였다. 당시 좀도둑이 하나 있었는데, 그 역시 창을 잘 사용하였다. 그는 늘 군관들을 얕보았지만 유독 이 궁수만은 그렇게 보지 않았다. 그는 '만약 그를 만나게 되면 기필코 그 자와 결전을 하리라'라고 말하였다. 그러던 어느 날, 궁수는 일이 있어 부둣가에 나왔다가 마침 주점에서 술을 마시고 있는 그 좀도둑과 마주치게 되었다. 한바탕의 악전을 면하기 어려웠다. 두 사람은 바야흐로 긴 창을 휘두르며 결전을 벌였다. 구경꾼들이 수없이 몰려와 그들을 둘러쌌다. 그러나 시간이 지나도 그들의 결투는 승부가 나지 않았다. 궁수는 돌연 그 좀도둑에게 말했다.

'현위께서 행차하셨다. 너와 나는 모두 용감한 장사壯士이니 그 분의

---

11) 왕방王雱을 말하며 왕안석의 아들이다.

12) 호주는 지금의 안휘성 봉양현鳳陽縣인데, 정원현은 지금과 동일하며 옛날에는 봉양부에 속했다.

말 앞에서 생사의 결판을 낼 용기가 있느냐?'

좀도둑은 그 말에 '좋다'라고 답했다. 궁수는 그 소리와 함께 그를 찔렀고, 그 좀도둑은 바로 창에 찔려 죽었다. 아마도 그의 일시적인 소홀을 틈탄 것이리라.

또 어떤 사람이 강도를 만나 그와 싸우게 되었다. 칼과 창이 막 어우러져 싸우려는데 그 강도는 입에 머금고 있던 물을 갑자기 상대방의 얼굴에다 뱉었다. 상대방은 잠시 멈칫했는데, 그 사이에 창칼이 이미 그의 가슴에 들어가고 말았다. 또 어느 장사가 나타난 그 강도와 싸우게 되었다. 그는 이미 이 강도의 물 뿜는 기술을 알고 있었다. 두 사람이 싸울 때, 강도는 또 이 방법을 사용하여 물을 내뿜었다. 그러나 그가 물을 내뿜는 찰나, 적의 창은 이미 그의 목을 찔렀다. 이미 사용한 기술로 그 비밀이 일찌감치 누설이 된 것이었다. 그는 자신의 기술만 믿고 방어태세를 갖지 않았기에 결과는 도리어 그 전술의 피해를 본 것이었다. 🏵

섬서陝西 지역은 홍수로 인한 낙석에 의해 산의 하천이 막히고 하수河水가 넘쳐나 수재가 발생하였다. 그 흘러내린 돌의 크기가 집채만하여 인력으로 도저히 그것을 치울 수가 없었다. 주현의 백성들은 모두 근심거리가 생겼다. 당시 현령을 맡고 있던 뇌간부雷簡夫[13]는 사람을 시켜 흘러내린 각각의 돌 아래에다 그 바위와 같은 크기의 구멍을 파서 돌을 밀어 그 홈 속에 넣었다. 그리하여 수재는 멈췄다. 🏵

---

13) 자는 태간太簡으로 송대인이다.
14) 본 내용은 당시 고려와 송나라 간의 소리 없는 외교전쟁을 얘기하고 있다. 따라서 고대한중외교사古代韓中外交史에 있어 중요한 사료로 생각된다.

희녕 연간에 고려高麗의 사자使者가 와서 조공을 바쳤다.[14] 그런데 그들이 다녀간 주현마다 그들은 모두 지도를 요구하였다. 그리고 그 주현들도 모두 지도를 제작하여 바쳤는데, 지도상의 산과 내, 그리고 도로와 지세의 험준함과 평지 등이 매우 상세하게 표시되었다. 그들은 또 양주揚州로 와서 공문으로 여러 주부州府에 명하여 지도를 얻어가려고 하였다. 당시 진수공陳秀公[15] 승상이 양주를 맡고 있었는데 그들을 속여 참고로 필요하니 절강 지역에서 그들에게 제공한 모든 지도를 좀 보여달라고 하였다. 고려의 사자가 지도를 가지고 왔을 때, 진수공은 그것들을 한데 모아 불태워 버렸다. 그리고 그 사실을 상부에 보고하였다. ✿

적청이 경원涇原을 지키고 있을 적에 적과 싸워 크게 이긴 적이 있다. 적병을 몇 리까지 추격하는데, 그들이 갑자기 산 발치에서 멈춰 섰다. 적청은 앞에 위험이 있다고 생각하였지만 병사들은 모두 힘을 내어 끝까지 추격하려고 하였다. 적청은 즉각 징을 울리게 하여 그들이 퇴각할 수 있도록 해주었다. 적병이 멈춰 선 지역을 조사해 보니 과연 앞에 깊은 내〔川〕가 있었다. 적청의 부장들은 모두 추격하지 않은 것을 후회하였다. 하지만 적청은 그들의 생각과는 달랐다. 그는 다음과 같이 말했다.

"그렇지 않네. 달아나는 적병이 갑자기 멈추니 어찌 계략이 없다고 할 수 있겠는가? 우리 군이 이미 대승을 거뒀는데 퇴각하는 적병을 다시 추격하여 전과를 올릴 필요가 없네. 그들을 사로잡는다고 하더라도 전공을 더 혁혁하게 하지는 않아. 그런데 만일 그들의 계략에 빠진다면 우리들의 생사를 장담할 수 없지가 않겠느냐? 차라리 추격하지 않

---

15) 진승지陳升之를 말한다. 자는 양권暘權이다.(1011~1079) 건양인建陽人으로 진사에 합격하여 시어사侍御史를 역임하였다. 신종神宗 때에 동중서문하평장사同中書門下平章事를 맡았고, 수국공秀國公으로 봉해졌다. 죽은 후의 시호는 성숙成肅이었다.

은 것을 후회할지언정 추격을 멈추지 않은 것을 후회해서는 안 되네."

적청은 나중에 영남嶺南의 반군을 평정하였는데, 반군의 수령인 농지고儂智高가 패하여 옹주邕州로 달아났다. 적청의 부하들은 모두 농지고의 잔당들을 모두 섬멸하려고 하였지만 그는 그들의 뜻에 따르지 않았다. 그는 좋은 기세를 따라 전공戰功을 쫓으며 허실虛實을 모르는 성城으로 들어가는 것은 대장군이 해야 할 일이 아니라고 생각하였던 것이며, 그리하여 농지고는 도주할 수가 있었다. 천하의 사람들은 모두 적청이 옹주성을 공격하지 않아 농지고가 죽음에 직면하여 도주한 점을 비난하였다. 그러나 적청이 군대를 이끌고 전투에 임한 것은 오직 승리뿐이었지 혁혁한 전공을 세우려고 하지 않았다. 그러므로 지금까지 큰 실패를 만나지 않았다. 그가 세운 공은 그 누구보다도 많아 결국 명장이 되었다. 이것은 바로 바둑과 같다고 하겠다. 상대방을 이미 이겼으면 다시 돌을 놓을 필요가 없는 것이다. 하지만 쉬지 않고 계속하여 상대를 공격한다면 대패를 당하게 될 지도 모르니, 이것이 바로 적청이 두려워하는 바였다. 유리한 국면을 맞이하여서도 능히 자신을 경계하는 점이 바로 적청이 다른 장군들과 다른 점이었다. 🏵

와교관瓦橋關[16] 북쪽은 요나라의 지역과 서로 인접하고 있는데, 지금까지 적을 방어할 수 있도록 해주는 관하關河가 없었다. 왕년에 육택사六宅使[17] 였던 하승구何承矩가 와교관을 맡고 있을 적에 낮은 습지를 이용하여 물을 저장해서 변방의 병풍과 같은 요새로 만들자고 건의하기 시작하였다. 그는 직접 그곳에 가서 관찰하려고 하였지만 그의 계획이 누설될까 두려웠다. 그리하여 그는 매일 부속 관원들을 소집하여 물

---

16) 북송시절 변방의 중요한 진鎭으로 지금의 하북성 웅현雄縣의 남쪽이다.

위에서 배를 띄우고 술을 마시며 요화蓼花도 감상하였다. 그리고 그는 〈요화음蓼花吟〉이라는 이름의 시도 몇십 편 적으며, 동행하는 사람들에게 화답하는 시를 짓도록 하였을 뿐 아니라 그 풍경을 그림으로 그리게 하여 경성으로 보내기도 하였는데 아무도 그 의도를 알지 못했다. 이로부터 하승구는 얕은 호수들을 막고 제방을 쌓아 물을 저장하는 공사를 하기 시작했다.

경력 연간에 내시였던 양회민楊懷敏도 그를 따라 이런 공사를 하였다. 희녕 연간에도 서촌徐村과 유장柳莊 등의 호수를 팠는데, 모두 서徐 · 포鮑 · 사沙 · 당唐 등의 하천과 후후後猴 · 계구鷄距 · 오안五眼 등으로 불리는 샘으로 그 수원水源을 삼았다. 그리하여 동으로는 호타하滹沱河 · 장수漳水 · 기수淇水 · 역수易水 · 백수白水 등의 하류와 접하여 황하로 유입되었고, 따라서 보주保州 서북의 심원락沈遠濼에서 시작하여 동으로는 창주滄州 니고泥沽 해구海口까지 근 8백 리의 지역이 물을 저장한 호수가 되었다. 약 60리를 더 넓혔으며, 지금까지도 변방의 병풍과 같은 요새가 되고 있다.

누군가가 말하길 이렇게 하면 민전民田을 침해하게 되어 변경 지역의 매년 양식수확을 감소할 것이라고 하였다. 하지만 이러한 생각은 옳지가 않다. 심주深州 · 익주冀州 · 창주滄州 · 영주瀛州 일대는 오직 황하와 호타하, 그리고 장수에 의해 범람되는 지역만이 양전良田으로 범람되지 않는 지역은 모두 염지鹽地라서 작물을 심을 수가 없기 때문이다. 예전에는 다만 유목민들만이 그곳에 모여 살며 염토를 모아 소금을 끓여내곤 하다가 누차 염금鹽禁을 범해 도적으로 몰리곤 하였다. 그러나 물을 저장한 호수가 생기면서 사염私鹽도 적어졌고, 물고기와 게

---

17) 무관명武官名이다.

그리고 물풀이나 갈대들도 생겨나 백성들은 그것으로써 생계를 삼기도 하였다. ✿

　전류錢鏐[18]가 진해군의 절도사를 맡고 있을 때에 선주宣州 반군叛軍의 사병 5천여 명이 그를 찾아온 적이 있다. 전류는 그들을 받아들여 자신의 심복과 같이 여겼다. 당시當時 나은羅隱[19]은 전류의 막부에 있었는데, 여러 번이나 전류에게 그들은 적의 사병이며 함부로 믿어서는 안 된다고 얘기하였다. 그러나 전류는 듣지 않다. 항주에서 성첩城堞[20]을 새로 짓는데, 그 위에는 적군을 조망하는 지붕이 없는 누각이 매우 많았다. 전류는 수하 장수들을 데리고 사방을 참관하였다. 나은은 그것을 가리키며 일부러 모른 체하며 물었다.
　"이것들을 설치하는 이유가 뭡니까?"
　"그것도 모르오? 적을 방어하기 위한 것이지 않소!"
　전류의 대답이었다. 나은은 또 일부러 물었다.
　"이렇게 세심하게 준비하시면서 왜 안에다 설치하지 않는지요?"
　"적을 막기 위한 것인데 안에다 설치하여 무슨 소용이 있겠소?"
　전류가 크게 웃으며 한 말이었다. 그 말에 나은은
　"저의 예상으로는 안에다 지어야 할 것 같습니다."
　하였다. 나은의 뜻은 선주에서 온 사병들이 나중에 적이 될 것이라는

---

18) 당나라 말기의 진해군鎭海軍의 절도사이다. 오대 때에 오월국을 세웠다.
19) 본명은 횡橫으로 만당의 시인이었다. 광계光啓 연간에 진해절도사로 들어가 전류의 막부로 일했다. 나중에 절도판관節度判官과 급사중給事中 등의 직책을 맡았다. 최치원崔致遠이 당나라를 떠나 고국인 신라로 돌아갈 때에 나은은 최치원에게 시를 지어 준 적도 있다.
20) 성벽 위의 凹凸요철 모양의 낮은 벽을 말한다.
21) 송태종宋太宗 조광의趙光義의 연호이다.(990~994)

의미였을 것이다. 나중에 전류가 의금성衣錦城을 순시할 때에 무장 지휘관이었던 서관徐綰과 허재사許再思 등이 선주에서 온 사병들을 거느리고 난을 일으켜 청산진青山鎭을 불태우고 중성中城을 공격하였다. 다행히도 성 안에는 미리 방어할 준비가 되어 있었기에 서관 등은 곧 실패하였다. 그러나 전류는 하마터면 멸망할 뻔하였다. ✿

　　순화淳化[21] 연간에 이계봉李繼捧[22]이 정난군定難軍의 절도사를 맡고 있을 적에 몰래 그의 아우인 이계천李繼遷과 더불어 반란을 도모하였다. 조정에서는 이계융李繼隆[23]을 파견하여 병사들을 이끌고 그들을 토벌하도록 하였다. 계융의 부대는 급히 극호克胡에 도달하여 황하를 건너 연복현延福縣[24]에 도달하였으며, 또 철가역鐵茄驛에서 밤을 새워 수주綏州[25]로 들어가 앞으로의 진군進軍의 방향을 계획하였다. 계융은 직접 하주夏州[26]를 습격하려고 하였지만 누군가가 말하길 하주는 반란군의 두목이 있는 지역이라 아군의 병력이 적으면 함락하기 어려우니 먼저 석보石堡[27]를 점령하고 난 후에 반군의 동향을 살피는 것이 나을 것이라고 하였다. 그러나 이계융은 그렇게 할 수 없다고 하였다.

　　"우리들의 병력이 적으니 만약에 직접 하주를 공략하면 반군들이 예

---

22) 서하인이다. 태평흥국太平興國(976~983)에 같은 동포들을 이끌고 입조하여 송태종의 신임을 받았다. 장덕군彰德軍 절도사節度使를 오랫동안 역임하였으며, 그 아우인 이계천李繼遷이 변방의 우환이 되었지만 나중에 그도 송에 귀순하였다. 그러나 오래지 않아 또 난을 일으켰다.

23) 자는 패도霸圖이며, 송의 상당인上黨人이었다. 여러 차례 전공을 세우며 거란족을 물리쳤다. 평소에 《춘추좌씨전春秋左氏傳》 읽기를 좋아하며 유생을 예우하였고, 사람됨이 겸손하고 근엄하였다.

24) 지금의 섬서성 수덕현綏德縣의 동남이었다.

25) 지금의 섬서성 수덕현 일대이다.

26) 지금의 섬서성 횡산현橫山縣 남쪽이었다.

27) 지금의 섬서성 지단현志丹縣 부근이다.

상하지 못한 것이 되며 그들도 우리들의 병력이 얼마나 되는 지를 추측할 수가 없을 것이다. 만약 먼저 석보를 점령한다면 우리들의 병력이 얼마인지를 금방 드러내는 것이 되는데, 어찌 다시 공격을 할 수 있겠는가?"

이계융은 이렇게 말하며, 군대를 이끌고 얼른 무녕현撫寧縣[28]에 도달하였다. 당시 이계봉은 아군이 직접 하주를 공격할 것을 모르고 있다가 황망히 나와 응전하다가 아군에 의해 생포되었다.

무녕현의 과거의 현부縣府는 무정하無定河 일대의 평지에 있었는데, 여러 차례 적의 침략을 받아 안전하지 못했다. 이계융은 그리하여 현부를 적수애滴水崖로 옮겼는데, 과거의 현에서 북으로 십여 리 떨어져 있는 곳이다. 그곳은 모두 돌로 된 산애山崖였는데, 십여 장이 되는 산벽이 높고 가파른데 아래에는 무정하의 물에 임하고 있었다. 지금은 이 지역을 나와성囉瓦城이라고 부르고 있다. 희녕 연간에 설치한 무녕성은 무녕의 구성舊城일 뿐이다. 이 행정구획의 지방지地方志에 나와 있는 지도에는 이 새로운 현지縣址를 기록하지 않았다. 다만 이계융이 지은《서정기西征記》에 매우 상세하게 설명되었을 뿐이다.✿

희녕 연간에 당항인 수령의 모친 양씨梁氏가 군대를 이끌고 경주慶州[29] 대순성大順城을 침략하였다. 경주의 통수統帥는 부장部將 임광林廣을 파견하여 저항하도록 하였지만 적병은 성을 에워싼 채 떠나려고 하지 않았다. 임광은 성을 지키는 사병들에게 명령하여 질이 좀 나쁜 화살을 사용하여 적을 향해 쏘도록 하였다. 적병은 화살의 힘이 도달하는 곳을 계산하고는 점점 성벽 가까이 접근하였다. 바로 그때, 임광은 병

---

28) 지금의 섬서성 미지현米脂縣 부근이다.
29) 지금의 감숙성 경양慶陽과 합수合水 등의 현에 해당된다.

사들에게 명하여 질이 최고로 좋은 화살을 모아다가 집중적으로 쏘게 하였다. 적병은 활에 맞아 죽는 자들이 많았고, 나머지 병사들도 서로 의 몸으로 방패를 삼으며 달아났다. 🌐

소주蘇州에서 곤산현昆山縣까지 육십 리가 모두 얕은 물로 덮여져 있고 육로가 없다. 사람들은 물을 건너가는 것이 힘들어 오래 전부터 긴 제방을 지으려고 생각해왔다. 그러나 소주 일대는 주변이 모두 수향水 鄕이라 흙을 취하여 둑을 쌓을 방도가 없었다.

가우嘉祐 연간에 누군가가 한 방법을 제안하였다. 그것은 물 속에서 갈대자리와 건초로 담벽을 만드는 것이었다. 갈대로 만든 자리와 건초 를 두 줄로 끼워 그 사이의 길이가 세 척이 되게 하였다. 그리고 이 담 벽에서 여섯 장 떨어진 곳에 다시 담벽을 만들었는데 그 방법은 앞과 동일하였다. 물 속의 진흙을 갈대자리로 만든 담벽에 가득 채우고, 그 진흙이 마르면 다시 수차水車로 두 담 사이의 고인 물을 배출시켰다. 이렇게 하면 두 벽 사이의 여섯 장 넓이의 지역이 모두 흙으로 변한다. 그 가운데 흙의 반을 남겨서 둑의 하층부를 만들고 그것의 반을 파서 개천을 만들며, 그 개천을 파서 얻어낸 흙으로 둑을 쌓는 것이다. 그리 고 긴 둑 위에 삼사 리마다 교량을 하나 만들어 남북의 고인 물이 유통 되도록 하는 것이었다.

오래지 않아 긴 둑이 만들어졌고, 현재에 이르기까지 사람들에게 편 리를 제공하고 있다. 🌐

이윤칙李允則[30]이 웅주雄州[31]를 지키고 있을 때에 북문 바깥에는 민가

---

30) 자는 중범重范으로 지략이 뛰어난 것으로 유명하다.
31) 지금의 하북성 웅현雄縣이다.

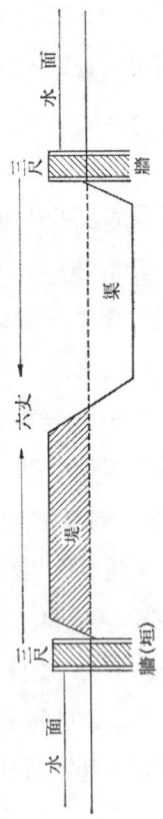

가 많았고 성 안은 땅이 좁아 북성北城을 넓히기로 생각하였다. 그러나 당시 조정은 요나라와 화친을 맺어 요인들이 이것 때문에 트집을 부릴까 걱정이 었다.

성의 북문 바깥은 과거에 동악행궁東岳行宮이 있었는데, 이윤칙이 은으로 큰 향로를 만들어 사당에 방치하고는 사람을 파견하여 그것을 간수하는 일을 일부러 하지 않았다. 어느 날 은향로가 도둑을 맞았다. 그는 방을 곳곳에 붙여 높은 현상금으로 그 도둑을 잡으려고 하였다. 하지만 시간이 많이 지나도 그 도둑은 잡히지 않았다. 이윤칙은 그리하여 사당이 여러 번씩이나 도둑을 맞으니 인부들로 하여금 벽을 쌓아 사당을 에워싸도록 해야 한다는 말을 밖으로 흘려보냈다. 그러나 사실은 북성을 확장시키고 있는 것이었다. 열흘이 지나지 않아 담은 지어졌고, 요인들도 그것을 탓하지 않았다. 이것이 바로 현재의 웅주 북관성北關城인 것이다.

군중에서 상대방을 속이는 대다수의 계략은 모두 기발한 계략인 것만은 아니다. 단지 일시적이나마 상대를 속이는 역할을 했다면 바로 혁혁한 공을 올리는 것이다. 당시 사람들에게는 '적절히 잘 사용하게 되면 적敵이 절단 나고, 적절히 사용하지 못하면 내가 부끄럽다' 라는 속담이 있었으니 그 말은 지극히 타당한 말이다. ❀

---

32) 진양陳襄을 말하며, 지금의 복건성 복주인福州人이었다. 신종 때에 시어사侍御史를 맡았으며, 왕안석의 청묘법靑苗法을 반대한 적이 있다. 관직생활 당시에 학교를 중흥하고 민간의 이익에 앞장섰다. 학자들은 그를 고령선생古靈先生이라고 불렀다.

추밀직학사樞密直學士인 진술고陳述古[32]가 건주建州 포성浦城의 지현을 맡고 있을 적의 일이다. 누군가가 물건을 잃어 버렸는데 혐의자들을 몇 명 잡았지만 누가 절도범인지를 확인할 길이 없었다. 진술고는 잡혀온 자들을 속여 말하기를, '모某 사당에 있는 종鐘이 절도자들을 잘 가려낸다' 하고는 사람을 파견하여 그 종을 가져와 뒷문에 두고 제祭를 올리도록 하였다. 그리고 혐의자들을 그 종 앞에 세웠다. 진술고는 그들에게 물건을 훔치지 않은 자가 종을 만지면 종은 울리지 않고 물건을 훔친 자가 종을 만지면 그것이 울릴 것이라고 하였다. 그 다음, 그는 동료들과 함께 종을 향하여 기도를 올렸다. 그 모습이 매우 엄숙하였다. 기도가 끝나고 종은 천으로 된 휘장으로 덮여졌으며, 또 몰래 사람을 시켜 종 위에다 먹물을 바르도록 하였다. 시간이 좀 지난 다음, 혐의자들을 데리고 한 명씩 그 휘장 속으로 손을 넣어 종을 만지도록 하였다. 그 후 그들의 손을 검사해 보니 모두 먹이 손에 묻었지만 유독 한 사람의 손만이 먹이 묻지 않았다. 그 사람을 심문하니 그자는 자신이 물건을 훔쳤음을 시인하였다. 아마도 그는 종이 소리를 낼까 두려워 한 나머지 종을 감히 만지지 못한 것이었다. 이것은 사실 옛날 소설 속에도 나오는 이야기이다. 🏵

희녕 연간에 수양濉陽 경내에 있는 변하汴河의 제방을 파내어 변수汴水의 진흙을 걷어내어 그것을 밭의 흙에다 부었다. 그런데 변하가 홍수로 범람하여 둑이 무너져 머지 않아 재해가 닥칠 것 같았다. 사람의 힘으로 어찌 할 도리가 없었다. 당시, 도수승都水丞[33]인 후숙헌侯叔獻[34]이 이 홍수 처리 공사를 맡게 되었다. 그는 변하 연안의 지형을 관찰한 후

---

33) 수리水利를 관리하던 관리이다.
34) 자는 경인景仁으로 송의 의황宜黃 사람으로 왕안석의 문인이었다.

에 상류 몇십 리 되는 곳에 고성古城이 하나 있는 것을 발견하고는 즉시 사람을 시켜 제방을 파서 홍수를 고성으로 흐르도록 하였다. 그리하여 하류의 수위는 매우 낮아졌으며, 바로 인력을 동원하여 제방을 어서 쌓게 하였다. 이튿날, 고성에는 물이 가득 찼고 변하의 물도 원래의 물길로 흘러들어갔다. 그러나 하류의 무너진 제방도 이미 수리가 완료된 상태였다. 이어서 고성에서 파내었던 둑 구멍도 점점 메워졌고, 당시 고성에 고인 물과 변하의 수위는 거의 비슷하였으며, 물의 흐름도 매우 느려 만일 구멍이 생기면 얼른 막을 수도 있었다. 모두들 그의 기지와 과단성에 감복하였다. ❋

　보원寶元 연간에 당항인이 변경을 침략하였다. 그 가운데에서도 명주족明珠族[35] 부락의 수령은 흉폭하여 변방의 가장 골칫거리였다. 종세형種世衡[36]이 장군이 되어 계략을 사용하여 그를 사로잡으려고 하였다. 소식에 의하면 그는 북을 치며 즐기는 것을 좋아한다고 하여 전쟁시 말등 위에서 사용하는 북을 하나 만들어 은으로 매우 화려하게 장식한 다음 첩자를 몰래 파견하여 그 북을 명주족의 사람에게 팔도록 하였다. 그 연후에 몇백 명의 용감하고 전투를 잘하는 사병을 골라서 비밀리에 그들에게 다음과 같이 말했다.

　"누구든지 은으로 장식된 북을 지니고 있는 자를 보기만 하면 사력을 다하여 그를 사로잡도록 하라!"

　어느 날, 이 강족羌族의 수령은 과연 북을 매고 나타났다. 그는 즉시 종세형에게 잡힌 것이다.

---

35) 서하西夏의 한 부락이었다.
36) 자는 중평仲平으로 북송의 낙양인洛陽人이다. 서북 지역을 잘 방위하여 여러 차례 공을 세웠다.

또 원호元昊[37]에게는 야리野利라고 하는 대신이 있었는데, 그의 주요 모사謀士로서 천도산天都山을 지키며 천도대왕으로 자칭하였다. 그는 평소에 원호의 유모인 백씨와 사이가 좋지 않았다. 어느 해 섣달 그믐날, 야리는 병사를 거느리고 변방을 순찰하며 한족漢族의 경내로 깊이 들어와 여러 날을 보냈다. 백씨는 이 기회를 틈타 야리가 반란을 일으켜 송에 투항하려고 한다고 중상 모략하였다. 원호는 그를 의심하기 시작했다. 종세형은 서하 추장의 아들인 소흘낭蘇吃囊이라는 자를 사로잡은 적이 있는데, 당시 후한 예로써 그를 회유 포섭하였다. 그런데 원호가 야리에게 보검寶劍을 하나 선사한 것을 알게 되었고, 또 소흘낭의 부친도 야리의 신임을 얻은 것을 알아 종세형은 흘낭에게 야리의 보검을 훔쳐내게 하였다. 그리고는 일이 성공하면 자신의 곁에 머무르며 변방관이 되게 해주겠다고 약속하고 비단 도포와 황금 요대 등을 하사하였다. 소흘낭은 보검을 얻어 돌아왔고, 종세형은 여러 곳에다 야리가 백씨에게 살해되었다고 퍼뜨렸다. 또 변경 지역에 단을 세워 제사를 지냈고 야리를 위해 제문도 지으며 섣달 그믐날에 야리와 서로 만나던 즐거움을 서술하기도 하였다. 밤에는 또 야리를 위해 지전紙錢을 불사르며 평천平川 지역을 밤새도록 밝혔다. 적병은 불빛이 있음을 보고는 기병을 이끌고 부근을 정찰하였다. 종세형은 일부러 제기들을 던지며 황급히 철퇴하면서 천여 냥이나 되는 은기銀器들을 모두 두고 갔다. 적병들은 서로 다투어서 그 은기들을 쟁탈하였고, 원호가 야리에게 선사한 보검도 주웠다. 또 지전을 태운 화로에서 타다 남은 제문祭文을 발견하였는데 아직도 몇십 자가 타지 않고 선명하였다. 원호는 이러한 증거물을 얻고 또 그가 하사한 보검도 보게 되어 즉시 야리로

---

37) 서하西夏 조덕명趙德明의 아들로 본성은 이씨였으나 송에서 조씨 성을 하사하였다. 인종 때에 송에 반란하여 서하국을 세웠다.

하여금 자살하도록 압력을 가했다. 야리는 큰 공이 있어 죽어도 자신의 죄가를 인정하려 들지 않았다. 이로부터 서하국은 군신지간에 서로 시기하게 되었으며 출병하여 전쟁에 나갈 수도 없는 지경에 이르렀다.

서하를 토벌 평정한 공적은 종세형의 계략이 가장 컸다. 그러나 당시의 사람들은 그것을 잘 이해하지 못했다. 종세형이 죽은 다음에야 조정에서는 비로소 그의 공로를 조사 기록하며 그에게 관찰사 직을 수여하였다. ✿

　구양수歐陽修는 임포林逋의 시 가운데 '게는 풀이 우거진 늪에서 옆
으로 기어가고, 자고새는 구름 위에 걸린 큰 나무 위에서 짖어대네草泥
行郭索, 雲木叫鉤輈'라는 구절을 매우 좋아하였다. 구양수는 그 구절이
시어詩語가 청신하며 위아래의 댓구가 매우 적절하다고 생각한 것이
다. '구주鉤輈'라는 말은 자고새가 우는 소리이다. 이군옥李群玉[1]의 시
에서도 말하기를, '구불구불하고 험난한 길을 막 지나는데, 또 부석부
석 무슨 새소리가 들리도다方穿詰曲崎嶇路, 又聽鉤輈格磔聲' 하였다.
'곽색郭索'은 게가 옆으로 걷는 모양을 말한다. 양웅揚雄[2]의 《태현太
玄》에서는 말하기를, '곽색이란 말은 마음이 너무 조급하여 나온 것이
다' 라고 하였다.

---

1) 자는 문산文山으로 당대唐代의 시인이다.
2) 자는 자운子雲으로 서한의 사람으로 지금의 사천성 성도인이었다.

한유韓愈의 문집 가운데 〈나지신비명羅池神碑銘〉[3]에는 '봄에는 원숭이 우는 소리와 함께 읊조리고, 가을에는 학과 함께 나네春與猿吟兮秋與鶴飛' 라는 구절이 있다. 옛사람들은 이러한 형식을 잘 사용하였다. 이를테면 《초사楚詞》에서도 '길일의 좋은 날吉日兮辰良[4]' 이란 말이 있으며, 또 '혜초 안주를 드리고 아래에는 난초깔개를 갖추었네, 계수나무로 만든 술과 후초로 만든 술을 바치도다蕙肴蒸兮蘭藉, 奠桂酒兮椒漿' 라고 하였다. 이것은 바로 시어의 순서를 거꾸로 한 것인데 그럼으로써 어구의 기세가 더욱 강해지는 것이다. 두보杜甫의 시에서도 '붉은 앵무새가 남은 벼를 쪼고, 봉황새는 벽오동의 늙은 가지에 깃드네紅稻啄餘鸚鵡粒, 碧梧栖老鳳凰枝' 라고 하였다. 이것 역시 시어를 전도시켜 의미를 분명하게 하는 방법이었다. 한유의 〈설시雪詩〉[5]에서도 '거울 속의 봉황이 춤을 추며 못을 엿보고, 천마가 나는 듯 다리를 건너가네舞鏡鸞窺沼, 行天馬度橋' 라고 하였는데, 그 또한 이러한 체제를 모방한 것이며, 다만 약간 억지스러워 앞에서 예시한 시인의 작품처럼 천의무봉의 자연스러움이 보이지 않을 뿐이다. ✿

한유의 〈성남련구城南聯句〉의 첫 구절에는 '대나무의 그림자는 금이 부서지는 듯하고竹影金鎖碎' 라고 되어 있다. 여기에서 말하는 '금쇄쇄金鎖碎' 의 의미는 일광日光을 말하는 것이지 대나무의 그림자 즉 '죽영竹影' 을 말하는 것이 아니다. 만약에 시제詩題 가운데 '일日' 자字가 있다면 '죽영금쇄쇄' 라는 말이 가능할 것이다. ✿

3) 〈유주나지묘비柳州羅池廟碑〉를 말하며 한유가 유종원柳宗元의 공적을 서술한 비명碑銘이다.
4) 《초사·구가九歌·동황태일東皇太一》에 나오는 구절이다.
5) 원제목은 〈춘설春雪〉이다.

당대唐代 사람들이 지은 부귀시富貴詩는 대부분 의식衣食과 용구用具의 풍성함을 노래하였는데, 이것은 다만 가난한 사람들의 눈에 느껴진 신기한 사실일 뿐이었다. 이를테면 관휴貫休[6]의 〈부귀곡富貴曲〉에서는 '거문고의 다리를 조각하여 안을 촘촘히 새겨 넣고刻成箏柱雁相挨'라고 노래하였는데, 이것은 단지 시골에서 노래를 파는 사람들이 모두 가지고 있던 물건이었지 감탄할 정도로 대단한 것은 못 되었다. 또 위초로 韋楚老[7]의 〈문시蚊詩〉에서도 '열 폭의 붉은 비단으로 옥 같은 밤을 두르니十幅紅綃圍夜玉'이라고 하였는데, 열 폭의 붉은 비단으로 모기장을 만들면 사방이 4-5척도 되지 않은데 어찌 다리를 펼 수 있었겠는가? 그것은 바로 호화로운 장면들을 보지 못했기 때문이다. ❀

시인들이 시를 짓는 것은 인물고사를 표현하는 것을 위주로 삼는다. 그래서 아무리 짧은 소시小詩라 해도 각별한 심혈을 기울여 윤색하지 않은 시들이 없었다. 사람들이 말하는 이른바 '즉 열흘을 단련하고 한 달을 제련함旬鍛月煉'이라는 말도 실로 거짓말이 아니다. 소설小說 가운데에는 최호崔護[8]가 지은 〈제도성남장題都城南莊〉이라는 시의 창작 과정을 서술한 것이 있다. 이 시는 맨 처음에는 '작년 오늘 이 집 문 안에는 사람과 도화꽃이 서로 어우러져 붉었는데, 사람은 어디 갔는지 알 수가 없네. 도화꽃만이 의구히 봄바람에 웃고 있도다去年今日此門中, 人面桃花相映紅. 人面不知何處去, 桃花依舊笑春風'라고 지었지만 나중에는 시의 의미 전달이 완벽하지 못하고 시어가 아름답지 못하다고 하

6) 자는 덕은德隱으로 속성은 강姜씨였다. 당나라 때의 유명한 화상시인이다.
7) 만당晩唐의 시인으로 자는 수붕壽朋이었다.
8) 당대唐代의 시인으로 자는 은공殷功이다. 벼슬이 영남嶺南, 즉 지금의 광동광서성 일대임 절도사節度使에 이르렀다.

여 세 번째 구절을 '사람은 지금 어디에 있는가?人面只今何處在'라고
바꾸었다. 현재 유전되는 판본은 이 같은 두 종류가 있는데,《본사시本
事詩》[9]에서는 '人面只今何處在'라고 하였다. 당나라 사람들의 시에 대한
태도는 대개 이러하였다. 같은 '금今'자가 두 번 쓰이더라도 기피를
두려워하지 않았던 것이다.[10] 다만 자신이 말하려는 의미를 확실히 전
달하는 것이 중요하였다. 후세 사람들은 이 시가 '금今'자를 두 군데 갖
고 있기에 왕왕 앞의 판본만을 믿고 따랐던 것이다. ✿

　서적의 결루缺漏[11]와 와오訛誤[12]는 때때로 다른 책을 통하여 그것이
발견된다. 예를 들면,《시경》에 나오는 '하늘이 사람들에게 화를 내리
도다天天是椓[13]'는 《후한서後漢書 · 채옹전蔡邕傳》에서는 '한 사람 한 사
람씩 화를 내리네天天是加'라고 하여 '조정의 통치자들은 백성들에게
양식을 하사하네速速方谷[14]'와 댓구를 이루었다. 또 예를 들어 '태왕이
기산에 간 이후로 기산에 평평한 대로가 났네彼岨矣岐, 有夷之行[15]'라는
구절도 《주부전朱浮傳》[16]에서는 '彼岨者岐, 有夷之行'이라고 되어 있다.
《방기坊記[17]》에서는 '군자의 도는 이를테면 방비를 하여 예를 넘어서지

---

9) 당나라 사람 맹계孟棨가 지은 책이름이다.
10) 시율詩律에 의하면 일반적으로 한 수首의 절구絶句에 같은 글자가 두 번 출현하는
　　것을 금기시 하였다.
11) 빠진 부분을 말한다.
12) 잘못 기록된 것을 말한다.
13) 《시 · 소아小雅 · 정월正月》에 나오는 말이다.
14) 《시 · 소아 · 정월》에 나오는 말이다.
15) 《시 · 주송周頌 · 천작天作》에 나오는 말이다.
16) 《후한서》 중의 '주부전'을 말한다.
17) 《예기》의 편명이다.
18) 《대대기大戴記》라고도 하며 한대 대덕戴德이 지었다.
19) 왕필王弼을 말한다.

않아야 한다君子之道, 譬則坊焉'라고 하였는데,《대대례大戴禮[18]》에서는 '君子之道, 譬猶坊焉'이라고 되어 있다.《쾌괘夬卦》에서는 '군자는 그 녹을 아랫사람에게 베풀어야 하고, 덕에 거처하게 되면 시기를 받는다 君子以施祿及下, 居德則忌'라고 되어 있다. 하지만 왕보사王輔嗣[19]는 "居德而明禁"이라고 하여 '즉칙則'을 '명明'으로 썼다. ❀

　　음운音韻에 관한 학문은 심약沈約[20]이 창립한 '사성四聲'과 인도의 불학이 중국에 유입된 후부터 나날이 완비되고 세밀화 되었다. 옛날 사람들이 시에서 압운하는 방법을 관찰하면 이해하기 힘든 부분이 있다. 예를 들면, '구玖'자字와 '유有'자는 언제나 '이李'자와 함께 압운하였고, '경慶'자와 '정正'자는 언제나 '장章'·'평平'자와 같이 압운하였다. 예를 들면,《시경》가운데 '或群或友, 以燕天子'[21], '彼留之子, 貽我佩玖'[22], '投我以木李, 報之以瓊玖'[23], '終三十里, 十千維耦'[24], '自今而後, 歲其我有, 君子有谷, 貽爾孫子'[25], '陟降左右, 令聞不已'[26], '膳夫左右, 無不能止'[27], '魚麗于罶, 鱨鯊, 君子有酒, 旨且有'[28] 등과 같은 압운법이 매우 많았다. 또 예를 들면 '孝孫有慶, 萬壽無疆'[29], '黍稷稻粱, 農夫之慶'[30],

20) 자는 휴문休文으로 지금의 절강성 무강인武康人이었다. 남조의 송제량宋齊梁 삼대에 걸쳐 벼슬하였으며 상서령尙書令에 이르렀다.《사성보四聲譜》를 지어 '사성팔병四聲八病' 설說을 주장하였다.
21)《시·소아·길월吉月》에 나오는 말이다.
22)《시·왕풍王風·구중유마丘中有麻》에 나오는 말이다.
23)《시·위풍衛風·목과木瓜》에 나오는 말이다.
24)《시·주송周頌·희희噫嘻》에 나오는 말이다.
25)《시·노송魯頌·유필有駜》에 나오는 말이다.
26)《시·대아·문왕文王》에 나오는 말이다.
27)《시·대아·운한雲漢》에 나오는 말이다.
28)《시·소아·어려魚麗》에 나오는 말이다.
29)《시·소아·초자楚茨》에 나오는 말이다.
30)《시·소아·보전甫田》에 나오는 말이다.

'唯其有章矣, 是以有慶矣' [31)], '則篤其慶, 載錫之光' [32)], '我田旣臧, 農夫之慶' [33)], '萬舞洋洋, 孝孫有慶' [34)] 등과 《주역周易》에서의 '西南得朋, 乃與類行', '東北喪朋, 乃終有慶' [35)], '積善之家, 必有餘慶', '積不善之家, 必有餘殃' [36)] 등이다. 또 반고班固의 《동도부東都賦》 중의 '彰皇德兮侔周成, 永延長兮膺天慶' 도 그러하니 실로 매우 많다. 현재 《광운廣韻》 [37)] 가운데 '경慶' 자는 또 '경卿'으로도 읽혀진다. 그러나 《시경》 가운데 '未見君子, 憂心怲怲, 旣見君子, 庶幾有臧' [38)] 라든가 '誰秉國成, 卒勞百姓, 我王不寧, 覆怨其正' [39)] 에서도 '병怲'·'정正'과 '녕寧'·'평平' 압운이었지 '경慶' 하나만이 아니었다. 아마도 또 다른 규칙이 있었으리라. ✤

소율시小律詩 [40)]는 비록 대단한 기술이 아니라고들 하지만 미묘한 경지에 이르지 못하면 명가名家가 될 수 없다. 그런 까닭에 당나라 사람들은 한 평생의 노력으로 그것을 지었다. 매 글자마다 정교·세련되고 신운을 깃들이려면 실로 쉬운 일이 아니었다. 그뿐 아니라 시를 읽는 사람들도 건성으로 그것을 읽으면 시 속의 정묘한 경지를 이해하지 못한다. 따라서 시를 짓는 것이 어려울 뿐 아니라 정작 시를 이해하는 사람도 매우 적다. 그러기에 누군가가 심혈을 기울여서 멋진 시를 지었

---

31) 《시·소아·상상자화裳裳者華》에 나오는 말이다.
32) 《시·대아·황의皇矣》에 나오는 말이다.
33) 《시·소아·보전》에 나오는 말이다.
34) 《시·노송·비궁閟宮》에 나오는 말이다.
35) 《주역·곤괘坤卦》에 나오는 말이다.
36) 《주역·곤괘坤卦》에 나오는 말이다.
37) 책이름으로 원래의 이름은 《절운切韻》이며 5권卷으로 되어 있다. 수나라의 육법언陸法言이 편찬한 것이었는데, 당나라 천보 연간에 손면孫愐이 다시 중간하여 《당운唐韻》으로 개명하였다. 그 후, 송대에 와서 다시 정리 보완하여 《광운廣韻》으로 이름을 붙였다.

다고 하더라도 반드시 남들로부터 훌륭하게 평가되지 않을 수도 있는 것이다. 그리고 시 속의 그 어느 글자도 조탁되어 완전무결하며 시의 의경意境이 아름답고 찬란하지만 자세히 그것을 되씹어 보면 이렇다 할 훌륭한 부분을 찾을 수가 없고 또 경물묘사와 심정묘사를 완벽히 해내었어도 그 맛을 음미할 만한 곳이 없을 수도 있다. 이러한 소율시 는 금방 사람들에게 극찬을 받기 쉬워 시 가운데 〈절양折楊〉과 〈황화黃 華〉[41]라고 할 수가 있다. 이는 마치 삼관학사三館學士들의 해서체 글씨 와도 같아 매우 아름답고 화려하지만 그 서체를 곱씹어 보면 이렇다할 신운을 찾아낼 수 없는 것이다. 이러한 결점은 실로 가장 치유하기 어 려운 점이다. 🏵

왕성미王聖美[42]는 문자학의 연구에 종사하여 문자의 법칙을 찾아내었 는데, 그는 글자의 오른쪽 부분은 그 글자의 뜻을 나타낸다고 하였다. 고대의 문자학에 관한 서적들은 모두 글자의 왼쪽이 그 글자의 뜻을 나타낸다고 말하였다. 한 한자漢字에서 그것의 부류部類는 왼쪽에 있 고, 그 글자의 의미는 오른쪽에 있다. 이를테면 '목木, 나무'을 나타내 는 글자들은 그 왼쪽에 모두 나무 목 부수를 지니고 있다. 이른바 '우 문右文'이라고 하는 말은 '전戔'이란 '소小'의 의미이며, 수水가 작은 것을 '천淺'이라고 일컫는 것이라든지 금金이 작은 것을 '전錢'이라고 하며, 알歹로써 작은 것을 '잔殘'이라고 하는 것이라든지 패貝가 작은

---

38)《시 · 소아 · 규변頍弁》에 나오는 말이다.
39)《시 · 소아 · 절남산節南山》에 나오는 말이다.
40) 열 구 이상의 배율排律에 상대되는 의미로 사용되었는데, 여덟 구절의 율시를 말한다.
41) 〈절양〉과 함께 모두 고대 중국의 민요곡조이다.
42) 왕자소王子韶를 말하며 송대의 태원인太原人이었다. 왕안석과 함께 변법에 참여하 였다.

것을 '천천賤'이라고 하는 것이었다. 이러한 예는 모두 '전篆'으로써 그 글자의 뜻을 나타낸 것이다. 🌸

왕성미가 현령을 하고 있을 때에는 아직 그의 이름이 알려지지 않았다. 당시 그가 한 대관을 방문하였는데, 그 대관은 손님과 함께 《맹자》에 대해 얘기하는 중이었다. 그런데 그 대관은 옆에 있는 왕성미를 전혀 도외시하였다. 왕성미는 당시 그가 말하는 맹자에 대한 식견이 매우 짧음을 속으로 비웃고 있었다. 한참 후에 그 대관은 갑자기 머리를 돌려 왕성미를 향해 대뜸 물었다.

"자네 《맹자》를 읽은 적이 있는가?"

"평생토록 그 책을 좋아하고 있습니다만, 전혀 그 의미를 이해하지 못합니다."

왕성미의 대답에 그 대관은 다시 물었다.

"무슨 의미를 이해하지 못한다는 건가?"

"처음부터 이해하지 못하겠습니다."

대관은 다시 물었다.

"어떻게 처음부터 이해하지 못한단 말인가?"

"'맹자가 양혜왕을 만났다'는 말부터 이해가 안 갑니다."

대관은 매우 놀라며 말했다.

"그 말이 무슨 어려운 데가 있단 말인가?"

"맹자는 제후들을 만나지 않는다고 하였는데, 어찌하여 양혜왕을 가

---

43) 양억楊億을 말하며, 송대의 포성인浦城人이었다. 웅건한 문풍文風으로 전장제도典章制度의 문장에 능했다. 관직은 공부시랑工部侍郎에 달했다.

44) 오대의 왕정보王定保가 편찬한 15권의 책으로 당대唐代의 공거제도貢擧制度와 선비들이 공거貢擧에 참가한 활동들에 대해 상세히 기록하였다.

서 만났단 말입니까?"

대관은 그 말에 아무 답변도 하지 못하였다. ✽

양대년楊大年[43]이 정사를 보고 있을 적에 황제가 그에게 《비홍아시比紅兒詩》에 대해 물었지만 양대년은 당시 대답을 제대로 하지 못해 속으로 매우 부끄러웠다. 그는 《비홍아시》를 찾기 위해 여러 곳을 다녔지만 결국 얻지 못했다. 그러던 어느 날, 낡은 책을 파는 사람이 얇은 서적을 한 권을 갖고 있어 양대년이 무심코 펼쳐보았는데 다름 아닌 《비홍아시》였다. 이로부터 사대부 가운데 많은 사람들이 《비홍아시》를 돌려보기 시작했다.

내가 《당척언唐摭言》[44]을 찾아보니 《비홍아시》는 나규羅虯[45]가 쓴 것으로 모두 1백 편이었다. 아마도 당시에는 시만 유행하였고 작자의 이름은 기재되지 않은 듯하다. 양대년은 아마도 《당척언》 중의 기록을 잊어버린 듯하다. ✽

만당의 문인들은 전적으로 소시小詩에만 의존하여 명성을 얻었지 책을 읽는 일은 소홀히 하였다. 이를테면 백거이의 〈제좌우시題座隅詩〉에서는 '구화위아표俱化爲餓殍'라고 노래하였는데, 그는 여기서 '표殍'를 '부孚' 자字 압운을 하였다. 또 두목杜牧 〈두추낭시杜秋娘詩〉의 '압어불능이厭飫不能飴'에서 '이飴'는 당餳의 의미이다. 만약에 음식으로 해석한다면 사飤로 읽어야 한다. 그 외에도 육구몽陸龜蒙[46]의 〈약명시藥名

---

45) 당대의 시인으로 여러 차례 과거에 응시하였으나 합격하지 못하였고, 다만 《비홍아시》 칠언절구 1백 수만 전한다. 홍아는 성이 두씨杜氏인 가기歌妓였는데, 그가 사랑하였지만 얻지 못하자 결국 그녀를 죽였다. 그리고 그녀에 대한 애모의 정을 노래한 것이 바로 《비홍아시》였다.

46) 자는 노망魯望으로 만당 시기의 소주인蘇州人이다. 진사에 합격하지 못하고 소주자사蘇州刺史의 막료로 일했다. 그 후, 은거하며 창작에 몰두했다.

詩〉에서도 '烏啄蠹根回'의 '오탁烏啄'은 '오훼烏喙'로 적어야 옳다. 또 '斷續玉琴哀'에서 약 이름에는 '속단續斷'은 있어도 '단속斷續'은 없는 것이다. 이러한 예는 너무도 많다. 이를테면 두목의 〈아방궁부阿房宮賦〉에서도 '용견이우龍見而雩'의 전고를 잘못 사용하였다. 북주北周 때의 곡사춘斛斯椿이 이미 이러한 실수를 하였다. 아마 두목은 《주서周書》와 《수서隋書》를 읽지도 않은 듯하다. ✿

옛날의 문인들은 댓구를 사용하여 문장을 짓는 것을 매우 좋아하였다. 목수穆修와 장경張景 등에 이르러 비로소 산문을 짓기 시작하였는데, 당시에는 '고문古文'으로 불러졌다. 목수와 장경은 함께 입조入朝하다가 동화문東華門 밖에서 날이 밝기를 기다리다가 서로 문장에 대해 의논을 하고 있는데 마침 말 한 마리가 달려오다가 개를 밟아 죽이는 장면을 보게 되었다. 그들은 이 광경을 기록하면서 서로 지은 문장의 우열을 비교하게 되었다. 목수의 문장은 '말이 달리네, 누런 개 한 마리가 말발굽에 맞아 죽었다'[47]라고 하였고, 장경은 '개가 달리는 말 아래에서 죽었다'[48]라고 적었다. 당시의 문풍文風은 바야흐로 변화가 발생하기 시작했는데, 장경과 목수의 문장은 모두 어색하고 딱딱했다. 하지만 그 시대에는 이미 출중한 문장이었기에 지금까지 전해지는 것이다. ✿

《사기 · 십이제후연표十二諸侯年表》에 의하면 주평왕周平王이 동으로 천도한 이후 삼 년 되는 해에 노혜공魯惠公은 비로소 즉위하였다고 되어 있다. 그렇다면 《춘추》는 마땅히 노혜공부터 시작되어야 하지만 노

---

47) '馬逸, 有黃犬遇蹄而斃'
48) '有犬死奔馬之下'

은공魯隱公부터 시작되고 있다. 따라서 많은 학자들의 해석이 일치되지 않고 있는데, 이것은 바로 《춘추》에서 제일 처음으로 해결되어야 할 문제이다. 유독 담조啖助와 조광趙匡[49]은 은공부터 시작되는 함의를 설명하고 있지 않은데, 학자들은 이 점에 대해 언제나 의문을 갖고 있다. 다만 《춘추집전찬례春秋集傳纂例》의 '은공隱公' 아래에 '惠公三年, 平王東遷'이라는 여덟 글자의 주만 있을 뿐이다. 그렇다면 《춘추》는 자연적으로 노은공부터 시작되는 것이 당연하며 더 이상 논쟁의 여지가 없게 된다. 이것이 바로 담조와 조광이 설명을 하지 않은 원인이다. 그러나 이것은 《사기》의 기록과 다르다. 담조와 조광의 해석은 과연 그 어느 서적에 근거한 것인가?

나는 일찍이 석단石端이라고 하는 선비가 편집한 연대기록서를 본 적이 있다. 여러 학자들이 제작한 연대표를 고증 논술하였는데 지극히 상세하였다. 그 가운데에는 주평왕周平王 동천東遷의 연대도 있었는데, 바로 노혜공 3년이었다. 나는 그것을 얻은 다음에 매우 기뻤다. 급히 석단에게 가서 물어보니 그것은 사서에 의거한 것이라고 하였다. 나는 즉시 그 책을 뒤졌지만 발견할 수 없었고, 결국 확실한 근거를 찾지 못했다.

《사기 · 십이제후연표》의 주에서는 동천은 평왕 원년 신미년辛未年이라고 하였지만 《사기 · 주본기周本紀》에서는 이에 대해 언급하지 않았다. 《사기》의 각 제후세가 중에서도 모두 동천은 경오년庚午年에 했다고 하니, 《사기》 내에서도 앞뒤가 맞지를 않는다. 그 누구도 그것이 어디에 근거를 둔 것인지 알 수 없다. ✽

---

49) 담조와 함께 당대唐代 《춘추》 연구의 권위자였다.

장안長安의 자은사탑慈恩寺塔에는 당나라 사람 노종회盧宗回가 지은 한 수의 멋진 시가 보존되어 있다. 그러나 이 시는 당나라 사람들의 각종 시집에는 기록되어 있지 않다. 그 시는 다음과 같다.

'동에서 아침해가 나오니 하늘에는 봉황이 날고, 서로는 창룡이 도니 노반을 떨치도다. 위수의 차가운 빛은 조정을 흔들고, 화산 옥녀봉의 맑은 빛은 난간에 떨어지네. 구중궁궐은 들쭉날쭉 보이는데, 진의 산하는 모두 다 드러나네. 잠시나마 비운의 슬픔을 접어두고, 불사에 몸을 기대어 장안을 바라보네.東來曉日上翔鸞, 西轉蒼龍拂露盤. 渭水冷光搖藻井, 玉峰晴色墮欄干. 九重宮闕參差見, 百二山河表裏觀. 暫輟去蓬悲不定, 一凭金界望長安' ✿

고인의 시에 '바람이 멎어도 꽃은 떨어지네風定花猶落'[50]라는 싯구가 있는데, 아무도 그와 댓구가 되는 다음 구절을 생각해 내지 못하였다. 왕안석은 '새는 울지만 산은 더욱 고요하다鳥鳴山更幽'라는 구절로 그 댓구를 만들었다. '鳥鳴山更幽'는 사실 남조 송대宋代의 왕적王籍[51]이 지은 시에 나오는 말이다. 원래의 댓구는 '매미가 우니 숲은 더욱 조용하고, 새가 우니 산은 더욱 고요하네蟬林逾靜, 鳥鳴山更幽'인데, 위아래의 구절이 의미가 서로 동일하다. 그러나 '風定花猶落, 鳥鳴山更幽'는 앞의 구인 '風定花猶落'이 정靜 가운데 동動이 있다면 뒤의 구인 '鳥鳴山更幽'는 동 가운데 정이 있다. 왕안석으로부터 집구시集句詩가 시작되었는데, 그의 긴 집구시는 1백 개의 운韻이나 되었다. 그것은 모두 고인들의 시 가운데에서 짜깁기를 한 것으로 시어가 댓구를 이루면서도 왕왕 원래의 시보다도 더욱 맛이 있었다. 그 후 사람들은 점점 그를 모방

---

50) 남조 진대陳代의 시인인 사정謝貞이 지은 〈춘일한거春日閑居〉라는 시에 나온다.

하여 이런 류의 시를 짓게 되었다. ✿

  구양수는 일찍이 '벽에 적은 문장을 보면 그 사람 문장의 우열을 알
아볼 수가 있다'라고 말한 적이 있다. ✿

  비릉군毗陵郡[52]의 어느 이씨李氏 선비가에 한 젊은 여자가 있었는데
막 16살밖에 되지 않았지만 시를 매우 잘 지었다. 그 여자아이가 지은
훌륭한 시들을 오지吳地 사람들은 모두 잘 알고 있었다. 그 가운데 〈습
득파전시拾得破錢詩〉란 제목의 시는 다음과 같다.
  '반달 잔월이 세상을 덮으니, 마치 개원이란 글씨 같네. 맑은 빛이
다 사라지기 전에 그것을 얻어 세상의 불평등한 일들 모두 사고 싶어
라.半輪殘月掩塵埃, 依稀猶有開元字. 想得淸光未破時, 買盡人間不平事'
  또 〈탄금시彈琴詩〉에서는 '옛날에는 탁문군을 가리키며 어찌 거문고
로 인해 자신을 망쳤는가 비웃었거늘. 오늘 거문고도 타지 않았지만
마음은 이미 심란해지니, 이 마음은 본래 내 뜻대로 되지 않는 법.昔年
剛笑卓文君, 豈信絲桐解誤身. 今日未彈心已亂, 此心元自不由人'이라고 지었
다. 비록 시의 정감과 맛이 풍부하지만 처녀 아이가 지을 시는 아닌 듯
하다. ✿

---

51) 자는 문해文海로 재기발랄한 양대梁代의 시인이었지만 심괄은 송대로 오해하였다.
52) 지금의 강소성 상주시常州市이다.

제15권
예문藝文②

절운切韻의 학설은 원래 서역西域에서 발생하였다. 한대漢代 사람들은 글자를 해석할 때, '모某 글자와 같이 읽는다'라고만 하였지 반절反切을 사용하지 않았다. 그러나 고대에 이미 두 글자의 음이 합해져 한 글자의 음으로 되는 경우가 나타났었다. 예를 들면, '불가不可'를 파叵로 읽었고, '하불何不'을 합盍으로 읽었으며, '여시如是'를 '이爾'로 읽었으며, '이이而已'를 '이耳'로 읽었으며, '지호之乎'를 '제諸'로 읽던 것들이 그러하다. 그것은 마치 서역에서 두 글자를 합하여 한 글자의 음으로 만드는 법과 유사한데, 아마도 반절로 글자를 읽는 것의 기원일지도 모르겠다. 예를 들어 연輭 자字는 자형字形은 '이而'와 '견犬'에 따르니, 바로 반절음이다. 아마도 자음字音과 동시에 나타났기에 그것의 기원을 아무도 알지 못하는 것인지도 모른다.

지금의 반절 방법은 먼저 각 글자를 그것의 성모聲母에 따라 분류하는데, 순음脣音과 설음舌音이 각각 여덟 개가 있고, 아음牙音과 후음喉

音이 각각 네 개가 있으며, 치음齒音이 열 개 그리고 반치반설음이 두 개가 있어 모두 36개의 성모가 오음五音으로 나누어진다. 따라서 천하의 성모는 모두 여기에 포함되는 것이다. 또 모든 성모는 네 가지 등급이 있다. 즉 청清 · 차청次清 · 탁濁 · 평平으로 불리는 것이 그것이다. 이를테면 '전顚 · 천天 · 전田 · 년年' 과 '방邦 · 방舽 · 방龐 · 방厖' 과 같은 것들이 그러하다. 이것들은 모두 자연적인 것이지 사람이 의도적으로 만든 것이 아니다. 이를테면 '방幇' 자字의 횡조橫調의 오음五音은 '방幇 · 당當 · 강剛 · 장臧 · 앙央' (방幇은 궁지청宮之清이고, 당當은 상지청商之清이고, 강剛은 각지청角之清이고, 장臧은 징지청徵之清이고, 앙央은 우지청羽之清이다)이고, '방幇' 자의 종조縱調의 네 등급은 '방幇 · 방滂 · 방傍 · 망茫' (방幇은 궁지청宮之清이고, 방滂은 궁지차청宮之次清이고, 방傍은 궁지탁宮之濁이고, 망茫은 궁지불청불탁宮之不清不濁이다) '방幇' 자의 본음본등本音本等의 네 성조는 방幇 · 방膀 · 방傍 · 박博방幇은 궁청지평宮清之平이고, 방膀은 궁청지상宮清之上이고, 방傍은 궁청지거宮清之去이고, 박博은 궁청지인宮清之入이다. 네 등급의 성모는 유성무자有聲無字의 상황으로 많이 나타나는데, 예를 들면 '봉封 · 봉峰 · 봉逢' 은 세 글자만 있을 뿐이고, '옹邕 · 흉胸' 은 두 글자만 있을 뿐이며, '송竦 · 화火 · 욕欲 · 이以' 는 모두 각각 한 글자만 있을 뿐이다. 오음五音 또한 그러하여 '방滂 · 탕湯 · 강康 · 창蒼' 은 오직 네 글자만 있다. 사성四聲에 있어서는 이 성조가 없고 이 글자가 없는 상황이 발생한다. 이를테면 '숙蕭' 자와 '효肴' 자는 모든 운이 입성入聲이 없다. 이상以上은 성모에 대해서다.

절운이라고 하는 것은 위의 글자가 절이 되고 아래의 글자가 운이 되는 것이다. 위의 글자는 반드시 피절자被切字의 성모와 서로 같아야 하고, 아래의 글자는 반드시 피절자의 운모와 서로 같아야 한다. 위의 글자가 피절자의 성모와 서로 같으면 '음화音和'라고 부른다. 이를테면 '덕홍德紅'이 '동東'으로 표기되는 것들은 '덕'과 '동'이 같은 성모이기 때문이다. 글자를 읽을 때도 중重과 중중中重 그리고 경輕과 중경中輕이 있다. 그런데 만약 원래의 등급 소리가 다른 등급으로 흩어지는 상황이 발생하는 것을 '유격類隔'이라고 부른다. 비록 등급이 서로 간격이 있지만 그래도 여전히 같은 류에서 상절相切하는데, 순음은 순음에 상대하고, 치음은 치음에 상대하는 것을 말한다. 이를테면 '무연武延'은 상절되어 '면綿'이 되고, '부병符兵'은 상절되어 '평平'이 되는 것이 그러한 경우이다. 아래의 글자와 피절자의 운모는 서로 같은데, 이를테면 '동冬'과 '동東' 자는 운모가 모두 '단端' 자에 속하여 '동冬'은 '단端' 모母의 제일등성第一等聲이 되므로 '도종都宗'이 상절하면 '종宗' 자字는 제일등운第一等韻이 된다. 그것을 '정精' 모母에 귀입歸入하면 '정精'은 징음徵音의 제일등성이 된다. '동東' 자는 '단端' 모母 중의 제삼등성이므로 '덕홍德紅'이 상절하면 '홍紅' 자는 제삼등운이 된다. 그리고 그것을 '갑匣' 모母에 귀입시키면 '갑모' 우음羽音의 제삼등성이 된다. 또 상호간에 성모를 차용하는 것도 있는데, 이러한 예도 매우 많다. 심약이 사성을 창제한 이후부터 음운은 정밀해졌다. 그러나 불학佛學에는 중국과 인도 어음語音의 차이가 있다. 그리고 동진東晉이 건립된 후에는 남방의 어음이 섞이게 되었으므로 음운의 학설은 복잡하게 되었고 스승으로부터 전수받은 학설이 여러 갈래가 되었기에 오음의 구분과 방법도 서로 달랐다. 예를 들면, 음악가가 사용하는 오음은 악률樂律에 근거하여 명명하였으니 원래 정해진 음이 있는 것이 아니었다. 대체로 탁음濁音을 사용하여 궁宮으로 삼고, 다소 청淸한 음은 상商이며, 가장 청한 음은 각角이며, 청탁이 일정하지 않은 음을 징徵과 우羽로 삼았다. 하지만 음운학자들은 순脣·치齒·아牙·설

舌·후음喉音을 궁宮·상商·각角·징徵·우음羽音으로 정했다. 이 가운데에는 또 반징半徵과 반상음半商音도 출현하였다. '래來'와 '일日' 두 글자가 바로 그러하니 청과 탁을 전혀 논하지 않았다. 오행가五行家들이 음운학상의 청탁을 서로 배합한 것이 지금의 오성五姓이다. 범학梵學에는 순·치·아·설·후음 외에도 절折과 섭攝의 두 음이 또 있다. 절음折音은 배 구멍에서 시작하여 입술 위에서 소리나는데, '우금牛今, 소혀병 금' 부금반浮金反과 같은 글자가 그러한 예이다. 섭성攝聲은 비음鼻音인데 이를테면 '합㪚' 자字가 바로 비강鼻腔에서 소리나는 유형의 음이다. 그것의 자모字母는 42개가 있다. 그것은 각각 아阿·다多·파波·자者·나那·라囉·타拖·파婆·도茶·사沙·박縛·치哆·야也·슬타瑟吒, 이합음二合音·가迦·사娑·마麽·가伽·타他·사社·쇄鎖·타〔拖, 앞의 拖는 경호輕呼이고, 여기의 拖는 중호重呼이다.〕·사奢·구佉·차叉·사다娑多, 이합음·양壤·갈나다〔曷擺多, 삼합음三合音〕·파婆·상성上聲·차車·파마婆麽, 이합음·아파訶婆·착縒·가伽, 상성上聲·타吒·나拏·사파娑頗, 이합음·사가娑迦, 이합음·야사也娑, 이합음·실자室者, 이합음·타佗·타陀이다. 채택한 방법은 다르지만 그래도 각각 성립된 이유가 있다. 비록 선왕先王이 얘기하진 않았지만 그래도 그 속에는 일리가 있는 것이다. 오랜 세월이 흐르면서 학자들은 그것에 대해 나날이 깊은 연구를 하여 심오한 체계를 이루었다고 하겠다. ✿

유주幽州의 화상 행균行均[1]은 불경 가운데의 글을 모아서 독음과 해석을 넣어 모두 16만 자의 4권卷으로 이루어진 《용감수경龍龕手鏡》이

---

1) 속성은 우于이며, 자는 광제廣濟이다. 요나라 사람으로 소학小學에 밝았다.

라는 책을 편찬하였다. 연燕 지역의 화상인 지광智光은 이 서적의 서문을 지었는데, 매우 설득력을 지니고 있었다. 거란의 중희重熙 2년에는 이것을 편집하여 다시 책으로 출판했다. 거란인들은 도서의 유출에 대하여 매우 엄격히 통제를 하였는데, 서적을 중원 지역으로 반입하는 자는 법률에 의하여 사형을 집행했다.

희녕 연간에 누군가가 포로로 잡힌 거란인을 통해 이 책을 얻게 되었는데, 부흠지傅欽之[2]의 집으로 유입되었다. 당시 포전정蒲傳正[3]이 절강 서쪽을 지키고 있었는데, 이 서적을 가져다가 판을 찍어 인쇄를 하였다. 원래 이 서적의 서문 말미에는 '중희重熙[4] 2년 5월 서序'라는 말이 적혀 있었지만 포전정은 그것을 삭제하였다.

그 서적 안의 글을 보면 음운의 순서에 의거하여 배열되었으며, 모두 나름대로의 법도와 규칙이 있었다. 후대의 사람들은 대개 지광 스님을 연나라 사람으로 보지 않았다. 🏵

옛날 사람들이 문장을 지을 때에는 당연히 법칙에 따라 적었지만 음운을 위주로 하여 짓지는 않았다. 남조의 심약이 그것을 만들면서 음운학을 숭상하는 풍조가 시작되었다. 그는 말하기를, '궁음宮音과 우음羽音이 서로 변환되게 하면 고저강약이 분명해진다. 만약 앞쪽에 경양지성輕揚之聲이 출현하면 뒤쪽에는 반드시 중탁지음重濁之音이 있게 된다. 한 문장에서 음운이 완전히 다르고, 두 구절 안에는 경중輕重이 전혀 다르다. 이러한 완벽한 수준에 이르면 비로소 문장을 논할 수 있을 것이다'라고 하였다. 이로부터 부염浮艷하고 공교工巧한 사어詞語들은 물론 작문방법作文方法도 다양해졌다.

---

2) 부요유傅堯兪를 말하며, 자가 흠지였다.
3) 포종맹蒲宗孟을 말한다. 사마광司馬光의 정책에 불만을 갖고 있다가 좌천되었다.

이를테면 방범방범傍犯 · 착대蹉對 · 가대假對 · 쌍성雙聲 · 첩운疊韻 등이 그러하다. 시가창작에 있어서는 또 정격正格 · 편격偏格 등과 같은 종류들도 생겨났다. 이리하여 34격格 · 19도圖 · 4성聲 · 8병病 등의 것들도 나타났다. 지금 대략적으로 몇 가지 예를 들어 그것을 설명하겠다. 서릉徐陵이 지은 시에는 '信游駆娑, 騁纖腰于結風. 長樂駕鵞, 奏新聲于度曲'이라는 문장이 있고, 또 '厭長樂之疏鐘, 勞中宮之緩箭'이라고 적었다. 여기서 비록 '장락長樂'이라는 말을 두 번 사용하였지만 뜻이 같지 않기에 중복이라고 볼 수가 없다. 이것이 바로 방범방범傍犯의 예이다. 또《구가九歌》가운데에는 '蕙肴蒸兮蘭藉, 奠桂酒兮椒漿' [5]라는 구절이 있는데, 여기서는 '증혜효蒸蕙肴'라고 해야지 다음의 '전계주奠桂酒'와 서로 댓구가 되지만 바꾸어 사용하였다. 이것이 바로 차대蹉對의 예이다. 그리고 '自朱邪之狼狽, 致赤子之流離'에서도 '적赤'과 '주朱' 그리고 '사邪'와 '자子'만이 댓구가 아니라 '낭패狼狽'와 '유리流離'도 짐승과 새로써 댓구를 이루었다. 또 '廚人具鷄黍, 稚子摘楊梅'와 '當時物議朱雲小, 後代聲名白日長'에서도 '계鷄'와 '양楊' 그리고 '주운朱雲'과 '백일白日'이 대구를 이루는데, 이러한 예들은 모두 가대假對이다. 그리고 '幾家村草裏, 吹唱隔江聞'에서는 '기가幾家' · '촌초村草'가 '취창吹唱' · '격강隔江'과 더불어 모두 쌍성자雙聲字이다. 또 '月影侵簪冷, 江光逼履淸'에서 '침잠侵簪'과 '핍이逼履'가 모두 첩운자疊韻字이다. 시에서 두 번째의 글자가 측성仄聲으로 시작되는 것을 정격正格이라고 한다. 예를 들면, '鳳歷軒轅紀, 龍飛四十春'과 같은 류이다. 또 두 번째의 글자가 평성平聲으로 시작되면 그것을 편격偏格이라고 불렀는데, '四更山吐月, 殘夜水明樓'가 그 예이다. 당나라 때의 유명한 시인들의 시는 대개 정격正格

<hr>

4) 요遼나라의 홍종興宗 야율종진耶律宗眞의 연호이다.(1032~1054)
5) 앞의 주 참조

으로 지어졌다. 이를테면 두보의 율시에서 편격으로 지어진 시는 열수 가운데 한두 수에 불과하다. ✿

 문언박文彦博이 낙양洛陽으로 돌아왔을 적에는 이미 그의 나이가 78세였다. 그 해, 중산대부中散大夫 정향程珦[6]과 조의대부朝議大夫[7] 사마단司馬旦[8] 그리고 사봉랑중司封郎中[9]으로 퇴직한 석여언席汝言[10]도 모두 같은 나이였다. 그들은 일찍이 동갑회同甲會[11]를 열어 각각 한 수의 시를 지은 적이 있다. 문언박의 시는 다음과 같았다.

 '네 사람의 나이 합쳐 312살인데, 하물며 거기다 같은 해 병오생이라네. 오늘 양원梁園[12]에 모여 부賦를 짓는 묵객이 되었지만, 모두 상령商嶺[13]에서 영지초靈芝草를 캐는 신선이라네. 거침없이 내뱉는 청담淸談으로 앉은 자리에는 맑은 바람이 일지만, 눈이 휘날리는 듯한 흰 머리카락은 어깨까지 내려왔다네. 우리들의 동갑회는 일찍이 그 유례가 없었으니, 중원에서 우리들의 그림을 그려 세상에 전해주오.四人三百十二歲, 況是同生丙午年. 招得梁園爲賦客, 合成商嶺采芝仙. 淸談亹亹風盈席, 素發飄飄雪滿肩. 此會從來誠未有, 洛中應作畫圖傳.' ✿

---

6) 자는 백온伯溫으로 벼슬은 높지 않아도 사람됨이 매우 어질었다.

7) 등급은 정오품正五品이나 실제 맡은 일은 별로 없는 관직이다.

8) 송대 사마지司馬池의 아들로 자가 백강伯康이었다. 인종 때에 그 부친이 비서성秘書省의 교서랑校書郎이었기에 태중대부太中大夫로 누천累遷되었다. 그의 동생이 바로 사마광司馬光이다.

9) 관봉官封, 서증敍贈, 승습承襲의 업무를 맡은 이부吏部의 제사사장관第四司長官이었다.

10) 자는 군종君從이었다.

11) 같은 연령의 동갑들이 맺은 단체이다.

12) 한대漢代의 양효왕梁孝王이 지었던 동산 이름인데, 지금의 하남성 상구현商丘縣 부근이었다.

13) 상산商山을 말하며, 지금의 섬서성 상현商縣에 위치한 경치가 아름다운 산이었다.

만당晩唐 오대五代 때의 문인들은 부賦를 지을 때 전고를 아주 정교하게 사용하였다. 예를 들면, 강문위江文蔚[14]의 〈천창부天窓賦〉에서는 '구멍이 하나 처음 열리니 혼돈의 시대가 열린 듯하고, 두 기와가 급히 날아가니 원앙의 뒤를 나는 듯하네.—竅初啓, 如鑿開混沌[15] 之時. 兩瓦歘飛, 類化作鴛鴦[16]之後'라고 하였고, 또 〈토우부土牛賦〉에서도 '물섬에 기대어 물을 잠시 마시는데 흙으로 맹진을 막을까 사람을 놀라게 하고, 관문의 통과를 허락함에 마치 함곡의 적은 병사와도 같네飮渚俄臨, 訝盟津之捧塞. 度關儻許,[17] 疑函谷之丸封'라고 하였다. ✿

하중부河中府의 관작루鸛雀樓[18]는 모두 삼 층으로 되어 있는데, 그 앞으로는 중조산中條山을 마주 보고 아래로는 황하의 물을 굽어보고 있다. 당나라 때 많은 사람들이 여기에 대한 시를 남겼지만 그 가운데에서 오직 이익李益[19]과 왕지환王之渙[20] 그리고 창제暢諸[21]가 지은 세 편의 시가 그 경관을 잘 묘사하였다. 이익의 시에서는 '관작루 서쪽은 백 척이나 되는 담이 있고, 정주의 구름과 숲은 함께 망망하네. 한나라 지역 피리와 북소리는 유수流水와 같이 흘러갔고, 위魏나라 지역의 산하山河는 석양을 맞고 있네. 천 년의 세월이 흘렀지만 빠른 시간이 한스럽고,

14) 자는 군장君章으로 남당南唐의 건양인建陽人이었다. 예부시랑을 지냈다.
15) 혼돈混沌은 천지가 개벽되기 이전의 상태를 말하며, 《장자·응제왕應帝王》에 나오는 전고이다.
16) 《위지魏志》에 나오는 '와화원앙瓦化鴛鴦'의 전고를 사용하였다.
17) 《사기·노장신한열전老莊申韓列傳》에 나오는 노자老子가 푸른 소를 타고 함곡관函谷關을 나서는 전고를 사용하였다.
18) 유적지는 지금의 산서성 영제현永濟縣에 있었다. 당대唐代의 명승유람지의 하나였다.
19) 당대의 변새파邊塞派 시인이었다.
20) 고적高適·왕창령王昌齡 등과 친했던 당대의 변새파 시인이었다.
21) 당대 시인으로 지금의 하남성 임여인臨汝人이었다.

근심이 오면 하루도 길기만 하네. 바람과 안개는 모두 돌아갈 생각을 하는 곳에 있고, 눈을 멀리 돌리니 봄날이 아니건만 슬픔이 절로 나네. 鸛雀樓西百尺墻, 汀州雲樹共茫茫. 漢家簫鼓隨流水, 魏國山河半夕陽. 事去千年猶恨速, 愁來一日卽知長. 風煙並在思歸處, 遠目非春亦自傷'라고 하였다. 그리고 왕지환의 시는 '흰 태양은 산을 끼고 사라지는데, 황하는 바다로 흘러 들어가네. 눈을 크게 떠서 천리를 내려다보려고 다시 한 층 더 올라가네.白日依山盡, 黃河入海流. 欲窮千里目, 更上一層樓'라고 하였다. 그리고 창제의 시는 '감아 돌아 나는 새 위에 서서, 티끌세상을 아래로 보고 서있네. 하늘의 기세는 평야를 두르고, 황하 강은 산을 가로질러 흘러가네.廻臨飛鳥上, 高出世塵間. 天勢圍平野, 河流入斷山'였다. ❀

경력慶歷 연간에 나는 금릉金陵[22]에 살았다. 어느 주방장 하나가 네모 모양의 석판石板으로 고기를 누르고 있었는데, 그 돌의 표면에는 마치 조각을 한 흔적이 있는 것 같았다. 나는 그것을 깨끗이 씻어 보라고 하였는데 과연 그것은 남조南朝 송宋 해릉왕海陵王의 묘명墓銘이었다. 그것은 사조謝眺[23]가 글을 지어 직접 적었는데, 그의 글씨체는 종요鍾繇[24]의 필법과 비슷하여 정말 사랑스러웠다. 내가 이 석판을 지닌 지가 십여 년이 지났을 때, 문사원文思院의 부사副使였던 하원조夏元昭가 빌려 갔다가 오래지 않아 물 속에 빠뜨렸다고 하며 돌려주지 않았다. 지금 그 물건이 어디에 있는지 알 수가 없다.

이 돌판 위에 새겨진 명문銘文은 사조의 문집에도 수록되어 있지 않는 것이기에 지금 여기에 적어 본다.

---

22) 지금의 남경南京이다.
23) 남조南朝 제齊의 양하인陽夏人이었다. 선성태수宣城太守를 지낸 적이 있으며, 문장이 매우 청려하였다.

'중추中樞에서 성인聖人을 탄생시켰고, 하늘의 명을 받았네. 두 조상의 덕을 찬미하나니 하늘의 덕을 입은 세종世宗은 실로 믿을 만하네. 온유하고 공경스러운 품성은 세 가지 선함으로 모두들 인정하고, 사방의 나라들이 그와 다투지 않네. 선인을 이은 덕이 바야흐로 쇠퇴해짐은 실로 그의 동생의 탓이로다. 큰 복이 구름처럼 모이니 많은 어려움이 열리도다. 화려한 수레로 달리며 새로 지은 거처로 들어가네. 백성은 군왕과 더불어 기뻐하고 군왕의 모습은 장엄하도다. 군주가 된 이상 제왕의 법칙을 고찰하며, 그 제위를 바르게 지키고 자신을 공경하게 하였네. 조정에 임해서는 근엄하여 선왕의 보배로운 교훈을 이어받았고, 선조의 덕은 쉽게 계승되는 것이 아니라네. 경천애인敬天愛人하고 겸손하여 덕을 밝혔도다. 서쪽의 빛이 이미 다하니 동방의 귀성龜星이 또 밝았네. 용의 깃발이 밤에 더욱 장엄하고, 만가의 방울소리는 새벽을 울리도다. 바람은 풀빛을 흔들고 태양은 소나무를 밝게 비추네. 세월은 나에게 있지 않으니 저녁은 길기만 하네.' ✿

대추나무 조棗와 가시나무 극棘은 서로 유사하여 모두 가시가 있다. 대추나무는 하나의 주목主木에서 자라나고 키가 크며 옆으로 뻗는 가지가 적다. 가시나무는 옆으로 뻗어 자라는데 키가 낮아 나지막하게 숲을 이룬다. 이 점이 양자의 차이다. 그것들의 자형字形은 모두 '자朿'에 따르고 독음은 '자刺'인데, 그 의미는 나무에 있는 뾰족한 가시를 말한다. 가시가 있고 서로 연결되어 있으며 직립하여 자라는 것은 대추나무이고, 가시가 있고 서로 병렬로 옆으로 자라는 것은 가시나무이다. 이 두 식물을 알지 못하더라도 그것들의 자형만 보면 분별이 가능하다. ✿

---

24) 자는 원상元常으로 삼국시대의 유명한 서예가였다. 조위曹魏 때 태부太傅를 맡은 적이 있으며, 왕희지와 함께 '종왕鍾王'이라 불렸다.

금릉인金陵人인 호회胡恢는 박식하고 기억력이 좋았으며, 전서篆書와 예서隷書에 능하였다. 그리고 그는 사람들의 잘잘못을 얘기하는 것을 좋아하였는데, 법을 여겨 십여 년이나 관직생활을 하지 못해 생활이 매우 곤궁하였다. 그가 경성에 와서 선발을 기다릴 때, 당시 한기韓琦[25] 가 국정을 맡고 있었는데, 호회는 짧은 시를 한 수 바치며 자신을 소개하였다. 시 가운데 한 연聯은 '금릉의 관산을 넘어 천 리를 찾아왔지만, 장안의 눈보라에 온 집안이 가난해졌네.建業[26] 關山千里遠, 長安風雪一家寒' 라는 것이었는데, 한기는 그를 동정하여 태학太學에서 전서篆書로 석경石經을 새기게 하였다. 이리하여 그는 관직을 다시 얻을 수가 있었고, 화주華州[27]에서 추관推官을 맡다가 세상을 떠났다. ❀

희녕 6년에 천문관서에서 보고하길, 4월 초하루에 일식日蝕이 발생할 것이라고 했다. 황제는 이 이유로 연회도 물리치고 정전正殿에서 피하였다. 이날 저녁에 밤새도록 보슬비가 내렸다. 이튿날 일식은 나타나지 않았고, 모든 관원들은 궁으로 들어와 경하를 올렸다. 또한 이날 황자皇子가 탄생하는 기쁜 일이 생겼다. 채정蔡挺[28]은 추밀부사를 맡고 있었는데, 시 한 수를 바쳤다. 앞의 네 구절은 다음과 같다.

'어젯밤 훈훈한 남풍에 요순의 음악이 들려오더니, 군왕은 정전을 피하였네. 태양빛 즉 황자皇子를 말함이 이미 전성前星, 즉 신종神宗을 말함의 도움을 얻으니, 상서롭지 못한 징조가 몰래 밤비와 함께 사라졌도다.'

---

25) 자는 치규稚圭였으며 송의 안양인安陽人이었다. 인종仁宗 · 영종英宗 · 신종神宗의 삼대에 걸쳐 관직을 맡았다.
26) 금릉을 가리킨다.
27) 지금의 섬서성 정현鄭縣이다.
28) 자는 지정子正이다.

이 시에서는 사월 초하루에 황제가 정전을 피한 것과 황자가 탄생하고, 구름이 몰려 일식이 나타나지 않은 사실들을 모두 얘기하였다. 당시의 시 가운데 이 시를 능가한 것이 없었다. ✿

구양수歐陽修는 후배 학생들을 추천하고 치켜 올려주는 것을 좋아하였다. 왕향王向이 젊었을 적에 일찍이 삼반三班²⁹⁾에서 공직供職을 맡았는데, 저주滁州³⁰⁾의 진鎭 하나를 관할하였다. 당시 구양수는 저주태수를 맡고 있었다. 그런데 한 선비의 학생이 스승의 예를 좇지 아니하여 선비는 직접 그 학생을 보러 갔다. 하지만 학생은 문을 걸어 잠그고 스승을 맞이하지도 않았다. 스승인 선비는 왕향에게 그 사실을 보고하였다. 왕향은 자신의 판결문에서

'예법에 따르면, 학생이 스승을 찾아와서 배움을 청하지 스승이 학생의 집을 찾아가서 가르치는 일은 들은 적이 없다. 스승이 이미 자신의 지위를 낮추었는데 학생인 자는 어찌하여 다소 겸손할 줄을 모른단 말인가! 왜 하초夏楚³¹⁾로써 그 학생의 위풍을 잠재우지 못하고, 속수束脩³²⁾로써 관아에다 소송을 건단 말인가?'

라고 판결하였다. 그 스승은 왕향의 판결문에 대해 만족해하지 않았다. 그것을 들고 직접 구양수를 뵈러 갔다. 구양수는 그 판결문을 읽고 나서 왕향의 재기를 극찬하였다. 그리하여 그를 적극적으로 추천하여 유명해지도록 만들었다. 왕향은 결국 명성을 얻었다. ✿

---

29) 좌우반左右班과 횡반橫班을 합쳐 삼반이라고 했는데, 송대 하급의 공봉관供奉官이 있던 공봉처供奉處였다.
30) 지금의 안휘성 저현滁縣이다.
31) 옛날 스승이 학생을 가르칠 때 늘상 사용하던 체벌공구體罰工具이다.
32) 옛날 제자가 스승에게 바치던 대가代價에 해당되는 마른 고기 류의 물품을 말한다. 여기서는 스승을 섬기는 예절을 의미한다.

제16권
예문藝文③

유극劉克이라는 선비는 많은 기서奇書들을 읽은 자이다. 두보의 시에
는 '집집마다 오귀를 기르고, 끼니마다 황어를 먹네.家家養烏鬼, 頓頓食
黃魚'라는 구절이 있다. 두시杜詩를 해석하는 세상 사람들은 모두가 말
하기를, 기주夔州[1]와 협주峽州[2] 일대에는 지금까지도 귀호鬼戶가 있는
데 바로 서남 지역의 오랑캐를 말하며, 그들의 두목을 '귀왕鬼王'이라
고 부르지만 '오귀烏鬼'라는 말은 들은 적이 없다고 하였다. 게다가
'귀호鬼戶'는 오랑캐를 일컫는 말이며 집에서 기르는 동물이 아니라고
하였다. 하지만 유극에 의하면 《기주노도경夔州路圖經》이란 책에는 협
주 일대의 사람들이 물수리를 오귀라고 부른다고 되어 있었다고 하였
다. 촉 지역 사람들 가운데 물에 의존하여 사는 사람들은 모두 물수리
를 키우고 있다. 줄을 물수리의 목에 묶어두고 물수리가 물고기를 잡

1) 지금의 사천성 봉절현奉節縣이다.
2) 지금의 호북성 의창시宜昌市이다.

게 하였다가 그것이 물고기를 잡게 되면 그 줄을 끌어올려 물수리가 물고기를 토하게 하는 것이었다. 지금까지도 이러한 방법을 사용하고 있다. 내가 촉에 있을 때에도 민가에서 물수리를 이용하여 물고기를 잡는 것을 볼 수 있었다. 그러나 물수리를 오귀라고 부르는지는 알 수 없다. ✿

화치和癡[3]에게는 남녀간의 사랑을 묘사한 사집詞集이 있는데, 이름하여 《향염집香奩集》이라고 했다. 화치는 나중에 높은 벼슬을 하여 이 책을 한악韓偓의 이름으로 전가했다. 현재 세상에 전하는 한악의 《향염집》은 바로 화치가 지은 것이다.

화치의 한평생 저작은 모두 《연륜演綸》·《유예游藝》·《효제孝悌》·《의옥疑獄》·《향염香奩》·《영금金金》의 여섯 작품이다. 그 자신이 적은 《유예집游藝集·서序》에서는 '내가 지은 《향염香奩》과 《영금金金》 두 저술은 세상에 전하지 않고 있다'라고 하였다. 화치는 조정에서 일하면서 사람들의 입방아를 피하기 위하여 자신의 이름까지도 속였다. 그러면서도 후대인들이 알 수 있도록 하기 위하여 《유예집·서》에서는 그런 말을 한 것이니 그의 깊은 속을 알 수가 있다.

내가 수주秀州[4]에 있을 적에 화치의 증손曾孫인 화돈和惇의 집에 많은 서적들이 있는 것을 보았는데, 모두 화치가 당시 남긴 것이었다. 모든 서적의 말미에는 도장이 찍혀 있는 것이 매우 완정完整하였다. ✿

촉나라 사람인 위야魏野[5]는 은거하면서 관직을 얻으려고 하지 않았

---

3) 오대五代의 사람으로 화로공和魯公이라 불리기도 하였으며, 자는 성적成績이었다. 곡자사曲子詞를 잘 지었다.
4) 지금의 절강성 가흥시嘉興市 부근이다.
5) 자는 중선仲先으로 벼슬을 하지 않고 시를 즐기며 살다간 고사高士였다.

다. 시에 능하여 이로써 세상에 알려졌다. 그는 합주陝州 동문東門 밖의 지역에 거주하였는데, 〈합주평육현陝州平陸縣〉이라는 시에서는 '한식이 되면 꽃이 뜰에 가득하고, 중양절에는 국화가 만발하였네. 해안을 떠나는 뱃사공의 소리에 몇몇 산들이 멀어져가네' 라고 읊었다. 멋진 시가 아닐 수 없다. 위야의 생활은 아무런 구속없는 자유로운 삶이었고, 당시 명망있는 사람들은 거의 그와 교분이 있었다. 특히 구준寇准은 그를 매우 좋아했다. 위야가 구준에게 선사한 시 가운데에는 '하늘을 좋아하여 부귀를 멀리하고, 평육에 와서 신선이 되었네' 라는 구절이 있다. 나중에 구준이 북도北都에 진주할 때, 위야를 막료幕僚로 초빙한 적이 있다.

북도에는 기녀가 하나 있었는데, 미모가 절색이었다. 그러나 그녀는 행동이 딱딱하고 고집불통이라 선비들이 모두 '생장팔生張八' 이라고 불렀다. 연회석상에서 구준은 그녀로 하여금 위야에게 시를 한 수 지어 달라는 청을 하게끔 하였다. 위야는 즉시 그녀에게 시를 한 수 선사했다. 그 시는 다음과 같다.

'그대는 북도의 생장팔이고, 나는 서주西州의 숙위삼熟魏三이라네. 어르신들 앞에서 뻣뻣하다고 탓하지 말아요, 처음 만나 서로 서먹서먹한 것을. 君爲北道生張八, 我是西州熟魏三. 莫怪尊前無笑語, 半生半熟未相諳'

오충吳充[6]의 〈억합교시憶陜郊詩〉에서는 '남교南郭에서 천사天使를 영접하고, 동교東郊에서는 은자隱者를 방문하였네' 라고 읊었는데, 은자는 바로 위야를 말하였다. 위야가 죽은 후, 그 아들인 위한魏閑도 담백한 생활을 하였는데 아직까지도 협중에 살고 있다. ✿

---

6) 오정헌吳正憲을 말하며, 자는 정경正卿이었다. 희녕 연간에 왕안석을 대신하여 동중서同中書 문하평장사門下平章事를 맡았다.

제17권
서화書畫

서예나 회화작품을 수장하는 사람들은 대개 허망한 명성을 얻고자 하는 자가 많다. 종요鍾繇[1]나 왕희지王羲之[2], 혹은 고개지顧愷之[3]나 육탐미陸探微[4]의 작품이 있다는 소리를 들으면 다투어 찾아가 그것을 구입하고자 한다. 이것이 바로 사람들이 말하는 '이감耳鑑[5]'이라는 것이다. 또 어떤 자들은 그림을 감상하면서 손으로 그림의 표면을 만져보는데, 그들에게는 그림에 있는 색깔이 손으로 만져서 울퉁불퉁하지 않고 매끈한 느낌이 들면 좋은 그림이라는 이야기도 나돌았다. 이것도 '이감'과 함께 '췌골청성揣骨聽聲[6]'이라고 말할 수 있다. ✿

---

1) 삼국시대의 서예가이다.
2) 동진의 대서예가이다.
3) 동진의 대화가이다.
4) 남조 송宋의 대화가이다.
5) 귀로써 서화의 우열을 감별하는 것을 일컫는 말이다.
6) 원래 술사術士들의 관상술을 말하는데, 사람의 골격을 만지고 사람의 목소리를 들으면서 그 사람의 귀천과 화복을 추측하는 것을 말한다.

구양수는 한 폭의 옛날 그림을 얻은 적이 있는데, 모란이 있고 그 아래에 고양이가 한 마리 그려진 것이었다. 그는 그림의 진위를 정확히 평가하지 못하였다. 승상인 오육吳育⁷⁾은 구양수와는 사돈지간이었다. 그는 이 그림을 보자마자 '정오正午의 모란을 그렸소이다' 라고 하였다. 그 이유로 그는 다음과 같이 말하였다.

'그림 속의 모란꽃은 크게 활짝 피어있고, 색깔도 매우 건조하니 정오의 꽃이요. 게다가 그림 속의 고양이의 검은 눈동자가 직선으로 그려졌는데 이는 바로 정오 때의 고양이의 눈이지요. 아침의 꽃은 다소 이슬을 머금어 있고, 꽃심이 다물고 있으며, 색깔도 윤택하지요. 그리고 고양이 눈의 동공은 아침과 저녁은 원형인데 반해 정오에 접어들면서 점점 좁고 길어지게 되고, 정오가 되면 일직선이 됩니다.'

그는 옛사람들의 그림을 잘 읽을 줄 아는 자라고 하겠다. ❀

상국사相國寺⁸⁾의 구舊 벽화는 고익高益⁹⁾의 작품이다. 그 가운데 한 그림은 악공들이 모여 음악을 연주하는 것인데, 매우 재미가 있다. 그 그림을 보는 사람들은 거의 대부분이 그림 속의 비파를 안은 사람이 하현下弦을 잘못 켜고 있다고 지적하고 있다. 왜냐하면 그림 속의 모든 관악기가 모두 '사四' 자字의 음을 발하는데, 비파의 '사四' 자는 상현에 있지만 그림에서는 하현을 가리고 있으니 그림이 잘못 되었다는 것이다. 그렇지만 내가 보기에는 그렇지 않다고 본다. 왜냐하면 관악기는 손가락으로 구멍을 떠나면서 소리가 나지만 비파는 손가락으로 현

7) 자는 춘경春卿으로 북송시절의 복건성 포성현浦城縣 사람이었다.
8) 지금의 하남성 개봉시開封市에 있었던 절이다. 본명은 건국사建國寺였으며, 북제北齊 때에 건립되었지만, 당대唐代에 중건되어 대상국사大相國寺로 개명하였다.
9) 거란 출신의 화가로 종교인물에 관한 그림에 능했다.

을 튕기면서 소리가 나는 것이다. 따라서 손으로 하현을 가리면 소리
는 상현에서 나는 것이다. 고익의 그림의 구도가 이처럼 세밀하니 그
예술적 장심匠心을 가히 짐작할 수 있다. ❀

　서화의 묘미는 마음으로 그것을 이해하는 것에 있지 화면상의 구체
적인 형상으로 그것을 찾기는 어렵다. 세상의 회화 감상가들은 대개
그림의 형상이나 위치, 혹은 색채의 결점만을 지적할 뿐이지 화가가
그림에 표현한 심각한 사상을 볼 수 있는 사람들은 많지 않다. 예를 들
면, 장언원張彦遠[10]은 《화평畵評》에서 왕유王維가 경물을 그릴 때에는
'대개 사계절의 구분에 신경 쓰지 않았는데, 이를테면 꽃을 그림에 있
어 복숭아꽃과 살구꽃 그리고 부용꽃과 연꽃 등을 하나의 풍경 속에
그려 넣었다'라고 하였다. 우리집에는 왕유의 〈원안와설도袁安臥雪圖〉
가 있는데, 거기에는 눈 속에 파초가 그려져 있지만 바로 그의 회심작
이다. 그 그림은 의취意趣가 매우 풍부한 신묘한 작품으로 속인에게 그
신운을 얘기하기가 정말 어렵다. 사혁謝赫은 '위협衛協[11]'의 그림은 형
상의 아름다움은 구비하고 있지는 않아도 기운氣韻이 있어 그 어느 명
화보다도 뛰어난 절묘한 작품이다'라고 말하였다. 그 외에도 구양수의
〈반차도盤車圖〉시에서는 '옛 그림은 의취를 그리지 형태를 그리는 것
이 아니며, 매요신梅堯臣[12]의 시는 사물을 읊지만 숨겨진 정이 없다. 형
체를 잊고 그 뜻을 이해하는 사람 드무니, 그림을 보는 것은 시를 보는
것과 같네'라고 말하였다. 정말 그림을 이해하는 평이라고 하겠다. ❀

---

10) 당대唐代의 저명한 서화가로 《법서요록法書要錄》과 《역대명화기歷代名畵記》를 지
　었다.
11) 서진西晉의 화가로 고개지顧愷之의 스승이었다.
12) 자는 성유聖兪로 송대의 유명한 시인이다.

왕흠신王欽臣[13]은 나의 집에 있는 그림들을 보고는 왕유가 그린 〈황매출산도黃梅出山圖〉를 가장 좋아하였다. 그것은 바로 그림 속의 황매黃梅[14]와 조계曹溪[15] 두 사람의 기질과 신운이 평소 그들의 모습과 같았기 때문일 것이다. 그 두 사람의 사적을 읽은 다음에 다시 이 그림을 보면 그 두 분이 정말 어떠한 사람이었는지를 상상할 수 있을 것이다. ✿

《국사보國史補》[16]의 기록에 의하면 어떤 손님이 〈안락도按樂圖〉를 왕유에게 보여주자 왕유는 그 그림은 〈예상우의곡霓裳羽衣曲〉[17] 중의 제삼첩第三疊 가운데서 제일박第一拍을 연주하는 것이라고 하였지만 그 손님은 그것을 못 믿어 악공을 불러 이 곡을 연주하게 하고 나서야 왕유의 말을 믿게 되었다는 기록이 있다. 하지만 이 이야기는 이야기를 만들어내기 좋아하는 사람들이 꾸민 것이다. 대개 주악도奏樂圖를 그릴 때에는 한 음을 연주하는 장면만을 그릴 수 있으니, 금金 · 석石 · 관管 · 현絃이 모두 동시에 한 자字만을 연주할 뿐이다. 그 어느 곡에서도 이 음이 있거늘, 어찌 〈예상우의곡〉 중의 제삼첩 가운데 제일박에만 그것이 있단 말인가? 혹자는 무도동작과 악기연주의 동작 그리고 박자법에서 그것을 증명할 수 있다고 말하지만 그것도 그렇지 않다. 〈예상우의곡〉은 모두 합해서 13개의 첩이 있으며, 앞의 6첩에는 박拍이 없고 일곱번째 첩에서야 '첩편疊遍'으로 불리니 여기서부터 박자가 들어가 춤을 추게 되는 것이다. 그러므로 백거이의 시에서도 말하기를, '중서

---

13) 왕중지王仲至를 말하며, 송대에 집현전集賢殿 수찬修撰을 맡은 적이 있다. 장서가藏書家로 유명하다.
14) 불가佛家 선종禪宗의 오조五祖 홍인弘忍을 말한다. 황매산동선원黃梅山東禪院에 거주한 데서 붙어진 이름이다.
15) 원래는 계곡의 이름이지만 당나라 때에 선종의 육조六祖인 혜능대사慧能大師가 여기에 머물며 불법을 일으켰기에 조계는 바로 혜능의 별칭이 되었다.

벽획초입박中序擘驕初入拍'이라고 한 것이다. 여기서 중서中序는 바로
제칠첩을 말하는데, 제삼첩에서 어찌 박이 있겠는가? 따라서 '제삼첩
제일박'이라고 말하는 것은 틀린 말인 것이다. 혹자는 또 말하기를, 누
군가가 일찍이 〈탄금도彈琴圖〉라는 그림을 보고 난 후에 그것은 〈광릉
산廣陵散〉[18]을 연주한 것이라고 말하였다고 하는데, 그것은 사실일지도
모른다. 왜냐하면 〈광릉산〉 중의 몇 가지 음은 다른 곡에서는 없는 것
이기 때문이다. 이를테면 고현鼓弦을 켜는 소리 등이 그러하다. 🏵

소와 호랑이를 그릴 때에는 그것들의 털을 그리지만 유독 말을 그릴
때에는 그 털을 그리지 아니한다. 나는 일찍이 이 점에 대해 화공에게
물은 적이 있다. 화공의 대답은 '말의 털은 매우 가늘어서 그리기가 어
렵다'고 하였다. 나는 그에게 반문하길, '하지만 쥐의 털은 더욱 가늘
지만 그것은 그리지 않소?' 하였다. 화공은 답변을 못했다. 일반적으로
말해 말을 그릴 때에는 그 크기가 1척尺을 넘지 못하는데, 그 큰 말을
축소하여 그리기에 털이 가늘면 그것을 그릴 수가 없는 것이다. 쥐는
원래 크기 만하게 그리기에 자연적으로 털을 그려 넣을 수가 있는 것
이다. 그렇다면 소와 호랑이도 큰 동물을 축소하여 그리기에 털을 못
그려 넣을 것 같지만 그것들의 털은 긴 털이고 말의 털은 짧은 털이어
서 서로 다른 것이다. 따라서 유명한 화가는 어린 소나 어린 호랑이를
그릴 때, 털을 그린다 할지라도 다만 약간의 물감으로 가볍게 터치를

---

16) 당나라 때의 이조李肇가 편찬한《당국사보唐國史補》를 말한다.
17) 〈바라문婆羅門〉이 본래의 이름인 무곡舞曲이다. 원래는 인도의 무곡이나 중앙아시
아를 거쳐 당唐 개원開元 시기에 중국에 유입되었다. 백거이의 시인 〈예상우의무악
가霓裳羽衣舞樂歌〉에서 그 연주상황을 묘사하였다.
18) 고대 중국의 가장 긴 거문고 곡 중 하나로 위진명사魏晉名士였던 혜강嵆康이 즐겨
연주했던 곡으로 유명하다.

할 뿐이다. 그렇지 않고 세밀하게 그려 넣는다고 하면 오히려 번잡하고 어색하다. 약간의 색깔만 들어가야지 자연스러운 신묘한 경지를 자아내어 생동감이 넘치게 되는 것이다. 이것도 역시 속인들에게 설명하기 어려운 얘기이다. 만약, 말을 그림에 있어 소와 호랑이와 같이 그린다면 이론적으로 말해 털을 그려 넣어야 하고 아마도 어린 말만이 털이 없을 것이다. 이러한 이유로써 털을 그려 넣을 수 없다면 그것은 용속庸俗한 화공이 세속의 법도를 쫓는 것이어서 그들에게 이점을 설명할 수가 없다.

또, 이성李成[19]이 산 위의 정자亭子나 누탑樓塔과 같은 경물을 그릴 때에는 언제나 올려다보는 각도로써 건축 위에 뾰족 올라간 처마를 그렸다. 그의 생각은 아래에서 위를 바라다보면 마치 사람이 평지에서 탑의 처마를 바라다보는 것과 같아서 보이는 것은 탑 처마의 사각형 모양의 서까래라는 것이다. 하지만 이러한 생각은 옳지가 않다. 대부분의 산수화 기법은 사람이 가산假山을 보는 것처럼 큰 경물을 작은 것으로 보는 것이다. 만약에 진짜 산을 보는 방법을 사용한다면 아래에서 위를 볼 때에 보이는 것이라곤 오직 하나의 산일 뿐이지 어찌 중첩되는 모든 산들을 볼 수 있겠는가? 뿐만 아니라 계곡과 같은 정경들도 보이지 않는 법이다. 또 집과 방을 그림에 있어서도 안 마당과 뒷 골목 안의 것들은 보이지 않게 된다. 만약에 사람이 동쪽에 서있다면 산의 서쪽 면은 원경遠境이 되는 법이고 사람이 서쪽에 서 있게되면 산의 동쪽 면은 원경이 되는 법이다. 이와 같다면 어찌 그림을 그릴 수가 있겠

---

19) 자는 감희咸熙로 오대五代 송초宋初의 유명한 화가이다. 한림寒林을 그린 그림으로 유명하다.
20) 인과응보를 결정짓는다는 말이다.
21) 불교경전에서 말하는 세상을 훼멸시키는 삼재三災, 즉 화火·풍風·수水 중의 하나이다.

는가? 이성은 아마도 큰 것을 작게 보는 방법을 몰랐던 것 같다. 그 사이에는 고저와 원근의 경물을 처리하는 절묘한 이치가 있거늘 어찌 처마를 치켜올린단 말인가? ⚫

화공이 부처 몸 위의 광채를 그릴 때에 부채와 같이 납작한 원을 그린다. 그런데 불상의 몸이 옆으로 돌아가면 그 광환光環도 옆으로 돌아가는데 이는 큰 잘못이다. 그들은 나무로 조각한 불상만을 볼 뿐 그 광환이 언제나 둥글다는 사실은 알지 못하는 것이다. 또 걸어가는 부처를 그릴 때에도 광환이 뒤에서 따라가고 있는데 그들은 그것을 '순풍광順風光'이라고 하지만 그 역시 틀린 말이다. 부처의 광채는 정과定果[20]의 빛이다. 설령 겁풍劫風[21]을 받는다고 하더라도 동요될 수가 없는 것이다. 어찌 일반적인 바람에 동요된단 말인가! ⚫

고문자古文字의 '기己' 자字는 종從 '일一'·종從 '망亡'이다. 이는 천天·지地·인人을 하나로 연결시킨 것으로 '왕王' 자의 의미와 상동하다. 획을 세워 중간에 연결시키면 '왕' 자가 되고, 왼쪽 혹은 오른쪽으로 연결시키면 바로 '기己' 자가 되는 것이다. 승조僧肇[22]는 말하기를, '만물을 한 몸에 관통시키는 것은 오직 성인聖人만이 할 수 있는 것일까? 공자는 '하학이상달下學而上達'이라고 말하였다. 사람이 이러한 경지에 이르지 못하면 그야말로 스스로 자신을 구속하는 것이다.'라고 하였다. '기己' 자의 의미를 완전히 깨우친 사람만이 이러한 해석을 내릴 수 있을 것이다.

---

22) 본성은 장張이며, 남북조 시기의 후진後秦의 고승이었다. 구마라십 문하의 '사성四聖' 중의 한 사람이다. 처음에는 노장의 현학에 몰두했다가 나중에 불학에 전념했다. 반야학般若學의 권위자로 통하며,《조론肇論》·《유마힐경주維摩詰經注》등의 저서가 있다.

도지원외랑度支員外郞[23] 송적宋迪[24]은 그림을 잘 그렸으며 특히 넓은 폭의 산수화를 잘 그렸다. 그가 지은 득의의 작품으로는 〈평사낙안平沙雁落〉·〈원포귀범遠浦歸帆〉·〈산시청남山市晴嵐〉·〈강천모설江天暮雪〉·〈동정추월洞庭秋月〉·〈소상야우瀟湘夜雨〉·〈연사만종煙寺晚鐘〉·〈어촌낙조漁村落照〉 등이 있는데, 이들을 '팔경八景'으로 칭했으며, 사람들은 모두 그의 걸작으로 꼽았다. 옛날 소요촌小窯村의 진용지陳用之[25]도 그림을 잘 그렸는데, 송적은 진용지가 그린 산수화를 보고 그에게 말하기를, '당신의 그림은 매우 정교하지만 자연스러운 맛이 없소'라고 하였다. 진용지는 그의 지적에 대해 매우 감복하며 '저는 언제나 자신의 그림이 고인들의 그것보다 못한 것은 바로 이 점이라고 걱정하고 있었소'라며 말했다. 송적은 그 말에 다음과 같이 말하였다.

"그 점은 해결하기 어려운 것이 아니오. 먼저 당신은 낡은 벽을 하나 찾아서 거기에다 흰색의 비단천을 붙이시오. 그리고는 아침부터 저녁까지 그것을 관찰하시오. 그것을 관찰하는 시간이 길어지면 비단천을 격하여 있는 낡은 벽의 위에는 높고 낮은 굴곡이 있는 산수의 형태가 나타날 것이오. 마음속에 낡은 벽이 비단천 위에 비쳐진 영상이 남게 되면 눈을 감고 그것이 산수의 모양과 흡사한 곳을 상상해 보시오. 높이 올라간 부분은 산이요, 아래로 내려간 것은 물이지요. 낮고 패인 곳은 골짜기이고 부서진 부분은 계곡의 물이고요. 또 명백하고 또렷한 것은 근경이고, 흐릿하고 옅은 것은 원경입니다. 마음을 집중하여 깨닫고 열심히 몰두하면 돌연히 사람과 새 그리고 초목들이 움직이는 형상들이 뚜렷하게 자신의 눈앞에 펼쳐지는 것을 보게 될 것입니다. 그

---

23) 재정지출을 관장하던 관직이다.
24) 자는 복고復古로 송대 낙양인洛陽人이었다. 그림을 좋아하였는데, 특히 산수화에 능했다.

연후에는 자신의 기분대로 붓을 놀리면 마치 특별한 깨달음을 얻은 것과 같은 느낌을 갖게 되고 경물들은 매우 자연스럽게 표현되어 인공적인 느낌이 나타나지 않게 됩니다. 이것이 바로 살아있는 그림인 '활필活筆'이라는 것입니다."

그로부터 진용지가 그린 그림의 격조와 의경意境은 나날이 발전해 갔다. ✿

고문자古文字는 예서隸書로 발전한 후부터 그 쓰는 법도가 난잡해졌다. 나중에는 해서체로 연변하면서 더욱 난잡해져 원래의 의미를 거의 알아낼 수 없게 되었다. 예를 들면, 입 구口가 있으면 '오吳'로 쓰고, 입 '구口'가 없으면 '천天'으로 적은 것이 그것이다. 자서字書에 의하면, '오' 자는 본래 종從 '구口'・종從 '쾌夬'(독음이 렬捩과 같다)이지 '천天' 자가 아니다. 이것은 본래 근대에 와서 해서체의 형태에 의거하여 잘못 해석한 것이다. 양한시대에는 전서篆書가 아직 남아 있었기에 그것을 의심해볼 수가 있다.

예를 들어 한무제漢武帝가 은어隱語를 사용하여 동방삭東方朔을 부를 때 말하기를, '선생래래先生來來'라고 말했는데, 이것을 해석하는 사람들은 '래래來來는 조棗이다'라고 하였다. '조' 자는 종從 '자柬(독음은 자刺이다)'이지 종從 '래來'가 아니다. 이것은 혹은 후대 사람들의 전설일지도 모르며, 당시의 언어가 아닐 수도 있다. 예를 들면, '묘卯・금金・도刀는 유劉이다'라든지 '화천貨泉은 백수진인白水眞人이다' 하는 것은 위서緯書에서 나온 것이며 한대인漢代人들의 언어인 것이다. 나의 조사에 의하면, '유劉' 자는 종從 '유酉'이고 종금從金이며, 또 '류

─────────────

25) 송대 언성인鄆城人으로 그림에 능했다.

柳'··'류驛'··'류留' 등은 모두 종從 '유酉'이지 종從 '묘卯'가 아니다. 그리고 '화貨'자는 종패從貝이지만 '진眞'자는 종구從具인데, 왜 다른 지는 모르겠다. 자서字書와 원래의 사서史書에 기록된 것 가운데 틀림 없이 한 곳은 틀린 것이다. 🏵

당대唐代의 한악韓偓이 지은 시들은 매우 청아하고 수려하다. 그가 손으로 직접 적은 시는 백 편이 넘는데, 그의 사대四代 손자인 한혁韓奕이 소장하고 있다. 한악은 당나라 천복天復 연간에 천주泉州의 남안현南安縣에 은거하였는데, 그의 자손은 바로 여기에서 뿌리를 내렸다. 경력慶歷 연간에 나는 남안을 경유한 적이 있다. 그 때, 한혁이 직접 붓으로 적은 한악의 《수초시집手抄詩集》을 보여주었는데, 그 글씨가 너무도 질박하면서도 힘이 있어 사랑스러웠다. 몇 년 후에 한혁은 조정에 와서 이 시집을 헌납하였다. 그는 충신의 후예로 사사참군司士參軍으로 임명되었다가 나중에는 전중승殿中丞의 직책까지 오른 후에 세상을 떠났다. 또 나는 경성에 있을 적에 한악이 공광산인鞏光山人에게 선사한 시 한 편도 보았다. 그 역시 붓으로 적은 진품이었는데, 《수초시집》에 있는 글씨체와 동일하였다. 🏵

강남의 서현徐鉉[26]은 소전체小篆體에 능하였다. 만약 그가 쓴 글씨를 햇빛에 대어 관찰해 보면 필획의 중심에는 농묵濃墨이 정중正中에 있으며, 필획이 구부러지는 부분을 보아도 농묵이 그 중앙에 있어 밖으로

---

26) 자는 정신鼎臣이며, 양주揚州 광릉인廣陵人이었다. 오대와 송대의 문자학자文字學者였다. 소학小學에 정통하여 《설문해자說文解字》를 교정한 적이 있다.
27) 전서와 예서를 결합시킨 서체로서 자형은 예서를 표준으로 삼으면서 필법은 전서에 따르는 형식을 취한다. 청대의 등석여鄧石如가 이 서체에 능했다.

기울어진 부분이 없었다. 이것은 그가 써 내려간 필봉筆鋒이 곧아서 바깥으로 기울어지지 않았음을 말하며, 그런 까닭에 필봉은 시종일관 필획의 정 중앙에 떨어지는 것이다. 이것이 바로 그의 운필運筆의 방법이다. 서현은 일찍이 '나는 만년에 이르러서야 비로소 '과편필법蜾扁筆法²⁷'을 이해하기 시작하였다' 라고 말하였다. 일반적으로 소전체의 자형은 마르고 길쭉한데 이 필법은 노련한 서예가가 아니면 적을 수 없는 서체이다. ✿

《명화록名畫錄》²⁸⁾이란 서적에는 다음과 같은 기록이 있다.

'오도자吳道子²⁹⁾는 일찍이 불상을 그리다가 불상의 머리 위에 있는 원형의 영광靈光을 그리지 않고 남겨 두었다. 그러다가 여러 군중들이 모였을 때, 그는 수많은 사람들 앞에서 손을 들어 한번 휘둘렀다. 그런데 그가 그린 원은 둥근 자를 이용한 것처럼 동그랗고, 그것을 보던 사람들은 모두 경탄해마지 않았다'

화가들이 원을 그리는 데에는 자연히 묘법이 있는 것이다. 단지 어깨를 벽에 기대어서 팔을 벌려 한번 휘두르면 자연적으로 둥근 원을 그릴 수가 있다. 그가 그은 필획의 굵고 가늚은 한 손가락으로 벽을 밀치는 것으로 표준을 삼으면 자연적으로 필획은 균형이 잡히는 것인데, 이것은 별로 신기한 것이 아니다. 오도자 그림의 신기함은 여기에 있는 것이 아니다. 그러나 속인들은 그것을 대단히 경탄하고 있다. ✿

세상에 전해지고 있는 진대晉代와 남조南朝·송宋의 서예가들의 진품은 대개 조상弔喪이나 남의 병환을 걱정하며 적은 서신들이다. 당唐

---

28) 당대唐代 주경원朱景元이 편찬한 《당조명화록唐朝名畫錄》일 가능성이 많다.
29) 이름은 도현道玄이고 자는 도자道子이다. 당대唐代의 화가로 '화성畫聖'이란 칭호를 갖고 있었으며, 불상과 인물에 특히 능했다.

정관貞觀[30] 연간에 조정에서는 많은 비용을 들여 전 시대의 서예진품들을 구입하였는데, 매우 까다로웠다. 만약 조상이나 병을 걱정하여 보낸 서신이 아니면 모두 조정 내의 창고 속에 집어넣었다. 사대부들의 집에 보존하고 있는 것들은 모두 당시 조정에서 채택한 것이 아닌 편지들이었다. 그것들이 지금까지 전해지는 것이다. ❀

잉어는 겨드랑이에 비늘이 한 줄 있는데, 모두 36편이다. 그리고 비늘 위에 있는 검은색의 문양이 십자+字와 같기에 '리鯉, 잉어 리'라고 부르는 것이다. 자형字形은 종從 '어魚'·종從 '리里'이어서 360이다. 그러나 정전제井田制는 3백 보步를 1리里로 치는데, 아마도 사대四代[31]의 법령이거나 옛 방법을 따르지 않는 것일 수도 있다. ❀

본조 초에 남당南唐의 평민이었던 서희徐熙[32]와 후촉後蜀의 한림대소翰林待詔였던 황전黃筌[33]는 모두 그림을 잘 그려 당시 유명하였다. 그들은 특히 화죽화에 능했다. 후촉이 평정이 된 연후에 황전과 그의 아들인 거보居寶·거실居實, 또 그의 동생인 유량惟亮은 모두 한림도서원翰林圖書院에 있었는데 당시 명성이 대단했다. 그 후, 강남도 평정이 되어 서희는 경성으로 가서 자신의 작품들을 도화원에 보내어 그 화격畵格을 품평하도록 하였다. 황전과 그의 아들 그리고 그의 동생은 꽃을 그림에 있어, 그 묘미는 채색에 있었다. 운필이 신기할 정도로 세밀하며 거의 묵을 사용하지 않고 매우 옅은 색채로 입혔는데 이를 '사생寫

---

30) 이름은 도현道玄이고 자는 道子이다. 당대唐代의 화가로 '화성畵聖'이란 칭호를 갖고 있었으며, 불상과 인물에 특히 능했다.
31) 옛날 중국의 우虞·하夏·은殷·주周의 네 상고上古시대의 조대를 말하는데, 전설에 의하면 정전제는 이 시기에 성행했다고 한다.

生'이라고 칭했다. 서희는 묵을 묻힌 붓으로 꽃을 그렸는데, 매우 간결한 모습에 약간의 붉은 분을 입힌 것뿐이었다. 하지만 꽃의 분위기와 신운神韻은 유감없이 표현되었으며, 또 거기에는 살아 움직이는 듯한 경지가 있었다. 황전은 서희의 그림이 자신을 능가하는 것을 꺼려 그의 그림이 용속하여 품격이 없다고 하면서 중시하지 않았다.

서희의 아들은 황씨 부자의 화법을 모방하여 묵을 전혀 사용하지 않고 윤곽을 그렸으며, 각종 색깔로써 직접 그렸다. 그리고 그것을 이름하여 '몰골도沒骨圖'라고 불렀다. 그 정교함이 황씨 부자와 버금갔기에 황전도 그의 결점을 지적할 수 없었다. 결국 그의 작품을 화원畵院에 소장하게 하였다. 그러나 그러한 그림들의 의경意境과 운치韻致는 서희의 그림에 너무도 못 미쳤다. 🌸

나의 조카인 심료沈遼는 서예를 좋아하였다. 그는 다음과 같이 말한 적이 있다.

"글씨의 정신과 기운은 마음에서 나오는 것이지만 필법은 반드시 공부해야 된다. 나는 언제나 지금의 사람들의 글씨가 마음대로 글자를 쪼개어 법도가 없는 것을 개탄한다. 두 개나 서너 개의 글자가 결합되어 이루어진 글자는 반드시 모두 하나씩 풀어야 한다. 만약 각 부분의

---

32) 오대五代 시기 남당인南唐人이었는데 지금의 강서성 남창南昌 사람이었다. 대대로 남당에서 관직생활을 하여 강남의 명문가가 되었다. 뛰어난 그림 실력으로 당시에는 후촉後蜀의 황전黃筌과 더불어 "황서黃徐"로 불리었다.

33) 후촉의 화가로 지금의 사천성 성도인成都人이었다. 화조화에 특히 능했으며, 그림이 풍만하였다.

필획이 비교적 비슷하면 반드시 그것들의 크기를 균등하게 해야 한다. 그 예를 들어보면 다음과 같다. 이를테면 '살殺' 자는 네 개의 글자가 합쳐져 된 것인데, 마땅히 예乂·출朮·궤几·우又 네 글자의 크기가 균등해야 한다. 만약 또 필획의 수가 많이 차이가 난다면 억지로 그것들을 균등하게 할 필요는 없다. 또 필획이 적은 것이 왼쪽에 있으면 그것의 위쪽을 서로 가지런하게 해야 하고, 필획이 적은 것이 오른쪽에 있으면 그것의 아래쪽을 서로 가지런하게 하여야 한다. 예를 들어 만약에 어느 글자가 종從 '구口'·'종從' '금金'이면 이것은 필획의 수에 있어서 차이가 나는 것이다. 그렇다면 '금唫' 자는 위쪽으로 서로 가지런해야 하고, '구釦' 자는 아래로 서로 가지런해야 한다. 이러한 자형의 구조는 필히 알아두어야 한다."

그 외에도 그는 말하기를, '운필運筆을 할 때에는 언제나 먼저 마음의 뜻을 세워야 하는데, 고인들의 서예는 이것을 중시하였다'라고 하였다. ❀

왕희지의 서예 진품은 과거의 전설에 의하면 오직 〈악의론樂毅論〉만이 자신이 직접 돌비석 위에다 적은 것이고, 그 외 전해지는 것들은 모두 종이와 비단 위에 적은 것이라고 하였다. 당태종 이세민은 이왕二王[34]의 서예 작품을 수집하였는데, 오직 〈악의론〉 석각石刻만 존재하고 있다. 그런데 그것은 나중에 당태종과 함께 소릉昭陵[35]으로 매장되었다. 오대 후량 때에는 요주절도사耀州節度使인 온도溫韜[36]가 소릉을 들추어내어 이 돌비석을 찾았고 그리하여 〈악의론〉은 다시 세상에 전해

---

34) 왕희지와 그의 아들인 왕헌지王獻之를 말한다.
35) 당태종 이세민의 능묘陵墓이다. 지금의 섬서성 예천醴泉 동북쪽에 있었다.

지게 되었다. 혹자는 말하기를, 공주公主가 모사한 가짜로 진품과 교체하여 무덤 속에 넣었기에 무덤 속에는 원래 진품이 없었다고도 한다. 본조에 와서 그것은 학사學士인 고신高紳의 집에 유입되었다. 황우皇祐 연간에 고신의 아들인 고안세高安世가 전당주부錢塘主簿를 맡고 있었을 때, 〈악의론〉비석은 여전히 그의 집에 있었는데, 나는 직접 그것을 본 적이 있다. 당시 그 석비는 이미 파손

이 되어 말미에 다만 '해海'자만 남아 있는 것이 고작이었다. 그의 집은 나중에 십여 년 간 고안세가 소주에 살 때, 비석은 이미 몇 조각만 남아 있었으며, 철사로써 그것들을 묶어 연결시키고 있었다. 그리고 고안세가 세상을 떠난 후에 이 비석은 어디로 사라진 지를 알 수가 없다. 어떤 이는 그것이 소주의 한 부잣집으로 흘러갔는데, 그 후로 다시는 본 적이 없다고 말하기도 하였다. 현재 세상에 전해지는 〈악의론〉은 모두 임모본臨摹本[37]인데, 필획이 옛날처럼 그렇게 청려하고 강경剛勁하지가 못하다. 왕희지의 작은 해서체의 글씨는 오늘날에 와서는 거의 종적을 감추었다고 할 수 있다. 《유교경遺教經》과 같은 작품들은 그것

---

36) 후당의 화원인華原人으로 처음에는 이무정李茂貞을 섬기며 화원진장華原鎭將을 맡았다가 나중에는 요주자사耀州刺史가 되었다. 당대 제왕의 무덤들을 파헤쳐 소릉에 소장된 종요와 왕희지의 유품들이 세상에 전하게 하였다. 후당의 명종明宗인 이사원李嗣源이 낙양에 들어와 그를 잡아 덕주德州로 귀양보내어 사사賜死를 내렸다.

37) 모사본摹寫本을 말한다.

과 비교할 바가 아니다.🏵

　왕홍王銑[38]이 합주陝州[39]를 점령하고 있을 때, 전국의 우수한 화공들
을 소집하여 성수사聖壽寺의 벽화를 그리도록 하였다. 당시 벽화그림
의 정묘함은 세상에 둘도 없었다. 화공은 모두 18명이었는데, 모두 살
육을 당하여 한 개의 무덤 구덩이에 함께 묻혔다. 그들이 묻힌 곳은 바
로 성수사의 서쪽이었다. 천하에 다시금 이런 절묘한 작품이 나타나지
못하도록 한 것인데, 왕홍은 이처럼 잔악하였다. 지금의 성수사에는
아직도 십여 폭의 벽화가 있는데, 그 가운데에서 서랑西廊의 영불사리
화迎佛舍利畵와 동원東院의 불모화佛母畵가 가장 훌륭하다. 인물들의
표정이 정말 살아있다. 그러나 귀모鬼母[40]와 수불瘦佛 두 폭의 그림은
다소 손색이 있으며, 나머지 그림들도 그다지 빼어나지는 못하다.🏵

　남당의 중주中主 이경李璟 때에 북원사北苑使 동원董源은 회화에 능
하였다. 특히 그는 가을날 안개 낀 산의 원경遠景을 잘 그렸다. 대개 강
남 일대의 진산眞山을 그렸으며, 그리 특별한 기법을 사용하지는 않았
다. 그 후, 건업建業의 화상和尙인 거연巨然이 동원의 화법을 모방하였
는데, 신묘한 수준에 이르렀다.
　대체적으로 말해 동원과 거연의 그림은 모두 멀리서 본 그림에 해당
한다. 그들의 필묵은 매우 거칠고 호방하여 그들의 그림을 가까이 보
면 거의 무슨 경치인지를 알아보기가 힘들다. 하지만 멀리서 그것을
보면 그 풍경이 눈부심을 느낄 수 있다. 심원한 의경意境과 유장悠長한

---

38) 당대唐代의 기인祁人이었다. 현종玄宗 때에 호부랑중戶部郞中을 맡은 적이 있다. 재
　상을 모살한 죄로 죽음을 당하였다.

사상은 직접 눈으로 그 기이한 경치를 대하는 것 같다.

예를 들어 동원이 그린 〈낙조도落照圖〉는 가까이 보면 별 느낌이 없어도 멀리서 그것을 감상하면 촌락이 아득한 것이 저녁의 정경을 보는 것과 같으며, 멀리 보이는 산봉우리에는 마치 석양의 반사광이 비추고 있는 듯하다. 이것이 바로 그의 작품의 신묘하고 독특한 경지이다. ✸

－하권에 계속

---

39) 지금의 하남성 삼문협주三門峽市이다.
40) 신의 이름으로 귀자모鬼子母를 말하며, 불교의 호법신護法神이다.

옮긴이 최병규

한국외국어대학교 중국어과 졸업.
타이완 국립사범대학 대학원 석사, 박사과정 수료.
현재 안동대학교 중문과 교수.
저서로 《풍류정신으로 보는 중국문학사》 《중국어 관용표현
용례집》 《중국문학으로 보는 문학개론》 외에,
역서로는 《삼언(三言)》 《몽계필담》 등 다수가 있음.

몽계필담 (상)

발행일 | 2021년 6월 30일 초판 1쇄 발행
　　　　　2022년 7월 10일 초판 2쇄 발행

지은이 | 심　괄　　　　　**옮긴이** | 최병규
펴낸이 | 윤형두 · 윤재민　　**펴낸곳** | 종합출판 범우(주)
교　정 | 주광옥　　　　　**인쇄처** | 태원인쇄

등록번호 | 제406-2004-000012호 (2004년 1월 6일)
　　　　　　(10881) 경기도 파주시 광인사길 9-13 (문발동)
대표전화 | 031-955-6900　　**팩　스** | 031-955-6905
홈페이지 | www.bumwoosa.co.kr　**이메일** | bumwoosa1966@naver.com

ISBN 978-89-6365-358-7　03300